Chris Salisbury
In der Nacht sind alle Sinne wach

CHRIS SALISBURY

IN DER NACHT SIND ALLE SINNE WACH

Mikro-Abenteuer zwischen Dämmerung und
Morgengrauen für die ganze Familie

*Aus dem Englischen
von Ulrike Kretschmer*

Kösel

Meine tiefste Dankbarkeit gilt meiner geliebten Frau Reeba
für ihren Glauben, ihre Unterstützung und ihre intuitive Klugheit.
Vor allem ist dieses Buch den sieben Generationen gewidmet,
die uns nachfolgen werden. Mögen eure Ausflüge in die Nacht
voller Zauber und Wunder sein.

INHALT

Vorwort 11
Abenddämmerung 13

EINFÜHRUNG 17

1. DARF ICH VORSTELLEN: DIE DUNKELHEIT 25
Die Dunkelheit neu betrachtet 27
Was ist Dunkelheit? 31
Dunkle Medizin 33

2. HANDWERKSZEUG 37
Unsere Sinne 38
Übungen zu den Sinnen 55
Sinnesmeditation 55
Sehen wie ein Greifvogel 57
Hören wie ein Hirsch 58
Geräusche zählen 59
Bluthund 60
Ich rieche was, was du nicht riechst 61
Barfuß gehen 62
Bäume erkennen 63
Fährten lesen 64
»Technische« Hilfsmittel 65
Die richtige Kleidung 71

3. SICH AN DIE DUNKELHEIT GEWÖHNEN 75

Eingewöhnungsübungen 76

Sitzplatz 76

Zurückfinden 78

Lautlos bewegen 79

Fuchsgang 79

Hirschpirsch 82

Hirschpirsch II 84

Den Bären anstupsen 85

Zeitlupenrennen 87

Kling, Glöckchen 88

Zöllner 91

Jäger 93

Beutegreifer und Beute 94

Laternenpirsch 96

Beutegreifer 98

Feuerpirsch 101

Trommelpirsch 102

Geister auf dem Friedhof 105

4. DIE WESEN DER NACHT 107

»Naseweiß« 109

Wissenswertes über kleine Säugetiere 110

Eulen und Wühlmäuse 114

Wissenswertes über Eulen 115

Eulen rufen 119

Wissenswertes über Fledermäuse 122

Fledermaus und Nachtfalter 124

Fledermäuse aufspüren 127

Wissenswertes über Dachse 128

Dachse beobachten 131

Wissenswertes über Nachtfalter 134

Nachtfalter fangen 136

Wissenswertes über Kleinstgetier 138

Kleinsttiersafari 149

Wissenswertes über Füchse 152

Die nächtliche Geräuschkulisse 154

Noch mehr Fakten und Überlieferungen 155

Tiertheater 167

Was vom Tiere übrig blieb. 168

5. DER NÄCHTLICHE HIMMEL 171

Astronomie für Anfänger 173

Die Sonne 175

Der Mond 176

Mondblüte 179

Die Planeten 182

Sternenkonstellationen 186

Sterngucker 199

Sternbilder legen 202

6. NACHTWANDERUNGEN FÜHREN 205

Die Vorbereitungen 207

Nachtwächter 210

Beispiele für Nachtwanderungen 214

Nächtliches Paddeln 217

Küstenerlebnis und der Kosmische Tanz 220

Morgendämmerungsgesang 224

Morgendämmerungszeremonie 225

7. ZEIT FÜRS LAGERFEUER 227
   Einstimmung 228
   Lagerfeuerbrauchtum 229
   Morgendämmerung 254

EPILOG: WARUM ES DUNKEL IST 257

Dank 261
Ausgewählte Literatur 263
Hilfreiches im Netz 265
Über den Autor 267

VORWORT

Als Teenager und auch mit Anfang 20 noch habe ich viel Zeit im Dunkeln verbracht. Ich habe Dachse beobachtet und sehr rasch begriffen, dass künstliches Licht mein Feind ist. Auch heute noch unternehme ich regelmäßig nächtliche Streifzüge durch den Wald – allerdings nie mit Taschenlampe. Es dauert etwa 45 Minuten, bis sich meine Augen an die Dunkelheit gewöhnt haben, aber nur eine Sekunde, um diese Fähigkeit wieder zu verlieren. Dann bin ich selbst »blind«, während alles um mich herum mich sehen kann ..., was keine besonders gute Idee ist. Außerdem ist es dort, wo ich spazieren gehe, leider fast nie völlig dunkel: Der nächtliche Himmel über mir ist stets vom Licht der Stadt verschmutzt.

Als Naturforscher will ich die vermeintliche Unzugänglichkeit der Nacht überwinden, um nachtaktiven Tieren zu begegnen und sie zu studieren, um mit den Mythen aufzuräumen, die sich um diese Tiere ranken und um mich an ihren fantastischen Verhaltensweisen zu erfreuen. Doch das ist längst nicht alles, was mir das behagliche Alleinsein im nächtlichen Wald gibt.

Die Angst vor der Angst ist ein tragischer Tropus unserer Zeit. Wann hatten Sie das letzte Mal wirklich Angst? Haben das knisternde Aufwallen des Lebens gespürt, dieses flaue Gefühl in der Magengrube, diesen schwindelerregenden Stich der Panik im Kopf herumtanzen? Die Angst hat einen Geruch. Kennen Sie ihn? Ich glaube nicht – leider. Wir sind in Komfort gepackt wie in Watte, vor unserer vielleicht ursprünglichsten und wesentlichsten Emotion geschützt, des vollen Umfangs unserer Lebenserfahrung beraubt. Diese Erfahrung ist eng mit unseren Sinnen verknüpft, und als tagaktive Tiere, die sich überwiegend auf ihr Sehvermögen verlassen, ist die Dunkelheit – das »Blindsein« – für uns ein allgegenwärtiger Quell der Angst. Die Massenverfügbarkeit von künstlichem Licht hat die wundervolle Schwärze zu visueller Klarheit ausgebleicht. Wir haben die Nacht verwundet – aber noch nicht getötet. Dieses Buch lädt uns dazu ein, die Dunkelheit wiederzuentdecken, mit allem, was darin ruft, kriecht oder leuchtet. In einer Welt, die nach Inklusivität schreit, ist die Verbannung des Lichts zur Offenbarung eines anderen Kosmos tatsächlich überaus willkommen.

Der einsame Frieden, die wahre Behaglichkeit des Alleinseins, die Schlichtheit dieser uralten Erfahrung, das Gefühl der Freiheit, angespornt von der kleinen Tapferkeit, dem Drang nach Licht nicht nachzugeben, die Selbstbeherrschtheit und das Gefühl der Ermächtigung – all das verschmilzt mit den unheimlichen Klagelauten der Füchse, dem Schrei der Eule, der stillen Konversation der Mäuse, dem Funkeln der Sterne und dem lächelnden Pfannkuchengesicht des Mondes zu einem geradezu revelatorischen Heilerlebnis. Sich draußen in der Nacht aufzuhalten ist erfrischend und erhebend; wenn Sie Chris Salisburys so klug konzipiertes Angebot annehmen und sich gemeinsam mit Ihrer Familie behutsam auf die Nacht einlassen, wird sie zweifelsohne Ihr Leben erhellen.

Chris Packham
New Forest 2021

ABENDDÄMMERUNG

Jedem Anfang wohnt ein Moment der Schwelle inne. Das englische Wort für Schwelle, *threshold*, stammt aus uralten Zeiten und bezog sich ursprünglich auf den eigens dafür vorgesehenen Platz am Rand des Dorfs, wo das Korn gedroschen – *threshed* – wurde. Es steht also für den Bereich zwischen dem Dorf und der Wildnis um das Dorf herum, zwischen Bekanntem und potenziell Mysteriösem. Für die Leserinnen und Leser eines Buchs über die Dunkelheit ist es durchaus passend, einen Augenblick innezuhalten und kurz im Grenzbereich zwischen Tag und Nacht zu verweilen, um sich das Überqueren einer Schwelle bewusst zu machen. Dadurch sind wir ebenso wie das Buch wunderbar empfänglich für die Gaben der Nacht, vorausgesetzt, dass wir uns mit allen Sinnen auf diese Erfahrung einlassen. Für diesen Grenzbereich haben wir viele Namen: Abenddämmerung, Zwielicht, Dämmerlicht, Halbdunkel, Dämmerstunde, Abendrot, blaue Stunde.

Kaum eine andere Zeit des Tages oder der Nacht hat zu mehr Ausdrucksfülle inspiriert als die Grauzone am Ende des Tages und jener Zeitabschnitt, der ihr folgt, der Einbruch der Nacht nämlich, das Weder-das-eine-noch-das-andere der Geschichtenwelt. Bedenkt man, dass der Einbruch der Nacht traditionell Angst und Beklommenheit hinsichtlich bekannter und unbekannter Bedrohungen schürte, überrascht es wenig, dass unsere Fantasie so viele bildhafte Ausdrücke dafür hervorgebracht hat. Im Irisch-Gälischen beispielsweise gibt es vier verschiedene Begriffe allein für die aufeinanderfolgenden Phasen zwischen dem späten Nachmittag und dem Einsetzen der Dunkelheit.

In Großbritannien geht diese Zeit des Tages – oder der Nacht – mit einer erstaunlichen Vielfalt an Tieren einher. Es ist, als stünde man an einer viel befahrenen Kreuzung, wo alles entweder in den Bau oder ins Nest zurückkehrt, um Zuflucht vor nächtlichen Gefahren zu suchen, oder eben erst daraus auftaucht, um sich das, was die Nacht bereithält, zunutze zu machen. An dieser Schwelle kann sich unser Bewusstsein der Ruhe und Stille hingeben, die die Dämmerung oft begleiten, während sich gleichzeitig unsere Wahrnehmung dem öffnet, was auch immer im Zwielicht verborgen sein mag. In diesem besonderen Augenblick, der dem kurzen Moment ähnelt, in dem aus Ebbe Flut, aus Flut Ebbe wird, vereint sich das Einströmen neuer Möglichkeiten mit dem Ausatem des zu Ende gehenden Tages. Oder, wie Antoine de Saint-Exupéry in *Flug nach Arras* schrieb: »Dann verblassen die Worte und die Dinge erwachen zum Leben. Dann ist es vorbei mit der destruktiven Analyse des Tages.« Eine Zeit also, um sich zu setzen und über den gegangenen Tag nachzudenken, und eine Zeit, um sich auf das einzustimmen, was kommt ...

EINFÜHRUNG

Alles hat sein Wunderbares, selbst die Dunkelheit und das Schweigen,
und ich lerne, zufrieden zu sein, egal in welchem Zustand
ich mich auch befinden mag.

Helen Keller

W er hat Angst vor der Dunkelheit?

»Schhhhhhh ... habt ihr das gehört?« Wie dunkle Wolken am ansonsten sonnigen Himmel zieht Verunsicherung über die Gesichter der zwanzig leicht in Panik geratenen Grundschulkinder, die sich näher an mich, den Guide auf ihrer Nachtwanderung, herandrängen. »Das war der Ruf eines Waldkauzes. Sollen wir mal versuchen, ihn zu finden?«, frage ich die kleinen Ausflügler.

»Ja, ja, ja!«, antworten die Kinder flüsternd. Angesichts der Aussicht auf einen nächtlichen Ausflug in den Wald – ohne Taschenlampe – können sie ihre Angst und Aufregung kaum im Zaum halten. »Wir wollen dafür nur unsere Nachtsicht benutzen«, hatte ich ihnen vorher gesagt, »zumindest auf dem ersten Teil der Strecke. Ihr werdet staunen, wie viel ihr in der Dunkelheit sehen könnt, wenn eure Augen keinem künstlichen Licht ausgesetzt waren.«

Nachdem wir uns metaphorisch in einen »Schleier des Schweigens« gehüllt haben, machen wir uns wie eine kleine Schar junger Rebhühner in gedämpfter Aufgeregtheit auf den Weg ins Dickicht. Auf der Suche nach Rückversicherung schiebt sich eine kleine Hand in die meine – Jessica hat noch nie eine Nacht ohne Licht verbracht, erst recht nicht im Wald, dem Ort der Märchen und Sagen. Nach dem anfänglichen Prahlen am hellen Lagerfeuer sind die Kinder jetzt, in diesem Schwellenmoment ihres Lebens, eher kleinlaut, voller Respekt, was sie auf ihrem ersten nächtlichen Streifzug in der Dunkelheit, ihrem Aufspüren der Wildnis mit Augen und Ohren, wohl erwarten wird.

»Ich sehe nichts!«, quengelt William, und so gehen wir langsamer, damit seine Erwartungen das, was er tatsächlich erlebt, einholen können. Schließlich erreichen wir eine kleine Lichtung, die unter großzügig ausgebreiteten Buchenästen liegt.

»Das habt ihr gut gemacht«, lobe ich die Kinder. »Ihr habt den Pfad allein mit dem Licht der Sterne und des Mondes bewältigt, genau wie einige der nachtaktiven Tiere, die wir suchen. Und jetzt seid ganz ruhig und hört zu«, fahre ich flüsternd fort, während sich 42 Ohren der geheimnisvollen Stille öffnen.

Kurz darauf flüstert Harriet: »Ich höre gar nichts.«

»Genau!«, erwidere ich. »Habt ihr vorher schon mal *gar nichts* gehört?« (Auf dieses Stichwort werden stumm die Köpfe geschüttelt.) »Tja, Jungs und Mädels: Das ist der Klang der Stille. Der Klang des Nichts … Bis irgendein Wesen der Nacht die stumme Bühne betritt. Was, denkt ihr, werden wir auf unserem nächtlichen Waldspaziergang hören?«

Neugierige zu unterrichten, das können alle Eltern und Pädagogen bestätigen, ist etwas völlig anderes, als Gleichmütige zu unterrichten. Der Aufenthalt unter freiem Himmel, insbesondere in einem artenreichen Naturschutzgebiet, regt die Sinne des Besuchers immer an, vorausgesetzt natürlich, das Wetter spielt mit.

Im Gegensatz zur gewohnten Umgebung des Hauses und des Klassenzimmers ruft ein natürliches Umfeld bei Kindern andere Reaktionen hervor, Reaktionen, die nicht vollständig vorhersagbar sind. Kinder, die wir in- und auswendig zu kennen glauben, können auf völlig unerwartete Weise auf neue Reize reagieren – eine gute Erinnerung daran, dass wir uns von Lernenden durchaus auch einmal überraschen lassen sollten.

Im Schutz der Dunkelheit verwandeln sich vertraute Umgebungen in etwas Geheimnisvolles. Das Gelände, in dem wir uns bei Tageslicht so gut auskennen, nimmt nachts eine andere Gestalt an, und so ist unsere Gleichmut im Nu vergessen, haben wir erst begonnen, dieses »neue« Terrain zu erkunden. So kann selbst das eigene Wohnzimmer nachts zum Abenteuerspielplatz werden. Natürlich tasten wir automatisch und instinktiv, ohne groß darüber nachzudenken, nach dem Lichtschalter, um die Nacht zu verscheuchen. Doch wer als Kind im Dunkeln gespielt hat, und sei es auch nur in der beruhigenden Umgebung der eigenen vier Wände, kennt das intensive Gefühl der Aufregung und des Abenteuers. Ich kann mich an unzählige »Nachtmissionen« erinnern, die ich als Kind in unserem Haus unternommen habe, bei ausgeschaltetem Licht und meist auf dem Weg zu meinem Zimmer. Als ich noch kleiner war, lauerten in meiner Vorstellung selbst bei eingeschaltetem Licht auf dem kurzen Weg zu meinem Zimmer im Schatten überall »Gefahren« in Form von bedrohlichen nächtlichen Kreaturen. Nachdem man mich ins Bett geschickt hatte, lungerte ich noch so lange wie möglich vor dem Spiegel im Flur herum; hörte ich dann meine Eltern kommen, flitzte ich voller Angst, erwischt zu werden, die Treppe hinauf. Jahrelang las ich als Kind abends im Bett noch Bücher und versuchte, damit den unausweichlichen Augenblick, wenn ich meine Mutter oder meinen Vater auf der Treppe hörte und das Licht ausschalten musste, hinauszuzögern.

Stellen Sie sich also bei der Lektüre dieses Buches vor, wie es ist, sich als Kind an einem unvertrauten Ort aufzuhalten, in einem Wald etwa, im Zauberbann der Nacht ...

Aufregend, oder?

Über dieses Buch

Dieses Buch soll Eltern, Großeltern, Lehrerinnen und Lehrern sowie den wunderbaren Botschaftern der Natur, jenen Outdoor-Profis, die junge Menschen in die Natur einführen, eine Hilfe sein. Da es nur wenig Material zu nächtlichen Exkursionen gibt, ist dieses Buch als Handreichung an Ideen, Informationen und Aktivitäten gedacht, die ich in meinen 25 Jahren als Gruppenguide für nächtliche Ausflüge in die Natur gesammelt habe. Neben Nachtwanderungen und Übernachtungen in der Wildnis waren das auch einwöchige Ferienlager für Kinder und Jugendliche aus schwierigen Verhältnissen sowie Führungen für die Gemeinde, für Firmen und für Familien.

Gleichzeitig hoffe ich, eine Brücke zu schlagen, indem ich sowohl von einem praktischen als auch von einem kulturellen Standpunkt aus über die Dunkelheit schreibe. Wir nehmen uns selbst etwas weg, wenn wir die Dunkelheit meiden, wie wir sie meiden, und unsere Welt ins konstante Gleißen des elektrischen Lichts tauchen. Wie Sie im ersten Kapitel noch sehen werden, hat uns die nahezu in Vergessenheit geratene Dimension, die die nächtliche Natur uns eröffnet, so viel zu bieten, dass es ein Fehler wäre, die potenzielle Bereicherung nächtlicher Betätigung nicht zu nutzen.

Bevor Sie sich jetzt jedoch kopfüber ins dunkle Dickicht stürzen, sollten Sie sich ein wenig vorbereiten. In Kapitel 2 konzentriere ich mich auf die Sinne, da wir uns durch eine bewusstere Wahrnehmung unserer angeborenen Fähigkeiten viel besser auf die Nacht einlassen können. Außerdem können Sie dieses Wissen in Ihrer eigenen Rolle als Guide zur Unterfütterung der damit verbundenen Geschichten nutzen. Sollte Ihnen das hier und da ein wenig zu technisch werden, dürfen Sie ruhig zu dem vorblättern, was für Sie von Interesse ist. Sie können ja immer noch zurückblättern, wenn Ihre Neugier für das entsprechende Detail bei einem Ihrer nächtlichen Ausflüge geweckt wird.

Darüber hinaus stelle ich Ihnen einige technische Gerätschaften vor, die Sie ebenfalls je nach Bedarf nutzen können. Das Prinzip besteht auch hier darin, sich potenzieller Hilfsmittel bedienen zu können, die unsere angestrebte Verbindung mit der Dunkelheit vertiefen.

In Kapitel 3 widmen wir uns erstmals verstärkt den nächtlichen Aktivitäten. Den Anfang machen einige Vorschläge, wie Sie die Dämmerung für die Einstimmung und Eingewöhnung nutzen können; diese Zeit des

Tages eignet sich ideal zur Vorbereitung auf das Übertreten der Schwelle, die uns in die Dunkelheit führt. Die anschließend beschriebenen Aktivitäten umfassen ein breites Spektrum dessen, was man in der Dunkelheit tun kann, und natürlich können auch diese an den individuellen Bedarf angepasst und unterschiedlich miteinander kombiniert werden.

Ich habe überall in das Buch Passagen eingestreut, die Wissenswertes aus der Naturgeschichte enthalten; diese Erläuterungen sind zwar keineswegs erschöpfend, können Ihnen aber dabei helfen, eine Affinität für nächtliche Lebewesen und den Nachthimmel zu entwickeln. Außerdem können Sie damit die Geschichten anreichern, die Sie vor oder nach einer Aktivität oder während einer Nachtwanderung erzählen. Das vornehmliche Ziel dieses Buchs ist es, das Interesse für die Natur zu wecken, und das lässt sich mit der einen oder anderen Geschichte viel leichter bewerkstelligen.

Es gibt so vieles, das Naturforscher und -forscherinnen fesselt, wenn ihnen der Zugang zur nächtlichen Flora und Fauna ermöglicht wird, und so sollen die Informationen in Kapitel 4 über die nächtliche Natur vor allem Pädagoginnen und Pädagogen sowie Eltern als nützliches Lehrmaterial dienen.

In Kapitel 5 geht es um die Sternenbeobachtung, und mit den dort beschriebenen Aktivitäten, wissenschaftlichen Experimenten und Überlieferungen zum Thema Sterne möchte ich zur allgemeinen Faszination beitragen, die das große Mysterium des Nachthimmels auf den Menschen ausübt. Natürlich würde eine ausführliche Behandlung des Themas den Rahmen dieses Buchs sprengen, doch hoffe ich, dass auch die wenigen Aspekte, die hier vorgestellt werden, in Ihnen die Leidenschaft für Astronomie entfachen können.

Sich mit Gesprächsführung und Moderation auszukennen, kann im Zusammenhang mit den Aktivitäten in diesem Buch definitiv nicht schaden, doch stellt sich das mit zunehmender Erfahrung auch von selbst ein. Wenn Sie ein ganzes Programm planen, kommt es dabei nicht unbedingt auf den Aktivitätenmix an, für den Sie sich entscheiden; dennoch habe ich in Kapitel 6 einige mögliche Abläufe einer Nachtwanderung für Sie zusammengestellt. Die können Sie entweder so übernehmen oder an Ihre individuellen Bedürfnisse anpassen. Normalerweise ergibt sich der Ablauf aus dem Einsetzen und Nachlassen der Dunkelheit sowie aus dem Auftauchen der Tiere, die Sie bei der jeweiligen Wanderung aufspüren wollen.

Kapitel 7 konzentriert sich auf die gesellige Zeit rund ums Lagerfeuer – ein wunderbares »Extra« bei allen nächtlichen Ausflügen. Ich hoffe, dass die von mir zusammengetragenen Ideen zu unvergesslichen Gruppenerlebnissen führen werden.

Zum Schluss sei noch angemerkt, dass dieses Buch im Hinblick auf das nördliche Europa verfasst wurde, insbesondere im Kontext der Natur, wie sie sich in meiner geliebten Heimat Großbritannien zeigt. Sollten Sie außerhalb dieses geografischen Gebiets leben, werden einige Abschnitte offenkundig nicht zu Ihrer Bioregion passen. Gleichwohl kann Ihnen die überwiegende Mehrheit der Vorschläge in diesem Buch sicherlich auch unabhängig von Ihrem Standort als Inspiration zu nächtlichen Ausflügen in die Natur dienen.

1. DARF ICH VORSTELLEN: DIE DUNKELHEIT

Wie unerträglich wären die Tage,
würde die Nacht mit ihrem Tau
und ihrer Dunkelheit nicht kommen,
um die erschlaffte Welt zu erquicken.

Henry David Thoreau,
Night and Moonlight

Im Jahr 1880 war Joseph Swans Haus in North East England das erste, das mit den soeben von ihm erfundenen elektrischen Glühlampen ausgestattet wurde. Diese ermöglichten konstant helles Licht und beschworen die Dämmerung eines neuen Zeitalters der Menschheit herauf. Und es mag zwar übertrieben klingen, doch man kann durchaus sagen, dass unsere Welt seitdem nicht mehr die gleiche ist.

In vielerlei Hinsicht war die Möglichkeit des beständigen Lichts ein Segen für die Menschheit, seine Vorteile für alle offensichtlich. Kaum berücksichtigt aber wird der damit einhergehende Verlust von etwas sehr Kostbarem. In dieser Nacht des sich zwingend ausdehnenden Kulturverlaufs der frisch industrialisierten menschlichen Welt wurde die Dunkelheit symbolisch verbannt und wir von ihrem Mysterium, ihrem Zauber und ihrem seelischen Erfassen ausgeschlossen. Zwar ist es nicht so, dass man nirgends mehr Dunkelheit finden könnte, doch findet sie sich nun irgendwo anders als dort, wo der Großteil der Menschheit lebt. Laut *National Geographic* sind einer Studie aus dem Jahr 2016 zufolge geschätzte 99 Prozent von Europa und Amerika von Lichtverschmutzung betroffen.

Wir sind so besessen davon, unsere Umgebung zu beleuchten, dass selbst die Abenddämmerung von Straßenlaternen erhellt wird, die bis zum Morgengrauen durchstrahlen. Es gibt keine Schnur, an der wir ziehen, keinen Schalter, den wir betätigen könnten, wollten wir ein paar Stunden lang im stillen, einhüllenden Dunkel baden. Um an eine solche Zufluchtsstätte zu gelangen, müssen wir die Stadt hinter uns lassen, weit hinter uns.

Diese industrielle Erhellung der Dunkelheit die ganze Nacht hindurch muss sich den Vorwurf der gigantischen Verschwendung gefallen lassen. Laut International Dark Sky Association »sind mindestens 30 Prozent der gesamten Außenbeleuchtung allein in den USA unnötig, was sich auf 3,3 Milliarden Dollar Kosten und den Ausstoß von 21 Millionen Tonnen Kohlendioxid pro Jahr summiert! Um das auszugleichen, müssten wir jährlich 875 Millionen Bäume pflanzen.«

Dennoch soll hier nicht gegen Licht an sich gewettert werden. Das Auftauchen des Feuers und anschließend subtilerer Formen der Beleuchtung etwa durch die ersten Öllampen vor rund zehntausend Jahren brachte Schatten und Schattenrisse mit sich, die die Dunkelheit zu etwas weniger Unheil Verkündendem und etwas mehr Zauberhaftem abmilderten. Die starken Kontraste aber, die künstliches grelles Licht hervorrufen, stumpfen unsere Sinne ab und machen die Dunkelheit damit undurchdringlicher und weniger einladend. Die Sehfähigkeit zu verlieren ist verwirrend und – für eine Spezies, die sich überwiegend auf ihren Sehsinn verlässt – auch beängstigend. Wir haben eine biologische, angeborene Angst vor dem, was wir nicht sehen können, und diese Angst wird noch verstärkt, wenn wir uns an einem unvertrauten Ort befinden. Oder, wie ein altes Sprichwort der nordamerikanischen Zuñi sagt: »Bei Nacht sind alle Katzen Leoparden.« Es ist also ganz natürlich, sich vor der Dunkelheit zu fürchten, nicht nur vor der kohlrabenschwarzen Nacht, die auch in der Wildnis selten ist, sondern ebenso vor der »natürlichen« Dunkelheit, die durch den Mond und das Licht der Sterne geprägt ist. Ich kenne viele Erwachsene, die sich diese Angst aus der Kindheit bewahrt haben und rasch nach dem Lichtschalter greifen, wenn die Dunkelheit einsetzt.

Die Dunkelheit neu betrachtet

Als ich meine drei Töchter aufwachsen sah, konnte ich an ihnen einen Übergang beobachten, von der süßen Unschuld ihrer frühen Jahre, als sie noch keine Angst vor der Dunkelheit zu haben schienen, ebenso wenig wie vor dem Wald, der unser Haus umgab. Doch irgendetwas veränderte diese Wahrnehmung: Plötzlich hatten sie Angst vor allen Umgebungen, in denen sie nicht klar und deutlich sehen konnten. Ich fragte mich, warum das so war, denn ich hatte ihnen diese Angst nicht bewusst beigebracht oder ihnen von unsichtbaren Gefahren erzählt. Tatsächlich greifbare Bedrohungen, etwa durch Tiere oder Verbrecher, schienen sie im Gegensatz dazu nicht wahrzunehmen.

Auch heute noch frage ich mich, ob die Angst vor der Dunkelheit biologisch oder kulturell bedingt ist. »Erlernen« Kinder die Angst vor der Dunkelheit durch die Märchen, die sie in jungen Jahren vorgelesen bekommen, oder sehen sie sie sich vom Verhalten der Erwachsenen ab? Oder ist diese Angst schlicht ein biologisches Erfordernis, eine notwendige Überlebensstrategie aus vergangenen Zeiten, als die Gefahr, von einem Tier angegriffen zu werden, noch sehr real war? In der Toskana sagt man: »Wer nachts nach draußen geht, sucht den Tod.«

Doch ob biologisch oder kulturell – ich denke, dass die Angst vor der Dunkelheit in unserer heutigen Kultur ausgeprägter ist, in einer Kultur, die sich vom Leben auf und in inniger Verbundenheit mit dem Land und seinem natürlichen Mantel der Dunkelheit abgekoppelt hat.

Auch das Einschalten hellen Lichts ist nicht frei von kultureller Symbolik. Je mehr wir uns von einem Leben im Einklang mit den Rhythmen der Natur entfernen, desto unbehaglicher scheint es uns in der natürlichen Dunkelheit zu werden. Wir haben die Dunkelheit und die Nacht sprachlich ins Reich des Negativen verbannt, was sich in Ausdrücken wie »dunkle Absichten«, »dunkle Seite« oder »Nachtmahr« äußert.

Wenn unsere Neigung, die Dunkelheit zu zähmen, ihre Wurzeln in unseren primitiven Überlebensmechanismen hat, scheint sich bezüglich unserer kulturellen Wahrnehmung der Dunkelheit etwas verändert zu haben. Ich denke, dass die *gefühlvolle* Qualität der Nacht verloren gegangen ist, als wir vom Pfad des dynamischen, gegenseitigen Austauschs mit der Natur abgewichen sind, der unseren Vorfahren durch den Wechsel von Licht und Dunkelheit so viel Struktur und Bedeutung ermöglicht hat.

In diesem alten Wechsel war die Abenddämmerung der Übergang zwischen dem, was vor und nach der sich vertiefenden Finsternis und dem Temperatursturz lag, der es erforderlich machte, das Feuer zu entzünden und sich ringsum zu versammeln. In dieser alten, schlichten Weise rekonstituierte sich die Gemeinschaft und verarbeitete gemeinschaftlich den Tag. Lampen- und Feuerlicht trafen auf die Dunkelheit und lösten sich in Schatten auf, deren lange Finger aus sanftem Licht und schwarzer Nacht sich zu Bewegungen verwoben, die eine beseelte, dynamische, geheimnisvolle Welt nachbildeten. Es gab nichts, das bei Nacht »getan« werden müsste. (Wenngleich auch gesagt werden muss, dass es in der vorindustriellen Zeit überall auf der Welt üblich war, die Nacht in zwei Schlafphasen zu unterteilen und dazwischen allen möglichen Beschäftigungen nachzugehen. Dass man »durchschlafen« müsse, scheint eine Annahme aus jüngerer Zeit zu sein.)

Durch das Erhellen der Dunkelheit verlängern wir den Tag, und unser Beschäftigtsein geht unvermindert weiter. Das grelle, konstante künstliche Licht der modernen Nacht überlässt nichts der Fantasie – es imitiert das Tageslicht, nicht das weichere Nachtlicht. Wir machen einfach weiter wie am Tag, egal wie spät es ist.

Der Mythenforscher Martin Shaw schreibt in seinem Buch *Scatterlings*: »Stets haftet der Nacht eine Schwelleneinladung an.« Ebenso verhält es sich bei den Geschichten, die Erwachsene und Kinder gleichermaßen gern hören; denn im Gegensatz zum Theater und Film, die Augen und Ohren das vollständige Bild liefern, bietet die erzählte Geschichte lediglich Wörter für unsere Ohren. Und da unsere Fantasie durch das beflügelt wird, was unsere Augen eben nicht klar und deutlich sehen können, beschwören erzählte Geschichten Bilder in unserem ganz persönlichen Kopfkino herauf. In ähnlicher Weise regt das »Nichtsehen« unsere Fantasie und unsere Fähigkeit zu träumen an, wenn wir es der Dunkelheit nur gestatten, in unserem Wachleben eine Rolle zu spielen. In vielen alten Sagen kommt die Figur des blinden Sehers vor, als schenke uns die absolute Dunkelheit die Gabe des »tieferen Sehens«, der tieferen Erkenntnis. In der nordischen Mythologie wird der Gott Odin, der sich selbst ein Auge aussticht, zum »einäugigen Doppelsichtigen«.

Auch auf unser Verhältnis zueinander kann sich die Nacht ausgesprochen subtil auswirken. Fühlen wir uns der eingebildeten – oder auch sehr realen – Gefahr der Nacht ausgesetzt, bringt uns dieses stillschweigende Eingeständnis unserer Verletzlichkeit, die Teil unserer gemeinsamen Menschlichkeit ist, einander unweigerlich näher. Im sanften Widerschein des Feuers oder Lampenlichts erinnern wir uns unterbewusst an das Kontinuum, in dem sich die Menschen Tausende von Jahren lang um die Feuerstelle herum versammelt haben, den Ort der Sicherheit und Gemeinschaft. Das kommt besonders deutlich beim Lagerfeuer zum Ausdruck, an dem wir sitzen, während sich um uns herum die Nacht auftürmt, größer gemacht noch durch die hellen Flammen und die sprühenden Funken. Neben dem Gefühl des Staunens vereint uns die unausgesprochene Gemeinschaft im tiefen und demütig machenden Mysterium der Dunkelheit.

Es erscheint mir kulturell bedeutsam, dass wir zur Wintersonnenwende heute mit kommerziellem Überfluss feiern. In dieser auf der nördlichen Erdhalbkugel dunkelsten Zeit des Jahres rufen alle Zeichen und Rhythmen der Natur zu Reflexion und innerer Einkehr auf. Trotzdem lenken wir uns mit aufdringlicher Beleuchtung und knallbunter

Weihnachtsdeko ununterbrochen von der tiefen Dunkelheit ab. Sicherlich haben auch unsere heidnischen Vorfahren in der dunklen Zeit des Jahres Feste abgehalten – Opferfeste etwa in der ersten Vollmondnacht nach der Wintersonnenwende, Rituale der Dankbarkeit für das wiederkehrende Licht. Ich habe nichts gegen das Feiern und die Gelegenheit für Familientreffen oder das Aufrechterhalten alter Traditionen, doch so, wie sich diese Zeit des Jahres heute gestaltet, scheint sie enormen kommerziellen Druck auf viele Familien auszuüben und nur noch Stress zu erzeugen. Vielleicht geben wir uns dieser Ablenkung deshalb so bereitwillig hin, weil wir sie einem langen, in weiche, langsame, durchdringende Dunkelheit gehüllten Winter vorziehen.

Mit einem Freund in der Dunkelheit zu wandeln, ist besser,
als allein im Licht zu sein.

Helen Keller

Die Pflanzen demonstrieren uns die natürliche Reaktion auf Dunkelheit und Kälte ganz deutlich, wenn Herbst und Winter beginnen. Sie ziehen sich tief in ihren Wurzelkern zurück, in die Erde, wo sie ihre Ressourcen schonen, bis die für Wachstum und Aktivität geeigneten Bedingungen zurückkehren. Einige unserer Mit-Säugetiere passen sich an die Dunkelheit und Kälte des Winters an, indem sie Winterschlaf oder Winterruhe halten – sie schwimmen mit dem Strom der Jahreszeiten, um die Nahrungsvorräte optimal zu nutzen und Energie zu sparen. Natürlich muss sich der Mensch nicht mehr jahreszeitengemäß verhalten, seit die Geschäfte rund ums Jahr geöffnet haben und wir es uns bei Zentralheizung und elektrischem Licht gemütlich machen können.

Diejenigen, die sich auf die erneuernden, erholsamen Seiten der Dunkelheit einlassen können, können durchaus von ihr profitieren. Betrachten Sie sie wie einen tiefen, ruhigen Schlaf, und überlegen Sie, wie gut

Sie sich danach fühlen, bereit, den Tag bei den Hörnern zu packen. Es gibt mittlerweile eine Fülle von Forschungsarbeiten, die die fundamentalen gesundheitlichen Vorzüge der Dunkelheit belegen; auf sie werden wir später in diesem Kapitel noch näher eingehen. Darüber hinaus ist uns die Nacht süße Zuflucht vor To-do-Listen und ablaufenden Terminen, vor tickenden Uhren und überquellenden Kalendern, davor, jemand oder etwas sein zu müssen. Deshalb möchte ich Sie dazu ermutigen, ganz bewusst über die Schwelle zu treten – geben Sie Ihren Augen und Ihren zirkadianen Rhythmen etwas Zeit, um sich an die neuen Verhältnisse anzupassen, und machen Sie sich auf den mondbeschienenen Pfad, der Sie an einen geheimnisvollen und zauberhaften Ort führen wird. Dort wartet die nächtliche Natur auf Sie, in all ihrer wundersamen Vielfalt und Andersartigkeit, und wie auch immer Sie unterwegs sind – ob allein auf einem Spaziergang oder umgeben von neugierigen Kindern –, die Natur wird Sie nicht enttäuschen. Sie hat immer etwas Interessantes zu bieten.

Wie heißt es so schön in der Bibel? »Es werde Licht! Und es ward Licht.« Ich möchte nur noch hinzufügen, dass wir nicht vergessen sollten, das Licht auch hin und wieder *auszuschalten*.

Was ist Dunkelheit?

Aus der Perspektive eines nordamerikanischen indigenen Volkes ist Dunkelheit die »Abwesenheit von Licht«. Das entspricht zwar auch unseren Versuchen, das Phänomen kurz und bündig auf den Punkt zu bringen, doch gibt es auch eine ganz moderne wissenschaftliche Definition. Ihr zufolge setzt die astronomische Abenddämmerung nach dem Sonnenuntergang ein, und zwar exakt dann, wenn sich die Sonne 18 Grad unterhalb des Horizonts befindet. Da jedoch auch dann noch viel Lichtverschmutzung vorhanden ist, muss man sich schon in eine Wüste oder aufs offene Meer begeben, wenn man vollständige natürliche Dunkelheit erleben will. Außerdem heißt es noch lange nicht, dass das Licht nicht da wäre, nur weil wir es nicht sehen können. Die Nanowissenschaften haben uns gezeigt, dass es auch in jenem Zustand noch Photonen gibt, den wir schon als kohlrabenschwarze Nacht bezeichnen würden. Für uns als empirische und sensorische Lebewesen ist wahrscheinlich eher das relevant, was man »Wahrnehmung der Dunkelheit« nennen könnte: Erscheint uns die Nacht schwarz wie Pech, dann ist sie es für uns faktisch auch. So weit, so gut.

Und doch stellt sich noch immer die sprichwörtliche Eine-Million-Euro-Frage. Die Frage, die uns Rätsel aufgibt, unser Vorstellungsvermögen kitzelt und uns auf die Palme bringt, bis wir endlich am süßen Elixier des Begreifens nippen dürfen. Die ultimative Frage, die so einfach wie verwirrend ist, in einem Buch über die Dunkelheit aber keinesfalls fehlen darf.

Warum ist es dunkel?

Na, werden Sie jetzt vielleicht denken, die Antwort darauf liegt doch auf der Hand! Es ist dunkel, weil sich die große Laterne am Himmel hinter den Horizont verabschiedet hat. Stimmt's?

Stimmt nicht.

Also noch einmal: Warum ist es nachts dunkel?

Um die richtige Antwort zu finden, müssen wir ein wenig mehr nachdenken – oder träumen.

Ich lasse Sie jetzt mal eine Weile darüber nachdenken und freue mich in der Zwischenzeit über die Kniffligkeit der Frage. Außerdem: Wäre ein Rätsel noch ein Rätsel, wenn man die Lösung gleich verraten würde? Doch keine Angst, Sie werden sie erfahren! Irgendwann im Laufe dieses Buchs. Und dann dürfen Sie sich darauf freuen, diese Frage den Menschen, die Sie auf Ihrer Nachtwanderung begleiten werden, zu stellen.

Dunkle Medizin

Wie bereits erwähnt, ist die Dunkelheit gut für uns; genauer gesagt hat es positive Folgen für unser Wohlbefinden, wenn wir der Dunkelheit ausgesetzt sind.

Dennoch sind wir biologisch darauf programmiert, vor der Dunkelheit zurückzuschrecken, und zwar aufgrund der realen oder eingebildeten Gefahren, die möglicherweise darin lauern. Der korrekte wissenschaftliche Ausdruck für die gesteigerte Variante des eben Beschriebenen lautet Achluophobie – die Angst vor der Dunkelheit.

Ganz allgemein gesprochen braucht jedes Lebewesen Phasen der Aktivität und der Ruhe, der Wechsel von Hell und Dunkel bestimmt jene zirkadiane Rhythmen, die auch als Schlaf-Wach-Rhythmen oder innere Uhr bezeichnet werden.

Allerdings ertrinken wir derzeit in einem Übermaß an künstlichem Licht: 60 Prozent der Europäer und 80 Prozent der Nordamerikaner leben an Orten, wo sie vor lauter Lichtverschmutzung die Milchstraße am Nachthimmel nicht mehr sehen können.

Diese signifikante Verlagerung weg von der langen, langen Zeit, in der wir die Hälfte unseres Lebens in der Dunkelheit verbrachten, muss Folgen haben. Mittlerweile liegen wissenschaftliche Beweise dafür vor, dass der Dunkelheitsentzug tatsächlich seinen Tribut fordert: Er hat Auswirkungen auf unsere körperlichen Rhythmen, unsere Stimmung und unser Wohlbefinden. Richard Stevens, Epidemiologe an der University of Connecticut, hat sich jahrzehntelang mit den gesundheitlichen Folgen dieses Entzugs beschäftigt und fasst unmissverständlich zusammen: »Wir brauchen eine längere physiologische Nacht.«

Und das gilt nicht nur für uns Menschen. Wir wissen inzwischen, dass konstantes künstliches Licht die ganze Nacht hindurch auch für viele andere Spezies schädlich ist.

Mit etwas Grundwissen in Biologie verstehen wir viel besser, warum die Dunkelheit eine Art natürliche Medizin ist. Registrieren bestimmte spezialisierte Nervenzellen im Auge abnehmendes Licht, wird diese Information an die Zirbeldrüse im Gehirn weitergegeben, die daraufhin beginnt, Melatonin ins Blut freizusetzen. Dieses von unserem Körper produzierte Hormon reguliert den Schlaf, man könnte es auch »Dunkelheitshormon« nennen. Neben anderen Wirkungen weitet es die Blutgefäße, sodass die Körpertemperatur sinkt, wodurch wir uns müde fühlen. Darüber hinaus ist Melatonin ein wichtiges Antioxidans, das die Zellen vor Schäden schützt, und ein Stimulans, das das Immunsystem dazu anregt, nachts weiße Blutkörperchen zu aktivieren.

Andere spezialisierte Zellen in der Retina, der Netzhaut des Auges, wiederum signalisieren dem Gehirn, die Menge an ausgeschüttetem Melatonin zu reduzieren, wenn das blaue Licht moderner Lichtsysteme wie LEDs auf sie trifft. Dieses blaue Licht löst bei uns die Kampf-oder-Flucht-Reaktion aus – kein Wunder also, dass das blaue Licht der Straßenlaternen und vor allem auf dem Bildschirm elektronischer Geräte Auswirkungen auf unsere Schlafmuster hat. Während wir schlafen, finden in unserem Körper wichtige Regenerationsprozesse statt, die jedoch torpediert werden, wenn künstliches Licht einen erholsamen Schlaf verhindert.

Im Lichte all dieser Forschungen – das Wortspiel sei mir verziehen – und auch nach Maßgabe des gesunden Menschenverstands kann man nur schlussfolgern, dass die Dunkelheit gut für uns ist. Und zum Glück reichen schon einige wenige, simple Veränderungen in den eigenen vier Wänden aus, um die Nacht auch wirklich wieder zur Nacht zu machen. Ratschläge dazu geben Schlafkliniken und auf Schlafforschung spezialisierte Ärzte, etwa den, die Bildschirmzeit vor dem Schlafengehen zu minimieren oder die Räume, in denen Sie sich nach Einbruch der Nacht aufhalten, durch Jalousien oder Vorhänge vom »Restlicht« draußen abzuschirmen.

Die faszinierendste Möglichkeit, in die Dunkelheit einzutauchen, besteht jedoch darin, sich nach draußen in die Natur zu begeben, wo, wie David Whyte in seinem Gedicht »Sweet Darkness« schreibt, »die Nacht uns einen Horizont schenkt, / den wir mit den Augen nicht erreichen können«.

2. HANDWERKSZEUG

Ich begebe mich in die Natur,
um getröstet und geheilt zu werden
und um meine Sinne einmal mehr
in Einklang zu bringen.

John Burroughs

Manchmal vergessen wir, dass wir zwar als splitterfasernackte Säuglinge auf die Welt kommen, Mutter Natur uns aber dennoch mit allem ausgestattet hat, was wir brauchen, um auf diesem Planeten zu gedeihen. Die Fähigkeit, Werkzeuge und Jagdwaffen zu erfinden und anzufertigen, hat es vergangenen Generationen sicherlich ermöglicht, komfortabler zu leben; allerdings kommt es mir hier mehr auf die biologischen Spezifikationen an, die uns bei der Geburt mitgegeben werden, und weniger auf die Voraussetzungen, die es uns ermöglichen, shoppen zu gehen. Manchmal halten wir diese Attribute – unsere Sinne – für allzu selbstverständlich.

Wenn wir ein wenig über unsere Sinne wissen, haben wir mehr vom Erkunden der Dunkelheit. Und je reicher die Ernte, desto tiefer ist die Verbindung. Deshalb ist es jeder unserer Primärsinne wert, dass wir uns näher mit ihm beschäftigen; dadurch erfahren wir, wie wir uns leichter in der Dunkelheit zurechtfinden können, wie wir uns dort – und im Übrigen nicht nur dort – mit mehr Selbstvertrauen bewegen können.

Außerdem möchte ich Ihnen in diesem Kapitel einige technologische

Hilfsmittel vorstellen, darunter Ferngläser und Fledermausdetektoren, die vor allem Naturpädagoginnen und -pädagogen auf Nachtwanderungen sehr nützlich sein können.

Unsere Sinne

Wie viele Sinne hat der Mensch? Fünf, oder?

Hmm – ja und nein. Sehsinn, Tastsinn, Geruchssinn, Hörsinn und Geschmackssinn sind auf jeden Fall die bekannten fünf Sinne. Bedenken wir dabei jedoch auch, dass die Basisfunktion unserer Sinne darin besteht, auf Reize zu reagieren, können wir das Ganze weiter fassen – vielleicht weiter, als wir denken.

Nehmen wir die informationssammelnde Funktion als Kriterium, können wir von sicherlich mehr als den »Big Five« sprechen. Unseren Gleichgewichtssinn beispielsweise können wir weder sehen noch hören noch riechen noch schmecken noch berühren, und doch liefert er dem Gehirn ungeheuer wichtige Informationen, wie jeder, der schon einmal versucht hat, auf einem Seil oder Schwebebalken oder unter Alkoholeinfluss auch nur einer geraden Linie zu gehen, bestätigen kann. Andere Fähigkeiten wiederum helfen uns dabei, Informationen über Richtung, Zeit, Orientierung im Raum, Hunger und Durst zu sammeln. Und dann wäre da noch der faszinierende, präkognitive »sechste Sinn«: unsere Intuition. Die meisten Menschen können von Erfahrungen berichten, als sie »das Gefühl hatten, dass etwas passieren würde«, bevor es tatsächlich passierte. Ganz offensichtlich scheint diese präkognitive Fähigkeit bei manchen ausgeprägter zu sein als bei anderen.

Ein letzter, deutlich erkennbarer Sinn ist das Bewusstsein für unser Wohlbefinden oder die Abwesenheit desselben, unser Sinn für Unwohlsein.

Ich habe keine definitive Zahl gefunden, von wie vielen Sinnen man nun wirklich sprechen kann, doch glauben die meisten Wissenschaftlerinnen und Wissenschaftler, dass es je nach Definition zwischen neun und 21 sind. Auf jeden Fall also mehr als fünf!

Im Zusammenhang mit nächtlichen Ausflügen in die Natur ist es wahrscheinlich aber »sinn«voller, sich auf greifbarere Sinne wie das Sehen, Hören, Riechen und Tasten zu konzentrieren sowie darauf, wie wir sie als unser Handwerkszeug einsetzen können. Zudem können wir unsere Sinne schärfen, was uns der nächtlichen Natur näherbringt. Wenden wir uns den genannten Sinnen also im Einzelnen zu.

Sehen

Für die alten Griechen war das Auge nicht bloß ein passives Instrument, das Licht und Bild empfängt, wie die moderne Wissenschaft uns glauben machen will. Einer der zentralen Theorien zufolge, vorgebracht von großen Denkern wie Plato und Ptolemäus, verlässt ein »schwaches Licht« das Auge und kehrt dann mit seiner Ernte aus der Welt zurück, wie ein Reisender mit Souvenirs. Ich muss sagen, dass diese Vorstellung meinen Sinn fürs Dichterische anspricht und auch zu den Erfahrungen passt, die ich auf meinen nächtlichen Exkursionen gemacht habe. Zweifelsohne wird unser Sehsinn durch die Dunkelheit aktiviert, während wir ihre Erscheinungen, Figuren und Bestandteile auszumachen versuchen. Mehr noch: Die Nacht gewährt uns ganz andere Blickwinkel und Einsichten. In der Nacht nehmen unsere Augen Dinge wahr, die wir bei Tageslicht nicht erfassen können, wie Theodore Roethke schrieb: »In dunkler Zeit beginnt das Aug' zu sehen.«

Würde man einer beliebigen Gruppe von Menschen die Frage stellen, welchen Sinn sie wählen würden, wenn sie sich für einen entscheiden müssten, würden die meisten wahrscheinlich für ihr Sehvermögen optieren. Dies spiegelt unseren Status als sichtdominierte Spezies wider; der Verlust des Sehvermögens isoliert uns mehr als jeder andere Sinnesentzug. Auch in unserer Sprache wird das deutlich. Denken wir nur einmal an all die Wörter und Ausdrücke, die Verstehen mit Sehen oder Licht in Verbindung bringen: Einsicht, einleuchten, mir geht ein Licht auf, Licht in eine Sache bringen, erhellen, aber auch das oben genannte widerspiegeln.

In biologischer Hinsicht hat sich beim Menschen eine Partnerschaft zwischen Seh- und Hörsinn entwickelt, die erfolgreiches Jagen ermöglichte. Schon unsere frühen Vorfahren, bei denen sich durch den aufrechten Gang auf zwei Beinen der Körperschwerpunkt verlagerte, verließen sich weniger auf ihren Geruchs- als vielmehr auf ihren Sehsinn, um sowohl Beutegreifer als auch Beute aufzuspüren, vor allem, als sie die Wälder verließen und in die offeneren Savannen zogen.

Wenn ich mit Kindern arbeite, frage ich sie oft, wie viele Augen sie haben. Meist sehen sie mich dann forschend an, um herauszufinden, ob ich ihnen vielleicht eine Fangfrage gestellt habe, bevor sie zögerlich antworten: »Zwei.« Was mich zur nächsten Frage führt: »Und warum hat die Natur uns zwei Augen gegeben? Was können wir mit zwei Augen leichter tun als mit nur einem?« Woraufhin wir die Vorteile der binokularen Wahrnehmung erörtern, die sich insbesondere beim Einschätzen von Entfernungen und beim perspektivischen Sehen zeigen.

Als Nächstes bringe ich die Biologie ins Spiel. »Wo sind eure Augen?«, frage ich und ernte wieder verwirrte Blicke. (Die Antworten auf diese Fragen liegen auf der Hand, doch indem ich die Fragen stelle, lade ich die Kinder dazu ein, neu über die Sache nachzudenken.) »Vorn am Kopf – genau! Welche anderen Tiere haben die Augen ebenfalls vorn, und was verbindet uns mit ihnen?« Haben wir dann eine Liste mit Säugetieren wie Füchsen, Wieseln, Hunden und Katzen sowie Greifvögeln zusammengestellt, fällt es leicht, den Menschen der Kategorie der Beutegreifer zuzuordnen, wenngleich der Beutegreifer mit Allesfressertendenzen.

Es ist immer wieder überraschend, wie viele Kinder daran erinnert werden müssen, dass auch der Mensch ein Tier ist. Meiner Meinung nach ist es auch sehr wichtig, die Annahme, wir seien die »Krone der Schöpfung«, wären unseren Mitgeschöpfen also überlegen, hin und wieder infrage zu stellen. Dazu reicht es beispielsweise, sich klar zu machen, dass sich unsere grundlegende Biologie aus unserer Vergangenheit als Jäger und Sammler entwickelt hat. Wir können vielleicht nicht so weit sehen wie ein Turmfalke, der einen Käfer aus 50 Meter Entfernung erspäht, doch dafür können wir sowohl zum Horizont blicken als auch Dinge direkt vor unserer Nase unter die Lupe nehmen, was unsere Augen zu höchst vielseitigen Aktivposten macht.

Wir halten es zudem für selbstverständlich, dass die meisten Lebewesen die Welt in prächtigem Technicolor sehen. Dabei sollte man sich ab und zu bewusst machen, welch ein Genuss es ist, Farben wahrnehmen und unterscheiden zu können! Wie viel ärmer wäre das Leben doch, wäre die Welt monochrom.

Das Sehvermögen ist ein ausgesprochen komplexer Sinn, bei dem das Gehirn die von den Augen kommenden Signale interpretiert. Der Mensch verfügt über zwei Arten von Fotorezeptorzellen, die sich an der Rückwand des Augapfels, der Retina oder Netzhaut, konzentrieren: die Zapfen- und die Stäbchenzellen. Erstere sind für das Farbsehen sowie die Wahrnehmung hellen Lichts zuständig, Letztere ermöglichen es uns, auch bei geringer Helligkeit zu sehen.

Zudem gibt es mehrere Arten von Zapfenzellen, die jeweils auf verschiedene Lichtwellenlängen reagieren. Das Gehirn kombiniert die Signale der unterschiedlichen Zellen, und so »sehen« wir Farben. Man kann sich das vereinfacht wie das Mischen von Grundfarben vorstellen, um daraus alle Farben des Regenbogens zu zaubern. Je mehr Zapfenzellenarten eine Spezies besitzt, desto breiter ist ihr Farbwahrnehmungsspektrum. Säugetiere besitzen in der Regel zwei oder drei verschiedene Zapfenzellenarten, bestimmte Tiere wie beispielsweise Katzen, Hunde und Kaninchen haben eine recht eingeschränkte Farbwahrnehmung. In ihren Augen finden sich Zapfenzellen, die empfänglich für blaues und grünes Licht sind, weshalb sie die Welt größtenteils in Grau-, Blau- und Gelbtönen sehen. Anderen Tieren steht hingegen ein breiteres Farbspektrum zur Verfügung, zu ihnen zählen etwa Affen, Erdhörnchen, Vögel, Insekten und viele Fische.

Im Vergleich zu anderen Tieren nehmen wir relativ viele Farben wahr. Der Mensch besitzt zusätzliche Zapfenzellen, die auch für rotes Licht empfänglich sind, was unser Farbsehen doch erheblich erweitert. Dieser Vorteil ist für uns wahrscheinlich eher von kulturellem Wert, als dass er uns das Überleben sichern würde, wenngleich uns subtile Farbvarianten beispielsweise durchaus dabei helfen, den Reifegrad von Früchten oder Gemüse zu bestimmen, die Giftigkeit von Beeren zu identifizieren und sogar Beute oder Beutegreifer zu lokalisieren.

Zu den »Top-Sehern« unter den Tieren gehört zweifelsohne der Adler, der eine Maus aus anderthalb Kilometer Entfernung unter sich erkennen kann. Eher schwachsichtig ist dagegen das Faultier: Es hat Schwierigkeiten, überhaupt ein anderes Tier zu erkennen, wenn dieses sich nicht bewegt. Dann gibt es noch Tiere mit Spezialfähigkeiten wie die Bienen und Schmetterlinge, die Farben sehen, die wir nicht sehen können. Ihnen zeigen beispielsweise ultraviolette Muster in den Blättern der Pflanzen, die sie bestäuben, den Weg zu den Blüten.

Wendet man sich der Welt der Wirbellosen zu, stößt man schlicht auf zu viel Vielfalt, um sie in Kategorien einteilen zu können. Ganz allgemein gesprochen, haben Spinnen acht Augen und ein eher schlechtes Sehvermögen, während manche Fliegenarten über Tausende von winzigen Linsen in ihren Facettenaugen sowie einen fast vollständigen Rundumblick verfügen. Wahrscheinlich ist es deshalb so schwierig, eine zu fangen!

Die Augen tagaktiver Tiere besitzen einen höheren Anteil an Zapfenzellen; somit können die Tiere nicht nur exzellent Farben wahrnehmen, sie haben auch eine hohe Sehschärfe bei Tageslicht. Die meisten nachtaktiven Tiere besitzen dagegen eine Fülle von Stäbchenzellen und nur relativ wenige Zapfenzellen. Dadurch können sie bei schlechten Lichtverhältnissen ausgezeichnet sehen, während ihr Sehvermögen bei hellem Tageslicht eher eingeschränkt ist. Die Mehrheit der Säugetiere besitzt mehr Stäbchen als Zapfen in der Netzhaut, und diese sind in der Regel auch weiter außen angeordnet. Mit diesen Zellen spüren die Tiere Bewegung auf, Form und Farbe spielen dabei eine untergeordnete Rolle. Deshalb sind Stäbchenzellen so wichtig für das periphere Sehvermögen.

Peripheres Sehen

Das periphere Sehvermögen umschreiben wir oft mit dem Ausdruck »etwas aus den Augenwinkeln heraus wahrnehmen«, und wer sich der Natur, insbesondere Tieren, nähern will, sollte sich etwas intensiver mit dieser Art zu sehen beschäftigen. (Eine nette kleine Übung zum Einschätzen des peripheren Sehvermögens ist das »Sehen wie ein Greifvogel«.)

Der Mensch hat ein schlechteres peripheres Sehvermögen als die meisten anderen Säugetiere, kann dies aber verbessern. Piloten beispielsweise trainieren das periphere Sehen, um andere Flugzeuge auch in der Dunkelheit erkennen zu können.

Indem wir üben, uns auf das zu konzentrieren, was wir aus den Augenwinkeln heraus sehen können, rücken wir immer mehr Details ins Zentrum unserer Aufmerksamkeit. Und die Fähigkeit, kleine Bewegungen und/oder Veränderungen in den Mustern der Natur wahrzunehmen, bringt uns näher an die Tiere heran, die wir zu sehen hoffen. Ob nun am Tag oder bei Nacht: Es sind zuerst die Bewegungen der Vögel und anderen Tiere, die wir wahrnehmen, ohne direkt hinzusehen. Erst dann lenken wir unsere Aufmerksamkeit dorthin.

Sie können das jetzt sofort ausprobieren oder auch später, allein, in der Familie oder mit einer Gruppe zusammen. Richten Sie Ihren Blick starr nach vorn und konzentrieren Sie sich auf die Bewegungen, die Sie mit Ihrem peripheren Sehvermögen wahrnehmen können. Ist es gerade Sommer, erkennen Sie wahrscheinlich leicht Insekten, die durch die Luft fliegen, weht eine kleine Brise, sehen Sie vermutlich Bewegung in den Baumkronen.

Eine andere Möglichkeit, das Sehfeld zu erweitern, besteht darin, sich im Jonglieren zu üben. Dafür müssen Sie den Blick auf einen Punkt vor sich heften und die Informationen Ihres peripheren Sehvermögens nutzen; nur so können Sie das, womit Sie jonglieren, auch wieder auffangen. Wer hat nicht schon über wahre Jonglierkünstler gestaunt, deren Geschicklichkeit und Präzision ein außergewöhnlich gutes peripheres Sehen erfordern. Und wie erreichen die Künstler das? Genau: durch Üben!

Nachtsicht

Wie schon erwähnt, ermöglichen es uns die stäbchenförmigen Zellen in unseren Augen, Umrisse und Bewegungen in schlechten Lichtverhältnissen wahrzunehmen, und helfen uns so dabei, uns in der Dunkelheit zurechtzufinden. Im Gegensatz dazu brauchen die zapfenförmigen Zellen mehr Helligkeit, um ihre Arbeit zu verrichten. Aus diesem Grund sehen wir in der Dunkelheit auch keine Farben, sondern alles erscheint in unterschiedlichen Grauabstufungen. Wird aber das Licht eingeschaltet, werden die Zapfenzellen in der Netzhaut aktiviert und leiten umgehend wieder Farbinformationen an das Gehirn weiter. Die meisten unserer Zapfenzellen konzentrieren sich in der Mitte der Netzhaut, weshalb wir das, was direkt vor uns liegt, besonders scharf sehen können, vor allem bei guten Lichtverhältnissen. Die Mehrheit der Stäbchenzellen hingegen ist am Rand der Netzhaut angesiedelt, weshalb wir nachts besser peripher sehen können.

Heute begegnen wir der Dunkelheit meist in einem plötzlichen Wechsel, etwa wenn wir aus einem hell erleuchteten Haus vor die Tür ins Dunkle treten. Dann erscheint uns die Nacht extrem dunkel, weil unsere »Nachtaugen« noch nicht richtig funktionieren. Um unser Nachtsichtpotenzial voll auszuschöpfen, sollten wir unseren Augen etwas Zeit geben, sich an die Dunkelheit zu gewöhnen. Geht das langsam vonstatten, etwa durch das Vermeiden grellen künstlichen Lichts in der Abenddämmerung, sind wir gut vorbereitet.

Setzen wir unsere Nachtaugen hingegen hellem Licht aus, bleicht ein lichtsensibles Pigment namens Rhodopsin in den Stäbchenzellen aus und kann uns beim Sehen in schlechten Lichtverhältnissen nicht mehr helfen. Bis sich das Rhodopsin wieder vollständig regeneriert hat, müssen wir 30 bis 40 Minuten in der Dunkelheit verbringen, wenngleich der Großteil dieser Regeneration in den ersten fünf bis zehn Minuten stattfindet. Um Rhodopsin zu bilden, braucht der Körper Vitamin A, dessen Vorstufe, Beta-Carotin, vor allem in Karotten enthalten ist. Es stimmt also wirklich, dass dieses Gemüse gut für die Augen ist.

Unsere Fähigkeit, im Dunkeln zu sehen, ist besser, als wir vielleicht denken. Sicherlich ist unsere Nachtsicht nicht so gut entwickelt wie die vieler anderer Tiere, vor allem wenn diese Tiere an die nächtliche Jagd und Nahrungssuche angepasst sind. Das liegt größtenteils an Unterschieden in der Anatomie: Diese Tiere haben beispielsweise meist größere Augen, sie können die Pupillen stärker weiten oder sie besitzen mehr Stäbchenzellen. Katzen und Hunde haben sich evolutionär perfekt ans nächtliche Jagen angepasst. In ihren Augen findet sich eine hohe Dichte an Stäbchenzellen, und sie kommen mit nur 15 Prozent der Helligkeit, die wir brauchen, ausgezeichnet zurecht.

Hören

Im Vergleich zu vielen anderen Tieren hat der Mensch nur eine begrenzte Hörfähigkeit, dennoch ist auch unser Hörvermögen hoch entwickelt. Wir sollten es also nicht unterschätzen, wenn wir uns auf die nächtliche Pirsch begeben.

Vor allem dort, wo unsere Sicht eingeschränkt ist, also etwa in einem Wald, müssen die Ohren unsere Augen ersetzen und »sehen«, was diese nicht sehen können. Es ist tatsächlich ein alter Leitgedanke der Jäger, »mit den Ohren zu sehen«. Vögel beispielsweise hören wir häufig zuerst, bevor wir sie zu Gesicht bekommen, viele können wir in den dichten

Baumkronen gar nicht erspähen. Das gilt auch für zahlreiche andere Tiere. Konzentrieren wir uns auf das, was wir hören, wissen wir auch, wo wir nach der Quelle des Geräuschs suchen müssen. Hören wir etwa ein Rascheln in den Blättern eines Baums, wissen wir automatisch, wohin wir blicken müssen. Unsere Ohren sind deshalb seitlich am Kopf positioniert, damit auch wir im Bruchteil einer Sekunde Entfernung und Richtung, aus der ein Geräusch kommt, abschätzen können. Hätten wir nur ein Ohr, könnten wir weit weniger fein hören und hätten Schwierigkeiten, Tiere allein mithilfe unseres Gehörs zu lokalisieren.

Eine bedeutsamere Rolle spielt unser Hörsinn natürlich in unserem kulturellen, spirituellen und emotionalen Leben. Hören wir ein Musikstück aus unserer Vergangenheit, wird unser emotionales Gedächtnis aktiviert. Sofort verbinden wir es mit einer bestimmten Zeit und einem bestimmten Ort. Wie keine andere Spezies ist der Mensch von Musik bewegt, inspiriert und beeinflusst – mit Ausnahme vielleicht unserer schwimmenden Verwandten, der Wale und Delfine, die sich eines ausgesprochen komplexen Kommunikationssystems mittels Schall bedienen. Es klingt zunächst zwar paradox, doch setzen sich Schallwellen in einem dichteren Medium rascher fort, sie sind im Wasser also schneller als in der Luft. Wenn Sie schon einmal in größeren Höhen wandern waren, ist Ihnen vielleicht auch aufgefallen, dass sich die Schallwellen dort oben in der dünneren Luft langsamer fortbewegen als in geringeren Höhen.

Ich höre all das geheime Flüstern der Welt! ...
Die kleinen Ameisen, wie sie miteinander zwitschern,
während sie im Boden herumwuseln ...
Und manchmal Musik von weit her,
von den Sternen am Himmel.

Roald Dahl, Sophiechen und der Riese

Das Hören ist eng mit unserer Kommunikation verknüpft, und auf dem Gebiet der Pädagogik ist bekannt, dass es Menschen mit aurikularem Lernvermögen gibt, Menschen also, die mithilfe des Gehörs besser lernen als visuell.

Ebenfalls bekannt ist, dass unsere anderen Sinne geschärft werden, wenn wir einen oder mehrere verlieren. Ich habe einmal versucht, drei aufeinanderfolgende Tage und Nächte mit verbundenen Augen zu verbringen – das hat meine alltägliche Erfahrung drastisch verändert. Je mehr ich mich ans »Blindsein« gewöhnte, desto besser wurden meine Hörfähigkeiten; darüber hinaus fühlte ich mich der Welt insgesamt inniger verbunden, vor allem aber jenen Menschen, mit denen ich in dieser Zeit Kontakt hatte.

Es überrascht wenig, dass unser Hörvermögen nachts deutlich besser ist als am Tag. Lässt der Lärm des Tages allmählich nach, können wir auch die subtileren und weiter entfernten Geräusche der nächtlichen Natur vernehmen, etwa das Rascheln eines nach Nahrung suchenden Dachses, den Ruf des Waldkauzes, mit dem er sein Revier markiert, sich paarende Füchse oder zirpende Ziegenmelker.

Verlassen wir ausgetretene Pfade und betreten unvertrautes Terrain wie einen Wald, ist es auch unsere Fantasie, die unseren Hörsinn schärft, während wir uns vorstellen, was da wohl alles im Dunkeln lauern mag, allzeit bereit, sich auf uns zu stürzen. Verspüren wir nur ein wenig Angst, erhöht das unsere Wachsamkeit enorm – jenes urzeitliche Gefühl, das aus der Ahnung heraus entsteht, dass wir vielleicht doch nicht das oberste Ende der Nahrungskette bilden. Selbst wenn es in unseren Wäldern und auf unseren Feldern heute keine Beutegreifer mehr gibt, die Jagd auf uns machen könnten, verspürt unser Körper dennoch eine potenzielle Bedrohung und hat das Gefühl, dass jederzeit etwas aus der Dunkelheit springen und uns überraschen könnte.

Am eindrucksvollsten habe ich das in den 1980er-Jahren auf einer Exkursion in die Kalahari erlebt, an der Jugendliche aus Großbritannien, Russland und Botswana teilnahmen. Der Wildhüter schlug vor, wir sollten erst einmal »eigene Erfahrungen« im Busch sammeln, jeder für sich. Also ging er mit uns in einem (sehr) großen Kreis um das provisorische Lager und setzte dabei einen Teilnehmer nach dem anderen ab; alle bekamen die Anweisung, einen Augenblick sitzen zu bleiben und sich dann den Weg zurück ins Lager zu suchen. Im Busch, das wussten wir, gab es nicht nur Löwen und Hyänen, auch Paviane, Schlangen und Leoparden tummelten sich dort. Dieses Wissen, ebenso wie die Möglichkeit, unterwegs zudem auf Elefanten zu treffen, versetzte unsere Sinne in allerhöchste Alarmbereitschaft. Auf einer Skala von eins bis zehn hätte ich sie wahrscheinlich auf zwölf geschätzt, als ich schwitzend dasaß und mich schließlich leise in die Richtung schlich, in der ich das Lager vermutete. Ich befand mich überraschend allein in einer mir völlig fremden Umgebung, ohne die Hilfe sachkundiger Einheimischer, und ich hatte *Angst*. Diese vermischte sich allerdings mit Adrenalin, sodass ich rückblickend sagen kann, mich in meinem Leben kaum je lebendiger gefühlt zu haben!

Ähnliches habe ich auf zahllosen Nachtwanderungen in Großbritannien nicht nur bei Kindern, sondern auch bei Erwachsenen erlebt, die unvertrautes und vertrautes Terrain erkundeten. Lösen wir uns von der betäubenden Wirkung von Straßenlaternen, Fernseher und Zentralheizung, tauchen plötzlich Unmengen von Ängsten auf, die wir in die Dunkelheit hineinprojizieren.

Leite ich eine Nachtwanderung, zünde ich im Wald meine Laterne an und fordere die Teilnehmer auf, sich mit ihrer Sitzmatte so weit vom Licht zu entfernen, wie sie sich trauen. Dort sollen sie sich dann niederlassen und den Wald in so viel Dunkelheit, wie sie aushalten können, etwa 20 Minuten lang in sich aufnehmen. Das flackernde Kerzenlicht beruhigt diejenigen, die in seiner Sichtweite bleiben, und wenn ich den Eulenruf – unser Signal – ertönen lasse, führt es die Nachtwanderer zu mir zurück.

Dass dabei alle mehr oder weniger das Gleiche erleben, wird deutlich, wenn die Teilnehmerinnen und Teilnehmer anschließend von aufschreckenden Schreien und mysteriösem Rascheln berichten, oder von der tiefsten Stille, die ihnen je begegnet ist, oder von der Angst und Aufregung, die es mit sich bringt, wenn man mutterseelenallein in einem dunklen Wald sitzt. Eine großartige Lebenserfahrung und eine heilsame obendrein, wie ich meine.

Um dieses tiefer gehende Hören, auf das wir jederzeit zugreifen können, noch mehr zu veranschaulichen, möchte ich Ihnen eine seltsame kleine Geschichte erzählen. Sie handelt von Desorientierung und … äh … Unterhosen. Eines schönen Sommers campte ich allein in einem dichten Wald in Devon. In den frühen Morgenstunden einer mondlosen Nacht wachte ich auf, weil ich pinkeln musste. Schlaftrunken stolperte ich in die tiefe Dunkelheit hinaus, ging noch ein paar Schritte und erledigte das, weswegen ich gekommen war. Anschließend drehte ich mich um und wankte zurück zu meinem Zelt. Nur dass das jetzt nicht mehr da war.

Es war so vollständig dunkel, dass ich den charakteristischen Umriss des Zelts nicht mehr ausmachen konnte. Nachdem ich mit nach vorne gestreckten Armen ein wenig umhergetapst war, hielt ich inne und dachte nach.

Was sollte ich tun? Ich stand vor der Möglichkeit, weiter umher zu stolpern, bis ich auf irgendeine Behausung stieß, wo ich dann anklopfen und um Hilfe bitten müsste, bekleidet nur mit einer Unterhose.

Mittlerweile war ich hellwach und erkannte sowohl die Ernsthaftigkeit als auch die Komik meiner Zwangslage. Instinktiv kauerte ich mich hin, versuchte, meine Atmung zu beruhigen, lockerte meine verkrampften Kiefer und begann zu lauschen. Ich musste mir meinen Weg zurück zum Zelt »erhören«. Dass es in dieser Nacht so still war, war mein Glück. Nach einer Weile vernahm ich ein kaum hörbares, rhythmisches Geräusch – das allerleiseste Ticken, das man sich nur vorstellen kann –, und so führte mein kleiner Wecker mich zurück zum Zelt. Puh!

Diese Begebenheit führt uns vor Augen, dass es immer noch eine andere Geräuschschicht unter der, die wir wahrnehmen, geben kann. Wir müssen nur genau hinhören. Indem wir unser Hören aktiv immer weiter ausdehnen, können wir uns besser orientieren und mehr wahrnehmen. Das wissen Jäger überall auf der Welt, von den San, die Vögel und andere Tiere imitieren, um sich näher an sie heranpirschen zu können, bis zu ihren Zeitgenossen aus der westlichen Welt, die sich auf ihrer Suche nach Wild modernster akustischer Technologien bedienen.

Doch auch ohne solche Technologien können wir diese tiefere Schicht der Geräusche aufspüren: mithilfe unserer »Hirschohren« beziehungsweise der Übung »Hören wie ein Hirsch«.

Riechen

Mit dem Geruchssinn verhält es sich wie mit dem Sehsinn: Es gibt auch zahlreiche mit ihm verbundene Redewendungen: jemanden riechen können, den Braten riechen oder zum Himmel stinken. Häufig wird der Geruchssinn dabei mit der Fähigkeit gleichgesetzt, intuitiv erkennen zu können, wenn etwas nicht stimmt. Auf diesen Sinn also können wir uns »blind« verlassen, ganz im Gegensatz zu unserem Sehsinn, der uns beispielsweise mit optischen Täuschungen doch manchen Streich spielen kann.

Als Geruchsäquivalent der optischen Täuschung könnte man vielleicht unsere Unfähigkeit bezeichnen, Gerüche wahrzunehmen, denen wir ständig ausgesetzt sind. Das zeigt sich am deutlichsten in unserer heimischen Umgebung, die für uns natürlich nach rein gar nichts riecht. Besucht man jedoch einen anderen Menschen zu Hause, ist der diesem Menschen eigene Geruch kaum zu überriechen. Das gilt umgekehrt selbstverständlich ebenso.

Auch an ausgesprochen unangenehme Gerüche können wir uns gewöhnen, wie jeder, der in der Nähe einer Industrieanlage wohnt, wohl bestätigen wird. Auf den Geruch fauliger Lebensmittel reagieren allerdings mehr oder weniger alle Menschen gleich: mit einer Grimasse und/

oder einem Kraftausdruck nämlich! Mit diesem grundlegenden biologischen Überlebensmechanismus signalisieren wir uns und anderen, dass der Verzehr der Geruchsquelle gefährlich ist.

Der Mensch atmet durchschnittlich 23.000 Mal am Tag ein. (Das müssen Sie jetzt nicht nachzählen – glauben Sie mir einfach.) Dabei bekommt das Gehirn eine ganze Menge an olfaktorischen Informationen geliefert! Unser Geruchssinn bereichert nicht nur unsere Erfahrungen ganz enorm, er warnt uns auch vor Gefahren, die wir mit den Augen nicht wahrnehmen können. Die übelsten Gerüche, denen wir normalerweise wohl ausgesetzt sind, sind mit dem stillen Örtchen und verrottenden Lebensmitteln verbunden. Vor allem Letztere könnten lebensbedrohlich sein. Meist schnuppern wir mehr oder weniger automatisch an der Milch oder dem Joghurt, um zu prüfen, ob sie noch gut sind. Dabei sind wir recht vertrauensselig: Wir verlassen uns darauf, dass unsere Nase uns vor unsichtbaren Gefahren warnt. Was sie auch tut: Der Schimmel auf dem Joghurt bestätigt nur, was wir bereits gerochen haben. Ebenso warnt uns unser Geruchssinn vor einem Gasleck oder einem noch nicht sichtbaren Brand. Wie bedauernswert sind die Menschen, die an Anosmie leiden, also ihren Geruchssinn verloren haben, entweder nur vorübergehend oder gar dauerhaft!

So weit, so klar. Das aber ist noch längst nicht alles.

Die menschliche Nase kann Tausende von unterschiedlichen Gerüchen differenzieren, und unser Geruchssinn kann nicht nur körperliche Reaktionen auslösen, sondern auch Erinnerungen und Emotionen. Wir assoziieren bestimmte Düfte oder unangenehme Gerüche mit bestimmten Zeiten, Menschen und Orten in unserem Leben, und zwar sowohl auf positive als auch auf negative Weise. Und wie sieht es mit den intimen zwischenmenschlichen Gerüchen aus? Es heißt, wir bevorzugten Partnerinnen und Partner, die ganz anders riechen als wir, und dass der Geruchssinn eine wesentliche Rolle bei der Partnerwahl spielt.

Wir können nicht nur zwischen vielen Gerüchen, sondern obendrein auch noch ausgesprochen fein differenzieren. In den 1950er-Jahren entwickelte der britische Biochemiker John Amoore ein Klassifizierungssystem, bei dem Gerüche anhand ihrer Molekularstruktur in acht Kategorien eingeteilt werden. Diese Kategorien sind: blumig, ätherisch, erdig, stechend, faulig, moschusartig, campherähnlich und pfefferminzig. Obwohl es schwierig bleibt, Gerüche in Kategorien einzuteilen, auf die sich wirklich alle einigen können, ist Amoores Klassifikationssystem im Großen und Ganzen auch heute noch gültig.

Auch bei Tieren spielen Geruchssinn und Gerüche eine wichtige Rolle, wenn es um Nahrungssuche, Paarung und das Erkennen von Familienmitgliedern geht. Die Chemorezeptoren in der Nase sind mit dem Riechkolben im Gehirn verbunden, und je größer der Riechkolben ist, desto wichtiger ist der Geruchssinn für das betreffende Tier.

Was unseren Wunsch betrifft, auf Nachtwanderungen möglichst vielen Tieren zu begegnen, so kann uns unser Geruchssinn dabei wahrscheinlich weniger helfen als andere Sinne. Wissen wir jedoch etwas über die olfaktorischen Fähigkeiten nachtaktiver Tiere, wissen wir damit auch, wie wir uns ihnen am besten nähern können.

Am prominentesten ist hier wahrscheinlich der Dachs, dessen Geruchssinn ähnlich hervorragend ist wie der von Hunden. Wissenschaftler schätzen sogar, dass der Dachs über ein 800 Mal besseres Riechvermögen verfügt als wir. Die Form seines Schädels beweist das: Sollten Sie im Wald jemals einen Tierschädel finden, dann sehen Sie sich die Nasenhöhle einmal genauer an. Ist sie sehr groß, ist der Schädel vermutlich der eines Dachses.

Jetzt wissen Sie, wie gut Dachse riechen können, und deshalb wird es Sie auch nicht überraschen, dass es keine gute Idee ist, Dachse, die wir beobachten wollen, mit unserem eigenen Körpergeruch vorzuwarnen. Duftintensive Deodorants oder Parfüms verbieten sich auf nächtlichen Exkursionen ohnehin von selbst, darüber hinaus sollten Sie aber auch auf Ihre Position im Wind achten. Nähern Sie sich dem Beobachtungsobjekt wenn möglich immer gegen den Wind. Mehr über den faszinierenden nächtlichen Sammler erfahren Sie im Kapitel »Wissenswertes über Dachse«.

Tasten

Außer vielleicht auf einer Faschingsparty sind wir normalerweise nicht mit den Schnurrhaaren einer Katze oder dem sensiblen Gesichtsschleier einer Eule ausgestattet, die uns dabei helfen würden, uns unseren Weg durch den nächtlichen Wald zu ertasten. Was wir allerdings haben, sind ganze zwei Quadratmeter Haut, die unseren Körper umhüllen – das entspricht annähernd fünf Millionen Sinnesrezeptoren, über die wir uns mit unserer Umgebung verbinden können.

Wenn es um nächtliche Ausflüge in den Wald geht, besteht die wichtigste Fähigkeit des Tastsinns darin, uns den leichtesten Luftzug auf der Haut spüren zu lassen, womit wir wiederum die Richtung bestimmen können, aus der der Wind kommt. Versuchen Sie einfach mal, sich im Kreis zu drehen, um so herauszufinden, ob Sie die Windrichtung bestimmen können; falls die Brise dafür zu schwach ist, können Sie auch einen angefeuchteten Finger in die Luft strecken. Woher der Wind kommt, spielt beispielsweise dann eine Rolle, wenn Sie einen Dachs aufspüren wollen – vergessen Sie also nicht, die diesbezügliche Information von Ihrer Haut abzufragen. Wenn Sie einen Dachsbau mit dem Wind im Rücken beobachten, kann es unter Umständen sehr lange dauern, bis Sie eines der Tiere zu Gesicht bekommen. Noch wahrscheinlicher ist es allerdings, dass Sie enttäuscht nach Hause gehen.

Der Tastsinn kann auch dann wichtig werden, wenn Neumond ist und es deshalb sehr dunkel ist – oder zumindest sind nicht ausreichend viele Photonen vorhanden, als dass unsere Augen etwas sehen könnten, vor allem nicht unter den dichten Baumkronen eines Waldes. Aber können wir uns in diesen Augenblicken tatsächlich den Weg auf einem Pfad ertasten? Eher nicht. Um wie viel glücklicher ist da die Seekuh, deren Körper von winzigen Tasthaaren bedeckt ist, sodass sie sich in ihrer aquatischen Umgebung mühelos zurechtfinden kann.

Über solche körperlichen Attribute verfügen wir nicht, dafür anscheinend aber über einen zusätzlichen Sinn, der über unsere physischen Grenzen hinausgeht. Ich erinnere mich noch an Experimente mit verbundenen Augen, die wir als Studierende im kreativen Schmelztiegel des Theaterprobenraums durchgeführt haben und bei denen wir zu erspüren versuchten, wie nah ein Mitspieler oder eine Mitspielerin war. Manchmal gingen wir auch auf eine Wand zu und versuchten, knapp davor stehen zu bleiben. Es war verblüffend, wie viele »Informationen« wir bei diesen riskanten Übungen sammeln und wie sehr wir unser räumliches Empfinden mithilfe dieses zusätzlichen Sinns verbessern konnten. (Zu Schaden gekommen ist dabei übrigens niemand.) In Kapitel 3 finden Sie entsprechende Übungen, die Ihnen dabei helfen, diese Art der instinktiven Wahrnehmung zu schärfen.

In diesem Zusammenhang soll ein weiteres Phänomen nicht unerwähnt bleiben: das der »Phantomberührung«. Sicherlich kennen Sie das doch auch: Sie haben längere Zeit eine Mütze, eine Kappe oder einen Hut getragen und die Kopfbedeckung dann abgesetzt. Und obwohl sie nicht mehr da war, haben Sie sie immer noch gespürt!

Wenn wir uns auf unseren Exkursionen in die Dunkelheit unseres Hör-, Geruchs- und Tastsinns bedienen, bleibt uns der Vorteil einer gewissen Unsichtbarkeit erhalten. Darüber hinaus ist das auch aufregend und erfordert unsere gesamte Aufmerksamkeit und Konzentration. Auf den unzähligen Nachtwanderungen, die ich in den ländlichen Gegenden Großbritanniens schon geleitet habe, habe ich die Teilnehmerinnen und Teilnehmer auch immer dazu eingeladen, ihre Taschenlampe einmal auszuschalten und in den »Schleichmodus« überzugehen, weil man nur so die Möglichkeiten des Sich-Bewegens im Verborgenen entdecken kann. Kommt dabei nicht zu viel Angst auf, ist dies eine wahrlich lehrreiche und überwältigende Erfahrung der Nacht.

Übungen zu den Sinnen

Ich liebe diese einfachen Übungen, die uns dabei helfen, uns besser auf den Aufenthalt in der Natur einzustimmen. Da sich Tiere von jeher im Kontext von Beutegreifer und Beute bewegen, neigen sie dazu, sehr diskret vorzugehen und sich entweder tagsüber zu tarnen oder nur im Schutz der Dunkelheit aktiv zu werden. Mit den folgenden Übungen können Sie Ihre Sinne so schärfen, dass Sie die im Verborgenen agierende nächtliche Tierwelt in Zukunft leichter wahrnehmen werden.

Als Faustregel gilt: Wird die Wahrnehmung über einen Sinn minimiert, wird jene über einen anderen Sinneskanal erhöht. Aus diesem Grund wird in manchen der Übungen mit dem Entzug eines bestimmten Sinns gearbeitet. Oder, wie ein altes Sprichwort aus der Welt des Theaters sagt: Je größer die Aufmerksamkeit des Publikums, desto besser ist die Aufführung. Das gilt auch für das »Spektakel« des Beobachtens der nächtlichen Tierwelt, bei dem die größte Aufmerksamkeit zu den besten Ergebnissen führt.

Sinnesmeditation

Zu Beginn nimmt die Gruppe die von Ihnen gewünschte Position ein. Die Teilnehmenden können sitzen oder stehen, sollten einander aber nicht berühren – eine halbe Armlänge Abstand ist perfekt.

Ausrüstung: keine
Alter: ab acht Jahren
Teilnehmerzahl: 2–30

Sie führen die Gruppe mit Ihren Anweisungen durch die Übung. Machen Sie nach jeder Anweisung etwa eine Minute Pause, um den Teilnehmerinnen und Teilnehmern das Nachspüren zu ermöglichen. Bei einer Erwachsenengruppe können Sie die Pause auf maximal zwei Minuten ausdehnen; länger sollte sie nicht sein, da die Teilnehmenden sonst abschweifen. Die einzelnen Schritte lauten dabei etwa wie folgt:

- Nehmt euch einen Augenblick Zeit, um zur Ruhe zu kommen. Schließt die Augen und spürt eurem Atem nach. Stellt euch vor, eure Füße seien Wurzeln, die euch in der Erde verankern, und euer Körper sei der Stamm eines Baums.
- Orientiert euch, wo die vier Himmelsrichtungen sind: Norden, Osten, Süden, Westen. Zeigt dorthin, wo ihr den Norden vermutet.
- Könnt ihr Wind auf eurer Haut spüren? Macht euch auch andere Empfindungen auf eurer Haut bewusst, vielleicht das Gefühl eurer Kleidung. Nehmt den Berührungspunkt mit dem Boden wahr – was empfindet ihr dabei?
- Richtet eure Aufmerksamkeit nun auf das, was ihr hört. Welches ist das am weitesten entfernte Geräusch, das ihr wahrnehmen könnt?
- Welches ist das am wenigsten weit entfernte Geräusch, das ihr wahrnehmen könnt?
- Lauscht auf das, was aus den vier Himmelsrichtungen zu euch dringt.
- Vergegenwärtigt euch bei noch immer geschlossenen Augen ein Detail aus eurer Umgebung. Welche Farbe hat die Kleidung, die die Person zu eurer Rechten trägt? Führt euch alles, woran ihr euch aus eurer Umgebung erinnern könnt, vor Augen; verlasst euch dabei ruhig auf euer visuelles Gedächtnis.
- Öffnet nun die Augen und erlebt die folgende Minute mit all euren Sinnen. Hat sich eure Wahrnehmung verschärft?
- Überprüft, ob ihr euch korrekt visuell erinnert habt. Hat die Farbe der Kleidung der Person neben euch gestimmt? Und war Norden wirklich dort, wohin ihr gezeigt habt?

Sehen wie ein Greifvogel

Mit dieser Übung testen Sie Ihr peripheres Sehen. Sie heißt »Sehen wie ein Greifvogel«, weil diese Tiere die außerordentliche Fähigkeit besitzen, Beute aus großer Entfernung aufzuspüren.

Bitten Sie die Gruppe, sich so zu verteilen, dass sie mindestens eine Armlänge Abstand zueinander haben. Anschließend sollen sie die Arme gerade nach vorn ausstrecken und mit den Zeigefingern nach oben zeigen.

Ausrüstung: keine
Alter: ab sechs Jahren
Teilnehmerzahl: 2–30

Nun sollen sie zwischen den Fingern in die Ferne sehen und den Blick vorzugsweise auf einen Gegenstand dort richten, beispielsweise einen Baum.

Langsam bewegen die Teilnehmerinnen und Teilnehmer nun die Arme auseinander, die sie weiterhin gerade ausgestreckt und auf Augenhöhe halten. Dann bewegen sie die Zeigefinger so, dass sie sie mit dem peripheren Sehvermögen wahrnehmen können. Die Arme sollten am Ende der Übung so weit auseinander sein, dass die Teilnehmenden die Finger aus den Augenwinkeln kaum noch sehen können, während sie den Blick immer noch auf den Punkt in der Ferne gerichtet haben. Denn auch dann können wir das, was sich am Rande unseres Sehfelds befindet, noch wahrnehmen.

Anmerkungen

Es ist überraschend, wie groß der Umfang unseres peripheren Sehvermögens ist. Er beträgt rund 150 Grad pro Auge. Bei einigen Menschen umfasst das Sehfeld pro Auge sogar 181 Grad, sie haben technisch gesehen also auch tatsächlich »hinten Augen«! Menschen mit Brille werden bei dieser Übung feststellen, dass sie über ein etwas eingeschränkteres Sehfeld verfügen.

Hören wie ein Hirsch

Diese ausgesprochen effektive kleine Übung verstärkt die Geräusche aus unserer Umgebung, indem wir schlicht unsere Ohren »wachsen« lassen. Dann reicht unser Hörvermögen weiter, und wir können wahrnehmen, was unsere Augen nicht sehen können – was vor allem im Wald nützlich ist, wo uns Bäume die Sicht verstellen.

Ausrüstung: keine
Alter: ab sechs Jahren
Teilnehmerzahl: 2–30

Bitten Sie die Gruppe, sich die Hände wie Schalen gewölbt hinter die Ohren zu halten. Dabei sollten die Finger dicht aneinander liegen, sodass keine Lücken zwischen ihnen entstehen. Am besten schließen dann alle die Augen; so können wir uns besser auf das Einfangen von Geräuschen konzentrieren.

Nun richtet jeder seine akustische Aufmerksamkeit auf etwas ganz Bestimmtes, etwa das Geräusch des Windes in den Bäumen, das Plätschern eines Bachs oder auch das Brummen entfernten Verkehrs – zuerst mit den Händen hinter den Ohren, dann ohne. Der Wechsel zwischen »Hirschohren« und Menschenohren sollte mehrmals hintereinander durchgeführt werden, damit der Unterschied in der Lautstärke ganz deutlich wird.

Anschließend sollen die Teilnehmerinnen und Teilnehmer dem Geräusch, auf das sie sich konzentriert haben, den Rücken zuwenden. Sofort wird ihnen auffallen, um wie viel schwächer das Geräusch dadurch wird. Hält man die gewölbten Hände vor statt hinter die Ohren, werden die Geräusche im Rücken lauter.

Geräusche zählen

Benennen wir die Geräusche, die wir hören können, im Einzelnen, machen wir sie uns viel deutlicher bewusst. Bei dieser einfachen Übung registrieren die Teilnehmerinnen und Teilnehmer alles, was ein Geräusch macht, auch wenn sie die Quelle desselben nicht sehen können.

Zunächst bildet die Gruppe einen Kreis. Am eindrücklichsten ist diese Übung, wenn sich die Teilnehmenden dabei auf den Rücken legen. Ist es dafür jedoch zu nass oder zu schlammig, geht es auch im Stehen. Nun sollen alle die Augen schließen, zur Ruhe kommen und lauschen. Die Übung funktioniert nur dann richtig gut, wenn »Nebengeräusche« wie das Schlurfen von Füßen oder das Rascheln regenfester Kleidung minimiert werden.

Ausrüstung: keine
Alter: ab sechs Jahren
Teilnehmerzahl: 2–30

Sind alle zur Ruhe gekommen, sollen die Teilnehmerinnen und Teilnehmer die verschiedenen wahrgenommenen Geräusche etwa eine Minute lang an den Fingern abzählen. Anschließend öffnen alle die Augen und – wurde die Übung im Liegen durchgeführt – setzen sich wieder hin. Immer noch schweigend, heben die Mitspielenden die Hände, um zu zeigen, wie viele Geräusche sie gezählt haben. (Das verhindert, dass immer höhere Zahlen durcheinandergerufen werden, weil sich einige Gruppenmitglieder möglicherweise wichtig machen wollen.) Wie so oft bei angeleiteten Aktivitäten bestimmt auch hier das Detail den Erfolg.

Dann sollen die Teilnehmerinnen und Teilnehmer aufzählen, was sie gehört haben, damit eine Liste der Geräusche zusammengestellt werden kann. Bei einer Gruppe kommen normalerweise viel mehr Geräusche zusammen als bei Einzelpersonen.

Fragen Sie die Gruppe abschließend, wie viele der Geräuschquellen sie sehen können. Haben sich alle gründlich umgesehen, stellt sich vermutlich heraus, dass so gut wie keine der Geräuschquellen mit den Augen wahrnehmbar ist. Das unterstreicht noch einmal die Wichtigkeit unseres Hörvermögens.

Bluthund

Bitten Sie zunächst einen Helfer oder eine Helferin, einen kurzen, vielleicht fünf Meter langen »Geruchspfad« anzulegen. Dazu wird eine Substanz mit einem ausgesprochen charakteristischen Geruch, beispielsweise Essig oder ein ätherisches Öl wie Pfefferminz- oder Teebaumöl, auf einen Stofflappen aufgetragen, den man sich dann um den Fuß wickelt und dadurch eine Geruchsspur in offenem Gelände hinterlässt.

Ausrüstung:
zwei Augenbinden
Essig und/oder ätherische Öle
einige Stoffreste
Stöcke oder Zeltpflöcke
Alter: ab acht Jahren
Teilnehmerzahl: zwei pro Pfad,
wobei die Anzahl der Pfade
beliebig ist

Nun werden zwei Personen als »Bluthunde« ausgewählt und mit Augenbinden versehen. Sie sollen dem Geruchspfad folgen – mit verbundenen Augen, auf allen vieren und mit der Nase am Boden. Dabei markieren sie den Pfad in regelmäßigen Abständen mit Stöcken oder Zeltpflöcken. Da sich die Gerüche insbesondere an heißen Tagen rasch verflüchtigen, sollten sich die »Bluthunde« umgehend nach dem Legen der Spur an die Arbeit machen.

Schwieriger wird die Übung, wenn zwei Helferinnen oder Helfer gleichzeitig jeweils eine Spur mit unterschiedlichen Gerüchen legen und die beiden Spuren sich irgendwo kreuzen. Dann wird auf jeden Pfad ein Bluthund angesetzt; besonders interessant wird es bei dieser Variante an der Kreuzung der Pfade. Dort kommt es fast unweigerlich zu Verwirrung, was natürlich zum Sinn und Zweck der Übung gehört (deshalb macht sie ja auch so viel Spaß). Da das Erschnüffeln des Pfads sehr langsam vonstatten geht, wird niemand zu Schaden kommen – auch dann nicht, wenn die beiden Bluthunde aus Versehen zusammenstoßen.

Ich rieche was,
was du nicht riechst

Dieses Spiel basiert auf der Tatsache, dass es mindestens acht verschiedene Geruchskategorien gibt, auf die wir uns im Allgemeinen einigen können (siehe dazu das Klassifikationssystem von John Amoore). Bereiten Sie die Übung vor, indem Sie jeweils eine Duftprobe in die zwölf Fläschchen geben.

Bitten Sie die Mitspielenden, sich im Kreis zu setzen und die Fläschchen herumzureichen. Alle dürfen an der Flasche riechen, sollten aber ihre Vermutung, was sie da gerochen haben, für sich behalten. Schneller geht die Übung, wenn Sie die Fläschchen in beide Richtungen kreisen lassen.

Ausrüstung:
zwölf kleine, durchnummerierte Fläschchen
zwölf Duftproben, etwa ätherische Öle oder Gewürze
Augenbinden (optional)
Alter: ab elf Jahren
Teilnehmerzahl: 6–20

Hat jede Flasche einmal die Runde gemacht, dürfen die Teilnehmerinnen und Teilnehmer ihre Vermutungen äußern; die Gerüche werden notiert und mit den tatsächlichen Duftproben abgeglichen.

Anmerkungen

Gerüche, die den Gaumen anregen, funktionieren besonders gut, etwa Rose, Zitrone, Minze, Lavendel, Ingwer und Pfeffer. Auch ein stechender Geruch wie der von Essig sollte nicht fehlen. Sojasauce eignet sich ebenfalls gut zum Testen des Geruchsgedächtnisses. Und, ach ja: Ein großes Hallo rufen natürlich auch immer faulige Gerüche wie der von faulen Eiern oder ein wenig Mist hervor!

Barfuß gehen

Bei dieser Übung bildet ein zwischen Bäumen und um Bäume herum gespanntes Seil ein »Geländer«, an dem sich die Mitspielenden entlanghangeln. Das Seil bietet Sicherheit und erleichtert es, das Gleichgewicht zu halten; so können sich alle Beteiligten voll und ganz der exquisiten sinnlichen Erfahrung hingeben, mit nackten Füßen den Boden, die Erde zu erkunden.

Ausrüstung:
ein Seil, 15–25 Meter lang
Augenbinden (optional)
Gegenstände aus der Natur
(optional, siehe Anmerkungen und Varianten)
Alter: ab elf Jahren
Teilnehmerzahl: 4–12

Der Barfußpfad sollte schon vor Beginn der Übung auf einem Gelände angelegt werden, auf dem sich die Teilnehmerinnen und Teilnehmer keine Verletzungen an den Füßen zuziehen können.

Die Teilnehmenden betreten den Pfad nacheinander und sollten möglichst nicht nur die Schuhe, sondern auch die Socken ausziehen, da dies die sinnliche Erfahrung verstärkt.

Postieren Sie unterwegs mindestens zwei Helferinnen oder Helfer, die den »Verkehrsfluss« sicherstellen.

Rufen Sie nun nacheinander alle einzeln auf. Um »Staus« zu vermeiden, sollten diejenigen, die ihre Schuhe partout nicht ausziehen wollen, zuerst gehen, denn sie bewegen sich in der Regel schneller. Zwischen den einzelnen Barfußgehern sollte immer ein Abstand von mindestens zwei Metern sein.

Anmerkungen und Varianten

Erkundet man den Pfad mit verbundenen Augen, wird die Erfahrung noch viel intensiver. Außerdem kann die Übung so auch am Tag zur »Nacht«übung werden.

Zusätzlich interessanter machen können Sie die Übung, wenn Sie vorher einige Gegenstände in der Natur sammeln, beispielsweise Tierschädel, Knochen, Federn oder Panzer. Binden Sie diese Gegenstände in unterschiedlichen Abständen an das Seil, damit die Teilnehmerinnen und Teilnehmer sie mit den Fingerspitzen betasten können. Dies hat außerdem den Vorteil, dass die Übung so »entschleunigt« wird.

Bäume erkennen

Diese Übung ist ein wunderbar altmodisches Ratespiel, basierend auf den sinnlichen Eindrücken, die uns die Zweige und Blätter unterschiedlicher Bäume vermitteln. Es sollten dabei sowohl Nadel- als auch Laubbäume vertreten sein.

Bitten Sie die Gruppe zunächst, sich im Kreis niederzulassen und die Augen zu schließen.

Reichen Sie die Zweige anschließend im Kreis herum. Fordern Sie die Teilnehmerinnen und Teilnehmer dazu auf, die Zweige und Blätter mit ihrem Tastsinn

> **Ausrüstung:**
> Zweige mit Blättern von fünf verschiedenen Baumarten
> ein Stück Stoff, etwa einen Quadratmeter groß
> **Alter:** ab elf Jahren
> **Teilnehmerzahl:** 4–12

zu erkunden und sich dabei mit den Unterschieden zwischen den einzelnen Zweigarten vertraut zu machen. Das geschieht am besten in Stille.

Sind alle Zweige wieder bei Ihnen gelandet, verstecken Sie sie unter einem Stück Stoff und lassen die Mitspielenden – nun mit geöffneten Augen – raten, welche Zweigarten sie der Reihe nach in der Hand hatten. Holen Sie bei einer richtigen Antwort den jeweiligen Zweig hervor, damit die Gruppe ihn nun auch sehen kann.

Anmerkungen und Varianten

Haben Sie den Eindruck, dass die Gruppe wenig über Bäume weiß, können Sie ihr die Baumarten auch vorher auf einem Spaziergang vorstellen.

Fährten lesen

Zur Vorbereitung fertigen Sie von jedem Stiefel einen Abdruck in feuchter Erde an. Die Erde sollte zwar feucht, aber noch relativ fest sein, damit sich die Abdrücke während des Spiels nicht verändern. Bei einer größeren Gruppe können Sie auch mehrere Abdrücke anfertigen.

Ausrüstung: drei Paar Stiefel mit unterschiedlichem Profil
Alter: ab 14 Jahren
Teilnehmerzahl: 3–6 pro »Fährte«

Nun sollen die Mitspielenden die Augen schließen, die Abdrücke mit den Fingerspitzen erkunden und herauszufinden versuchen, ob sie die Unterschiede in den Mustern erkennen und vielleicht sogar sagen können, welcher Abdruck von einem linken und welcher von einem rechten Stiefel stammt.

Anschließend ordnen die Teilnehmerinnen und Teilnehmer – immer noch mit geschlossenen Augen – den Abdrücken die Schuhe zu.

Zum Schluss dürfen alle die Augen öffnen und sehen, ob sie die Stiefel richtig zugeordnet haben.

»Technische« Hilfsmittel

Nachdem wir uns mit unseren angeborenen Fähigkeiten, die uns dabei helfen, Tiere aufzuspüren, beschäftigt haben – nämlich mit unseren Sinnen –, wenden wir uns nun technischen Hilfsmitteln zu, die uns der nächtlichen Natur näherbringen.

Taschenlampen

»Es werde Licht« – und dank der ungeheuren Vielfalt an Taschenlampen, die inzwischen auf dem Markt sind, wird es immer Licht in der Dunkelheit geben. Vorbei sind die Zeiten, da nur eine massive, schwere Taschenlampe mit klobigen Batterien die Leistungsfähigkeit hatte, weit in die Dunkelheit hineinzuleuchten und uns auch Dinge in der Ferne erkennen zu lassen. Heute kann eine Taschenlampe, die den Namen auch verdient, weil sie bequem in der Hosentasche unterzubringen ist, einen Ast so anleuchten, dass wir den darauf sitzenden Waldkauz sehen, und ihren Lichtstrahl so über die Wiese wandern lassen, dass wir die am anderen Ende grasenden Damhirsche beobachten können. Zusätzlich verfügen diese Taschenlampen über einen Zoom-Effekt: Sie richten einen kleineren Laserlichtstrahl auf den Gegenstand des Interesses, sodass wir diesen noch genauer betrachten können.

Viele Stirnlampen sind mittlerweile ebenfalls recht leistungsstark, wenn auch weniger effizient beim Fokussieren des Lichtstrahls – sie sorgen für ein relativ großes Streulicht. Dafür gibt es jedoch Stirnlampen-Modelle, die auf Rotlicht umgeschaltet werden können. Das ist besonders hilfreich, will man sich mehr oder weniger unbemerkt nachtaktiven Säugetieren nähern, die aufgrund ihrer Biologie das rote Spektrum des Lichts nicht sehen können. So sieht man, ohne gesehen zu werden. Im Gegensatz dazu beeinträchtigt weißes Licht nicht nur die eigene Nachtsichtfähigkeit, es stört auch die Tiere, die zu beobachten man hofft. Rotes Licht ist dagegen kein Störfaktor. Allerdings kann auch eine ganz normale Taschenlampe mit einem Rotfilter versehen werden, die Anschaffung einer entsprechend ausgestatteten Stirnlampe ist also nicht zwingend erforderlich. Beachten Sie jedoch, dass es bei Taschenlampen keine »Einheitsgrößen« gibt. Berücksichtigen Sie beim Planen Ihrer nächtlichen Aktivitäten, dass Sie wahrscheinlich eine Lampe für die Ferne und eine für die Beobachtung aus nächster Nähe brauchen werden.

Ferngläser

Es mag Sie überraschen, dass Ferngläser auf der Ausrüstungsliste für Nachtwanderungen stehen – was das Sehen bei Dunkelheit betrifft, ist dieses Hilfsmittel jedoch beinahe unverzichtbar. Natürlich kann man damit den Mond und die Sterne betrachten, ich empfehle das Fernglas darüber hinaus aber auch für den Gebrauch »am Boden«, also zum Beobachten von Tieren. Und zwar aus folgendem Grund:

Am Tag dienen die beiden Linsen der Vergrößerung und dem »Heranholen« von weit entfernten Gegenständen. Nachts funktionieren sie wie ein Trichter, der sämtliches zur Verfügung stehendes Licht einfängt, es in einem schmalen Brennpunkt konzentriert und so unsere Nachtsicht verstärkt.

Das geht am besten, wenn Ihre Augen bereits an die Dunkelheit gewöhnt sind; dann sind Ferngläser eine geradezu unschätzbar wertvolle Hilfe beim Ausmachen der Umrisse und Bewegungen von nachtaktiven Lebewesen wie Hirschen, Rehen und Dachsen.

Will man Ferngläser für die Tierbeobachtung nutzen, empfiehlt es sich, solche mit dem richtigen Verhältnis von Blende – Größe der Öffnung – und Vergrößerung – Stärke des Glases – zu wählen. Als Faustregel gilt hier: Multipliziert man die Blendenzahl mit fünf, erhält man die optimale Vergrößerungszahl. Bei einem 8x40-Fernglas ist das Verhältnis also perfekt, ein 7x50-Fernglas eignet sich zum Beobachten von Tieren hingegen nicht so gut.

Natürlich ist es verführerisch, sich in der Annahme, dadurch das beste

Bild zu bekommen, für die stärkste Vergrößerung zu entscheiden. Diese Ferngläser können allerdings recht schwer und unhandlich sein, was es schwierig macht, sie ruhig zu halten – ganz zu schweigen davon, dass man an ihnen auch eine Menge zu schleppen hat.

Fledermausdetektoren

Fledermäuse bedienen sich bei der Jagd einer bemerkenswert effizienten Strategie: Sie senden hochfrequente Rufe aus und folgen den Schallwellen, die, ähnlich wie ein Echo, zu ihnen zurückkommen, weshalb diese Technik auch Echoortung genannt wird. Die Rufe variieren je nach Größe und Gewicht der Spezies.

Das Problem für uns dabei ist, dass die Tiere meist sehr klein, sehr dunkel und sehr leise sind, zumindest für menschliche Ohren. Das macht es schwieriger, sie nachts zu beobachten, außer, man ist im Sommer in der frühen Abenddämmerung unterwegs: Dann kann man die Tiere noch im Flug sehen, bevor sie in der Dunkelheit verschwinden.

Aus diesem Grund brauchen wir ein wenig technische Hilfe, wenn wir Fledermäuse auch nachts aufspüren wollen. Und der Augenblick, in dem Sie den aufregend klingenden Fledermausdetektor aus dem Ärmel beziehungsweise aus Ihrer Tasche ziehen, ist immer ein Volltreffer – denn wer liebt sie nicht, die Technik, vor allem dann, wenn sie für einen guten Zweck wie den Schutz von Fledermäusen zum Einsatz kommt?

Im Grunde beruht der Fledermausdetektor auf einem ganz simplen Prinzip; es gibt ihn allerdings auch in technisch komplexeren Ausführungen. Welchen Sie sich anschaffen sollten, hängt von Ihren Interessen ab, das Angebotsspektrum ist breit. So gibt es beispielsweise spezielle Detektoren für Profis und »Fledermausnerds«, die relativ gut zwischen den einzelnen Arten unterscheiden können und die Rufe zur späteren Analyse aufnehmen. Es gibt aber auch die einfacheren Frequenzteilungsmodelle, die die Rufe der Fledermäuse praktisch in eine niedrigere Frequenz »übersetzen«, eine Frequenz, die der Mensch auch hören kann.

Im Großen und Ganzen sind drei verschiedene Arten von Detektoren erhältlich, für den begeisterten Amateur reicht der Frequenzteiler vollkommen aus. Zeitdilatationsdetektoren zeichnen die Rufe der Tiere auf und analysieren sie detailliert; sie eignen sich ausgezeichnet zum Sammeln von Felddaten beim Artenschutz. Heterodyndetektoren können zudem zwischen einzelnen Fledermausspezies unterscheiden; je teurer die Modelle sind, desto besser funktioniert das. Sie haben also die Wahl. Wollen Sie die Tiere nachts lediglich aufspüren, würde ich Ihnen eines der einfacheren Geräte empfehlen, die um die 100 Euro kosten.

Wenn Sie bei Ihren Nachtwanderungen nicht nur mit einem Fledermausdetektor arbeiten, sondern auch dessen Funktionsweise erklären wollen, sollten Sie sich zumindest rudimentär mit Frequenzen und Schallwellen auskennen.

Vielleicht erinnern Sie sich noch an die Physikstunde, in der Sie gelernt haben, dass sich Schall mittels Wellen fortsetzt und die Frequenz die Anzahl dieser Wellen pro Sekunde bezeichnet: Je mehr Schallwellen pro Sekunde, desto höher die Frequenz. Die Einheit, in der die Frequenz gemessen wird, ist Hertz (Hz); 1 Hz ist gleich eine Schallwelle pro Sekunde, manchmal auch als eine Schwingung pro Sekunde bezeichnet. Entsprechend ist 1 kHz (Kilohertz, 1000 Hertz) gleich 1000 Schallwellen pro Sekunde.

Die Rufe der meisten europäischen Fledermausarten bewegen sich im Ultraschallbereich zwischen 20 und 130 kHz. Das bedeutet, dass sie sich überwiegend außerhalb des menschlichen Hörbereichs befinden – unsere Ohren können nur bis etwa 20 Kilohertz hören. Es gibt aber auch Ausnahmen, etwa manche Kontaktrufe, die die Tiere an ihren Schlafplätzen aussenden. Diese Rufe können auch von Menschen wahrgenommen werden, vorausgesetzt Letztere besitzen ein unbeeinträchtigtes Hörvermögen. Generell sind Kinder besser als Erwachsene und Frauen besser als Männer in der Lage, hochfrequente Geräusche wahrzunehmen.

Fledermausdetektoren machen die Rufe der Tiere für den Menschen hörbar, indem sie die Anzahl der Schallwellen pro Sekunde reduzieren und damit eine niedrigere Frequenz erzeugen. Der Name »Fledermausdetektor« trifft nicht hundertprozentig zu, weil die Geräte zum einen auch dazu verwendet werden können, um andere Tiere, die hochfrequente Rufe ausstoßen – etwa Spitzmäuse –, aufzuspüren, und zum anderen zur Analyse der Grillen- und Grashüpferstridulation eingesetzt werden. Da die Geräte in eine bestimmte Richtung gehalten werden, fangen sie unweigerlich auch andere Geräusche wie die von raschelnder Kleidung oder Schritten im Gras auf. Der Umgang mit ihnen sollte also geübt werden. Benutze ich einen Fledermausdetektor, bitte ich meist jemanden aus der Gruppe, sich weiter weg zu stellen und ein Schlüsselbund zu schütteln, um zu demonstrieren, wie ein solches Gerät grundsätzlich funktioniert. Die Modelle haben unterschiedliche Reichweiten, im Durchschnitt 30 Meter, wobei sie, wie erwähnt, nur Geräusche aus einer bestimmten Richtung registrieren.

Sollten Sie mit dem Gedanken spielen, sich einen Fledermausdetektor zuzulegen, könnten Sie sich zunächst einmal einer entsprechenden Führung anschließen und die Profis und erfahrenen Guides bei der Handhabung der Geräte beobachten. Sicherlich dürfen Sie ihnen auch Fragen stellen und sich praktischen Rat bei ihnen holen. Vielleicht haben Sie auch die Möglichkeit, die Geräte vor dem Kauf auszuprobieren.

Geführte Fledermaustouren in Ihrer Nähe finden Sie im Internet, ebenso wie Veranstaltungen zum Thema Fledermausschutz, die beispielsweise vom NABU (Naturschutzbund Deutschland) organisiert werden. Tipps zum Benutzen eines Fledermausdetektors im Rahmen einer Gruppe finden Sie auch bei der Aktivität »Fledermäuse aufspüren«.

Lichtfallen

Mit dieser Apparatur können nachtfliegende Insekten mithilfe einer Lichtquelle gefangen werden. Auch hier gibt es mittlerweile eine beinahe unüberschaubare Auswahl; generell bieten sich jedoch drei verschiedene Modelle an, die alle mit einer Zwölf-Volt-Batterie arbeiten.

- Die »Robinson-Lichtfalle« eignet sich wahrscheinlich am besten für Profis, weil sie die Tiere zu 100 Prozent fängt und sicher aufbewahrt, sodass sie nach dem Fang analysiert werden können. Der Nachteil: Die Fallen sind relativ teuer und unhandlich.
- Die »Skinner-Lichtfalle« punktet in den Bereichen Preis und Handlichkeit, jedoch werden die Tiere nicht so sicher verwahrt wie beim Robinson-Modell.
- Die »Heath-Lichtfalle« punktet ebenfalls, was Preis und Handlichkeit angeht, fängt und bewahrt die Tiere aber am wenigsten effizient auf.

Eine andere Option ist das Aufstellen eines Mottenzelts – gekauft oder selbst gebastelt – mit einer LED-Leuchte im Inneren. So kann man die Falter auch gut in der Gruppe beobachten. Wenn Sie sich das Zelt selbst basteln, sollte es nicht aus grobem Stoff, sondern aus weichem, feinmaschigem Material bestehen, da dies mehr Licht durchlässt.

Lichtfallen können Sie sich ebenfalls selbst basteln; lassen Sie sich dafür ruhig von den oben genannten Modellen inspirieren. Solange Sie die richtige Art von Licht einsetzen – ein Licht, das die Falter anzieht –, spielt das umgebende Material kaum eine Rolle. Als ich für den Devon Wildlife Trust gearbeitet habe, benutzten wir immer Eierkartons – darin schienen sich die Nachtfalter besonders gerne auszuruhen.

Die leidenschaftlicheren oder professionelleren Lepidopterologen (Schmetterlingskundler und -kundlerinnen) verwenden als Lichtquelle meist 80- bis 125-Watt-Quecksilberdampflampen, effektiv sind aber auch die sanfteren aktinischen Leuchten. Sie bewegen sich zwischen 15 und 40 Watt, was ausreicht, um Falter anzuziehen, dabei aber keinen Ärger mit den Nachbarn verursacht. Außerdem gilt Quecksilber mittlerweile als Gefahrstoff.

Weitere Ausrüstungsgegenstände

Bei Nachtwanderungen kann man sich zusätzlich auch mit Nachtsicht-geräten, Teleskopen und verschiedenen Hörverstärkern ausstatten, Ge-räten also, die unsere Fähigkeiten, im Dunklen zu sehen und zu hören, verbessern.

Meiner Erfahrung nach brauchen Sie all das für die Aktivitäten und Übungen in diesem Buch nicht. Natürlich hören und sehen wir mit die-sen Hilfsmitteln präziser und effektiver, doch müssen wir sie auch tra-gen, und außerdem kosten sie Geld. Darüber hinaus sind sie bei der An-wendung in der Gruppe relativ unpraktisch. Bei individuellen Ausflügen ins Reich der Nacht kann man den nächtlichen Lebewesen mit den ver-schiedenen Geräten wahrscheinlich näherkommen; insbesondere das Teleskop eignet sich natürlich hervorragend, um Sterne zu betrachten, vor allem bei kosmischen Ereignissen wie Kometen oder dem Vollmond oder wenn sich Planeten, die wir nicht immer zu sehen bekommen, am Nachthimmel zeigen.

Die richtige Kleidung

Der wichtigste Rat vorweg: Unterschätzen Sie die Bedeutung der richti-gen Garderobe nicht! Wer einen nächtlichen Ausflug in die Natur unter-nimmt, sollte auch im Sommer auf warme und/oder wasserfeste Klei-dung achten, da es in unseren Breiten selbst zu dieser Jahreszeit nachts ziemlich kalt und feucht werden kann. Ich bin immer wieder überrascht, wie schlecht die Leute im Freien gekleidet sind, und damit meine ich nicht den Kleidergeschmack generell. Das gilt besonders für viele Eltern, die ihre Kinder mit unzureichender oder ineffizienter Regenkleidung ins Zeltlager schicken. Deshalb gehört es auch zur Aufgabe des Guides, für den Notfall Ersatzkleidung parat zu haben. Geht das nicht, muss er, was das Programm angeht, immer einen Plan B im Hinterkopf haben.

Im Zweifelsfall ist eine kürzere Wanderung, die allen Spaß macht, einer längeren, die absolut keinen Spaß mehr macht, vorzuziehen, da Letztere die Teilnehmerinnen und Teilnehmer wahrscheinlich für den Rest ihres Lebens abschreckt. Verschaffen Sie sich deshalb vor Beginn der Tour immer einen diskreten Überblick über die Kleidung der Gruppe, so erleben Sie unterwegs keine bösen Überraschungen. Und selbstverständlich sollten insbesondere Sie selbst angemessen gekleidet sein; nur wer sich wohlfühlt, kann auf seine Wahrnehmungen und Empfindungen achten und die richtigen Entscheidungen treffen.

Da nachtaktive Tiere so ausgezeichnet darin sind, potenzielle Bedrohungen aufzuspüren, sollte die Kleidung, die wir tragen, wenn wir sie beobachten wollen, eher gedeckt als auffällig sein. Dabei geht es neben der optischen Auffälligkeit auch darum, welche Geräusche die Kleidung macht. Manche Stoffe sind viel lauter als andere, und ironischerweise ist wasserabweisendes Material häufig am lautesten. Das Schlimmste, das Sie tragen könnten, wäre weiße oder fluoreszierende Regenkleidung. Bevorzugen Sie dunklere Farben – inzwischen gibt es fast jede erdenkliche Kleidung im Flecktarn-Design, und das auch noch zu erschwinglichen Preisen. Natürlich ist eine professionelle Tarnausrüstung am effektivsten, doch die kostet wiederum.

Am leisesten am Körper sind Baumwolle und Wolle. Synthetische Fasern rascheln, wenn sie aneinanderreiben oder mit der Umgebung wie beispielsweise dem Unterholz in Berührung kommen. Manchmal müssen wir uns auf unseren Erkundungstouren auf allen vieren durchs Gelände schleichen, und abgesehen davon, dass Synthetikgewebe dann viel Lärm macht, reißt es auch leichter als natürliches. Eine traditionelle dicke, fein gewobene Wolljacke ist ein idealer Schalldämpfer und trotzt beinahe jedem Wetter. Wer es sich leisten kann, wählt eine Wachsjacke, das allzeit beliebte Kleidungsstück der Wild- und Vogelbeobachterinnen und eine haltbare, wetterfeste Option obendrein.

Ähnliches gilt für Schuhe und Stiefel. Sie sollten ebenfalls nicht grellbunt und nicht so klobig sein, dass Sie sich nicht geräuschlos darin bewegen könnten. Je besser Sie den Boden unter Ihren Füßen spüren, desto lautloser können Sie sich darauf bewegen. Die Ureinwohner Amerikas haben ihre Mokassins praktisch wie eine zweite Haut getragen; die Schuhe haben es ihnen auf der Jagd ermöglicht, sich mehr oder weniger lautlos an das Wild heranzuschleichen.

Neben dem Wetter ist ein weiterer Faktor in der Gleichung das Gelände. Mit weichen Schuhen läuft es sich in Matsch ziemlich schlecht, da bieten sich die klassischen Gummistiefel eher an. Allerdings eignen sich diese wiederum nicht, wenn zwischendurch auch geklettert werden muss. Mittlerweile sind aber auch High-End-Gummistiefel erhältlich, die an Weichheit, Bequemlichkeit und Bodenhaftung nichts zu wünschen übrig lassen – zu einem etwas stolzeren Preis, versteht sich.

3. SICH AN DIE DUNKELHEIT GEWÖHNEN

Die Welt ist voller Zauber,
die geduldig darauf warten,
dass unsere Sinne schärfer werden.

W. B. Yeats

In der Wildnis herrscht der ewige Kampf zwischen Jäger und Gejagtem, und die Geschöpfe der Wildnis haben sich über Tausende von Jahren so entwickelt, dass sie die Sieger in diesem tödlichen Spiel sind. Ob Beutegreifer oder Beute – jedes Lebewesen verfügt über Strategien, um sich bei Bedarf unsichtbar zu machen, und das geht am besten in der Dunkelheit. Um die nachtaktiven Tiere, die sich im Dunklen verbergen, entdecken zu können, müssen wir unsere Sinne an die anderen, feineren Gegebenheiten der Nacht anpassen. Deshalb finden Sie in diesem Kapitel Aktivitäten und Spiele, mit denen Sie sich auf diese anderen Bedingungen einstellen und einstimmen können, um der nächtlichen Natur mit geschärftem Bewusstsein zu begegnen und sich möglichst lautlos in ihr zu bewegen.

Sind Nachtaktivitäten für Ihre Gruppe neu, sollten Sie mit den Eingewöhnungsübungen während der Abenddämmerung beginnen, bevor sich das Tageslicht ganz verabschiedet hat. Denken Sie daran, dass der Einbruch der Dunkelheit für den Menschen seit Urzeiten mit Ängsten und Beklommenheit verbunden ist, mit der Angst vor bekannten und unbekannten Gefahren. In vielerlei Hinsicht aber ist die Abenddämmerung die lohnendste Zeit, um sich draußen im Freien aufzuhalten, denn dann sind wir für das schwindende Tageslicht und die hereinbrechende Nacht besonders empfänglich. Außerdem kann man in der Dämmerung besonders viele Tiere beobachten: In der Luft liegt der Hauch von freudiger (oder ängstlicher?) Erwartung, die sich abkühlende Erde sendet Düfte aus, die uns in die Dunkelheit locken sollen.

Eingewöhnungsübungen

Die folgenden beiden Übungen dienen der direkten Begegnung mit der nächtlichen Natur, praktisch von Angesicht zu Angesicht. Was den Gebrauch von Taschenlampen während der Aktivitäten betrifft, so ist hier Ihr Fingerspitzengefühl als Gruppenguide gefragt. Einerseits ist es eine großartige Erfahrung, sich bei einer nächtlichen Wanderung allein auf seine Nachtsicht zu verlassen. Andererseits aber kann es mitunter so dunkel sein, dass die Taschenlampe hin und wieder eingeschaltet werden muss, damit sich niemand verirrt oder verletzt.

Sitzplatz

In der Abenddämmerung oder Dunkelheit kurze Zeit allein draußen sitzen – das ist der Kern dieser wichtigen Übung, die auch gut zusammen mit einigen der Aktivitäten zum lautlosen Bewegen später in diesem Kapitel funktioniert. Mit ihr gewinnt man Vertrauen und gewöhnt sich an das für uns ungewohnte Szenario der Nacht unter freiem Himmel.

Ausrüstung:
Sitzmatten
Laterne mit Kerze
Taschenlampen (optional)
Alter: ab acht Jahren
Teilnehmerzahl: 2–30

Manchmal wird diese Übung auch »Ankerpunkt« oder »Magischer Ort« genannt. Sie lädt uns dazu ein, in eine direktere und einfachere Beziehung zur Natur zu treten. Das kann schon bei Tageslicht eine Herausforderung darstellen, vor allem für diejenigen, die es nicht gewohnt sind, sich in der Natur aufzuhalten – oder auch für diejenigen, die nicht allein sein oder länger als ein paar Minuten still sitzen können.

Ich beginne die Übung meist mit einer offenen Frage, indem ich die Gruppe bitte, von Begegnungen mit Tieren zu erzählen. Meist stellt sich dabei heraus, dass der oder die Betreffende bei der Begegnung allein oder zumindest sehr leise war. Anschließend erzähle ich selbst von einer meiner Begegnungen mit Tieren, die weiter veranschaulichen soll, dass solche Begegnungen nur stattfinden, wenn man ruhig und leise ist – und dass ein »Sitzplatz« die Chancen, Tiere zu sehen und/oder zu hören, deutlich erhöht.

Dann sollen sich alle eine Sitzmatte nehmen und einen geeigneten Platz suchen, an dem sie eine Zeit lang ruhig sitzen können. Bei Kindern beträgt die Zeitspanne in der Regel zwischen 10 und 20 Minuten, bei Erwachsenen zwischen 30 und 40 Minuten.

Bei Nachtwanderungen nehme ich für diese Übung immer eine Laterne mit einer Kerze mit. Haben alle ihren Platz gefunden – am besten an einem Ort, von dem aus das Licht der Laterne noch sichtbar ist –, lösche ich die Kerze, damit wir ganz in die Dämmerung oder Nacht eintauchen können. Zünde ich die Kerze dann schließlich wieder an, ist dies das Signal für die Gruppe zurückzukehren.

Für sehr kleine Kinder eignet sich diese Übung möglicherweise nicht, auch nicht für Menschen, die dafür zu wenig in sich ruhen. In diesen Fällen kann die Übung auch mit einem Partner durchgeführt werden, etwa mit einem Elternteil, einer Lehrerin oder einer befreundeten Person. Im Grunde zielt die Übung jedoch auf das Alleinsein ab, da es einen großen Unterschied macht, ob man nachts allein oder mit einem anderen Menschen zusammen draußen ist. Allein achtet man nicht auf den Partner und dadurch mehr auf die Umgebung und nimmt deshalb die Vögel und anderen Tiere um einen herum stärker wahr. Außerdem führt uns das Alleinsein an einen nachdenklicheren, besinnlicheren Ort, der unserer körperlichen und geistigen Gesundheit sehr guttut.

Zurückfinden

Diese Übung verbindet das Alleinsein in der nächtlichen Natur mit dem Erproben des eigenen Orientierungssinns. Ob sie besser in der Dämmerung oder in der Dunkelheit durchgeführt wird, bleibt Ihrem Fingerspitzengefühl überlassen. Sie wissen selbst, ob die Gruppe schon bereit für einen Soloausflug in die Nacht ist. Verlassen Sie sich ruhig auf Ihr Urteilsvermögen – die Übung sollte lehrreich, aber nicht Furcht einflößend sein.

Wählen Sie zunächst einen Anker- oder Mittelpunkt aus, etwa ein Lagerfeuer oder das Camp. Führen Sie die Gruppe anschließend in einem großen Kreis um diesen Mittelpunkt herum und setzen Sie die Teilnehmenden dabei einzeln und möglichst im selben Abstand zueinander ab.

Ausrüstung: Taschenlampen (optional)
Alter: ab elf Jahren
Teilnehmerzahl: 6–30

Wie groß der Kreis werden sollte, hängt vom Gelände und den Fähigkeiten der Gruppe ab. Idealerweise kann nach dem Absetzen niemand mehr den Mittelpunkt des Kreises sehen. Auf ein gemeinsames Signal hin sollen nun alle versuchen, zum Ausgangspunkt, also zum Lagerfeuer oder Camp, zurückzufinden, und sich dabei allein mithilfe ihrer »Nachtaugen« orientieren. Geben Sie der Gruppe ausreichend Zeit, dabei auch innezuhalten und die Dunkelheit mit allen Sinnen aufzunehmen – der Weg zurück zum Mittelpunkt des Kreises soll kein Wettrennen sein. Gerade dieses Aufnehmen der nächtlichen Umgebung ist der wichtigste Teil der Erfahrung; vielleicht geben Sie der Gruppe vorher auch mit auf den Weg, darauf zu achten, wann die jeweilige Komfortzone verlassen wird – darüber kann man sich dann später austauschen.

Nach einer gewissen Zeit rufen Sie die Teilnehmerinnen und Teilnehmer zurück, etwa mit einer Trillerpfeife. Wie viel Zeit Sie der Gruppe geben, hängt wiederum vom Gelände, vom Umfang des Kreises, vom Alter der Beteiligten und von den Fähigkeiten der Gruppe ab; in der Regel sind 30 Minuten eine gute Richtlinie.

Sind dann alle zurückgekehrt, kann man sich über die jeweiligen Erfahrungen austauschen, am besten gemütlich am Lagerfeuer sitzend.

Lautlos bewegen

Bei den folgenden Übungen geht es ums Bewegen oder, genauer, ums Schleichen. Gerade sie zeigen, dass Lernen Spaß machen kann, außerdem helfen sie dabei, die Kinder von ihrem hohen Energieniveau herunterzubringen und sie auf die Nachtwanderung einzustimmen. Einige der Übungen erinnern Sie vielleicht an Spiele, die Sie in Ihrer Kindheit gespielt haben, doch viele der Aktivitäten sind deutlich älter. Wahrscheinlich haben schon unsere Urahnen sie mit ihren Kindern gespielt, damit diese sich in essenziellen Fähigkeiten üben und ihr Bewusstsein für das Schema Beutegreifer–Beute schärfen konnten. Denn damals stand der Mensch vielerorts noch nicht am oberen Ende der Nahrungskette und musste höllisch aufpassen, was denn da wo herumschlich. Sich praktisch unsichtbar machen zu können, war überlebenswichtig, ebenso wie die Fähigkeit, sich an Nahrung wie Vögel und andere Tiere anzuschleichen.

Ich möchte Ihnen im Folgenden einige meiner Lieblingsübungen zum Thema »Lautlos bewegen« vorstellen; sie eignen sich besonders gut dazu, Gruppen auf nächtliche Ausflüge vorzubereiten.

Fuchsgang

Hat man der Gruppe beigebracht, wie man sich im Fuchsgang bewegt, wird sich das bei allen Unternehmungen, bei denen man versucht, Tieren näherzukommen, auszahlen – vor allem bei Nachtwanderungen, bei denen die »Zielspezies« einen besonders hochentwickelten Hörsinn haben. Die Idee hinter der Aufgabe

Ausrüstung: keine
Alter: ab acht Jahren
Teilnehmerzahl: 2–30

besteht darin, zu lernen, wie man sich lautlos durch das Unterholz im Wald bewegt. Es empfiehlt sich, die Gruppe erst erleben zu lassen, wie sie sich normalerweise bewegt, wenn sie sich nicht darauf konzentriert, Geräusche zu vermeiden. Anschließend kann dieses Verhalten gewissermaßen absichtlich verlernt und durch das natürliche Verhalten eines Fuchses ersetzt werden.

Bitten Sie die Teilnehmerinnen und Teilnehmer, ein wenig auszuschwärmen und sich dabei ganz normal zu bewegen. Während sie das tun, sollen sie darauf achten, welche Geräusche Körper und Kleidung machen. Als Nächstes sollen sich alle die Ohren zuhalten, sich normal weiterbewegen und darauf achten, wie sie sich »von innen« anhören. Das klingt seltsam, ich weiß, ist aber ausgesprochen aufschlussreich. Probieren Sie das vorher selbst einmal aus – Sie werden sehen oder besser hören, wie laut Sie sind, wenn Sie sich ganz normal bewegen.

Nun soll sich die Gruppe um Sie herum versammeln, um sich über das normale Gehen auszutauschen. Zeigen Sie Ihren Zuschauerinnen und Zuschauern, dass der Mensch üblicherweise mit der Ferse zuerst auftritt und den Fuß dann nach vorn bis zu den Zehen abrollt. Zeigen Sie anschließend, wie der Fuchsgang funktioniert: Die Tiere setzen zuerst die Zehen auf und rollen den Fuß dann nach hinten, zur Ferse hin, ab.

Lassen Sie die Gruppe dies ausprobieren. Dabei sollen sie darauf achten, wie sich diese Art des Gehens auf die Bewegung insgesamt auswirkt. Zunächst einmal werden sie feststellen, dass sie langsamer gehen müssen. Dann sollen sich die Teilnehmerinnen und Teilnehmer erneut die Ohren zuhalten und beobachten, ob sich diese Art der Fortbewegung anders anhört.

Nun kommt der nächste Schritt – im wahrsten Sinne des Wortes. Bitten Sie alle, vor jedem Schritt erst einmal den Boden unter ihren Füßen zu »testen« und auszuprobieren, ob es auch »sicher« ist, ihr Gewicht vom einen auf den anderen Fuß zu verlagern. Ziel ist es, wie gesagt, sich möglichst geräuschlos zu bewegen. Die meisten Menschen lassen sich bei jedem Schritt quasi auf den anderen Fuß fallen, wobei die Gewichtsverlagerung mehr oder weniger unbewusst stattfindet; und warum auch nicht, denn normalerweise hat diese Art zu gehen keinerlei negative Konsequenzen für uns. Erinnern Sie die Gruppe daran, dass der Waldboden von potenziellen »Krachmachern« wie Zweigen, Laub oder Steinen übersät ist. Will man sich dort lautlos bewegen, muss man sehr, sehr vorsichtig sein.

Zeigen Sie den Gruppenmitgliedern, wie man das Gewicht zunächst auf dem Standbein hält, um so das Terrain mit den Zehen des Spielbeins erkunden zu können. Ist es sicher, kann das Gewicht vorsichtig verlagert werden. Ist es nicht sicher, besteht also die Gefahr, dass wir auf einen Zweig treten, mit Laub rascheln oder wegen eines Steins nicht das Gleichgewicht halten können, kann man den Fuß schnell wieder zurückziehen.

Anschließend sollen sich die Teilnehmerinnen und Teilnehmer im bewussten Verlagern des Gewichts üben, damit sie jeden Schritt präzise kontrollieren können. Sie können daraus auch ein kleines Spiel machen, indem Sie hin und wieder »Stop!« rufen, was unweigerlich dazu führen wird, dass der eine oder die andere einige Sekunden lang auf einem Bein stehen muss.

Zudem können Sie den Schwierigkeitsgrad der Übung erhöhen. Will man sich an Tiere anschleichen, muss man diese dabei immer im Auge behalten, kann also nicht ständig auf den Boden blicken, um zu sehen, wohin man tritt. Mir ist es selbst häufig passiert, dass ich hinuntergesehen habe, um mir sicheren Halt zu verschaffen, und in diesem Moment das Tier, das ich beobachten wollte – ein Reh vielleicht, oder einen Fuchs –, aus den Augen verloren hatte.

Bitten Sie die Gruppe, mit dem Fuchsgang fortzufahren, dieses Mal allerdings, ohne dabei auf den Boden zu blicken. Dies fordert unseren Gleichgewichtssinn ganz neu heraus: Der nämlich will instinktiv unsere Augen zu Hilfe nehmen, muss sich nun aber auf die Füße verlassen, die den Boden auskundschaften.

Eine weitere Variante dieser Übung besteht darin, die Arme hinter oder vor dem Körper zu verschränken, damit sie beim Halten des Gleichgewichts nicht helfen können. Die Tiere, die Sie zu beobachten hoffen, reagieren ausgesprochen sensibel auf jedwede Bewegung. Die Arme am Körper zu halten verschmälert nicht nur Ihren Umriss, sondern verhindert auch, dass Sie die Aufmerksamkeit Ihrer Umgebung unabsichtlich auf sich lenken. Es ist nicht leicht, sich auf diese Weise im Fuchsgang fortzubewegen, haben Sie beim Üben also Geduld mit sich.

Diesen Grad an Ruhe und Konzentriertheit kann sicherlich nicht jede Gruppe erreichen; überlegen Sie sich also gut, für welche Gruppe die Übung geeignet ist und für welche eher nicht. Den Fuchsgang nachts im Wald zu üben mag für jüngere Kinder vielleicht etwas zu ambitioniert sein. Da das Spiel aber trotzdem Spaß macht, können Sie es auch tagsüber mit den Kindern durchführen. Auf jeden Fall werden ihnen dabei grundlegende Prinzipien der Tierbeobachtung vermittelt. Darüber hinaus können die Kinder diese Übung auch allein zu Hause oder gemeinsam mit Freunden machen.

Hirschpirsch

Diese Übung kann gut im Anschluss an den »Fuchsgang« durchgeführt werden. Am Anfang bilden alle Teilnehmenden einen großen Kreis; sie sollten so weit auseinander stehen, dass sie sich höchstens mit den Fingerspitzen berühren können. Ist genug Platz, kann der Kreis ruhig auch noch größer gemacht werden. Sie selbst stellen sich in die Mitte des Kreises.

Ausrüstung: keine
Alter: ab acht Jahren
Teilnehmerzahl: 2–30

Sie sind der Hirsch, und alle anderen sind auf der Pirsch. Da Sie auch über alle sinnlichen Wahrnehmungsfähigkeiten eines Hirschs verfügen, können Sie ausgezeichnet hören und sehen; deshalb müssen alle anderen äußerste Vorsicht walten lassen, wenn sie versuchen, sich Ihnen zu nähern. Das Ziel der Übung besteht darin, das anzuwenden, was bei der Übung »Fuchsgang« gelernt wurde, und sich dem »Hirsch« so weit wie möglich zu nähern, ohne entdeckt zu werden. Entdeckt werden heißt in diesem Zusammenhang, dass Sie auf die Mitspielenden zeigen, die Sie gehört haben, weil diese nicht leise genug waren.

Wurde jemand »entdeckt«, gibt es mehrere Optionen. Entweder setzt sich die Person hin und ist für diese Runde nicht mehr im Spiel, oder sie bleibt eine Zeit lang wie angewurzelt stehen, bevor sie wieder mitspielen darf.

Anmerkungen

Vielleicht möchten Sie der Gruppe vor Beginn des Spiels erklären, dass sich ein Hirsch, der vom Grasen aufsieht, nicht notwendigerweise so sehr erschrecken muss, dass er wegläuft. Will man einem Hirsch folgen und ihn beobachten, lässt es sich kaum vermeiden, hin und wieder ganz sichtbar zu sein. Solange man sich nicht bewegt, fühlt sich der Hirsch in der Regel jedoch auch nicht gestört und grast irgendwann einfach weiter. Das können Sie auch auf das Spiel übertragen: Macht eine Person aus der Gruppe akustisch oder durch eine Bewegung auf sich aufmerksam, bleibt dann aber mucksmäuschenstill stehen, während der Hirsch sie ansieht, kann sie diesen davon überzeugen, keine Bedrohung darzustellen, und bleibt weiter im Spiel.

Natürlich kommt irgendwann der Punkt, an dem die Teilnehmenden dem Hirsch so nahe gekommen sind, dass sie entdeckt werden müssen. Dann können Sie das Spiel beenden und der Gruppe zu ihrer »Pirschgeschicklichkeit« gratulieren. Meist kommt der Wunsch nach einer Wiederholung des Spiels auf – und vielleicht machen Sie den Kreis bei der zweiten Runde noch größer.

Hirschpirsch II

Diese Übung ist eine Weiterentwicklung der »Hirschpirsch«, bei der sich die Gruppe zunächst versteckt, während der Hirsch die Augen geschlossen hat. Erklären Sie der Gruppe vor dem Spiel die folgenden Regeln:

Regeln

1. Am Anfang des Spiels schließt der Hirsch die Augen und zählt laut bis 20. In dieser Zeit verstecken sich die Teilnehmenden, beispielsweise hinter einem Baum.
2. Sagt der Hirsch: »Und los!«, beginnt das Spiel.
3. Nun versuchen alle, sich genau wie bei der »Hirschpirsch« dem Hirsch zu nähern.

> **Ausrüstung:** zwei Stöcke, ca. 60–90 Zentimeter lang, die als »Beine« dienen
> **Alter:** ab acht Jahren
> **Teilnehmerzahl:** 2–20

4. Dieses Mal kann sich der Hirsch in jede beliebige Richtung begeben, um dort zu grasen. Das macht es für die Gruppe schwieriger, den Hirsch die ganze Zeit über im Auge zu behalten.
5. Wie bei der vorhergehenden Übung zeigt auch hier der Hirsch auf die Spielerinnen und Spieler, die er gehört hat; diese müssen dann entweder ganz oder nur eine Zeit lang aussetzen.

Anmerkungen

Noch mehr Spaß macht das Spiel, wenn Sie mit Ihren Bewegungen und Ihrem Verhalten einen echten Hirsch nachahmen. Und hier kommen die Stöcke ins Spiel: Benutzen Sie sie als »Vorderbeine« und verwandeln Sie sich so in einen vierbeinigen Paarhufer. Während Sie durchs Gelände streifen und grasen, könnte die kleinste ungeschickte Bewegung oder das leiseste Geräusch Sie erschrecken und verjagen; dann legen Sie einen kurzen Sprint ein, bevor Sie sich umdrehen und nachsehen, ob Sie

Ihren Verfolger abgeschüttelt haben. Improvisieren Sie ruhig ein wenig, um den Schwierigkeitsgrad für die Gruppe zu erhöhen. Schließen Sie einzelne Spielerinnen und Spieler aber nicht zu früh aus, denn je nach Zusammensetzung der Gruppe lenken diese die anderen meist nur ab. Alles in allem kann das Spiel zwischen fünf und zehn Minuten dauern – sind alle mit voller Konzentration dabei, auch länger.

Den Bären anstupsen

Einige Legenden sind wirklich schwer zu glauben, aber diese hier hält sich hartnäckig. Ihr zufolge haben die jungen Männer verschiedener indigener Völker Nordamerikas folgendes Spiel gespielt, um sich im Anschleichen zu üben: Sie folgten einem Bären, und der Sieger des Spiels war derjenige Mitspieler, der es so nah an den Bären heran schaffte, dass er diesen überraschen und mit einem Stock piken konnte. Anschließend sind vermutlich alle Teilnehmer um ihr Leben gerannt.

Ausrüstung: ein Seil, 5–10 Meter lang
Alter: ab sechs Jahren
Teilnehmerzahl: 4–16

Die Übung hier ist an dieses Spiel angelehnt – ob es sich nun tatsächlich so ereignet hat oder nicht. Sie erinnert auch an das Spiel »Grandmother's Footsteps«, bei dem man sich von hinten an die »Großmutter« anschleichen muss, diese sich aber immer wieder umdreht, um jemanden beim Sich-Bewegen zu erwischen. Bleibt man wie angewurzelt stehen, darf man weiter mitspielen; hat man sich bewegt, fliegt man raus. Das Spiel ist zu Ende, wenn es jemandem gelingt, der »Großmutter« auf die Schulter zu tippen.

In unserem Szenario ersetzt ein »Bär« die »Großmutter«, und die Person, die es schafft, den Bären anzustupsen, wird von dem verärgerten, brummenden und knurrenden Bären gejagt.

Zu Beginn des Spiels wird ein Seil als Start- und Ziellinie auf den Boden gelegt und die Teilnehmenden nehmen am Seil Aufstellung. Nachdem Sie die Regeln (siehe unten) erklärt haben, nehmen auch Sie Aufstellung, und zwar zehn bis 20 Meter vom Seil entfernt. Wenn Sie der Gruppe den Rücken zugewandt haben, kann es losgehen.

Regeln

1. Eine Person spielt den Bären (am Anfang Sie). Ziel des Spiels ist es, sich an den Bären anzuschleichen und ihn anzustupsen.
2. Sobald der Bär das Startzeichen gibt, dürfen alle das Seil überschreiten und sich an den Bären anschleichen.
3. Hin und wieder dreht sich der Bär um und zeigt auf alle, die sich dann noch bewegen. Diese Personen müssen den »Gang der Schande« antreten und hinter das Seil zurückgehen; von dort aus dürfen sie jedoch weiter mitspielen. So bleiben alle im Spiel, werden aber »bestraft«, wenn sie nicht vorsichtig genug waren.
4. Gelingt es einer Person, den Bären zu erreichen und anzustupsen, muss diese zum Seil zurückrennen, bevor der sie verfolgende Bär sie erwischt.
5. Wird sie dabei jedoch vom Bären erwischt, ist sie in der nächsten Runde der neue Bär.

Anmerkungen und Varianten

Spiele ich mit einer Gruppe »Bären anstupsen«, erzähle ich zuvor gern Äsops Fabel von der Schildkröte und dem Hasen, die auf den Punkt bringt, worum es bei der Übung geht.

Noch mehr Spaß macht die Übung mit einer Abwandlung. So könnten die Spielerinnen und Spieler etwa versuchen, dem Bären den »Pelz zu waschen«, ihn also mit einem Becher Wasser zu begießen. Oder Sie legen unterwegs Kleidungsstücke oder Schuhe aus, die die Teilnehmerinnen und Teilnehmer anziehen müssen. Das macht das Spiel lustiger, aber auch schwieriger.

Zeitlupenrennen

Auch dieses Spiel verdeutlicht, dass man langsamer werden muss, wenn man sich möglichst geräuschlos bewegen will.

Bitten Sie zunächst jemanden, Ihnen dabei zu helfen, ein Seil in einer geraden Linie auf den Boden zu legen – das Seil muss so lang sein, dass die Gruppe dahinter Schulter an Schulter nebeneinander stehen kann. Anschließend nehmen die Teilnehmenden hinter dem Seil Aufstellung, wobei sie das Seil mit den Zehenspitzen berühren. Dann müssen alle absolut still stehen, während Sie und Ihre Helferin oder Ihr Helfer das Seil anheben und es zwei bis drei Meter weiter weg wieder hinlegen. Alle Mitspielenden müssen den gleichen Abstand zum Seil haben, das ihnen nun als Ziellinie dient. Dann kann das »Zeitlupenrennen« beginnen. Sieger beziehungsweise Siegerin ist die *letzte* Person, die die Ziellinie überschreitet.

Ausrüstung: ein Seil, fünf bis zehn Meter lang, das als Ziellinie dient
Alter: ab sechs Jahren
Teilnehmerzahl: 6–20

Zuvor jedoch müssen Sie noch die Regeln (siehe unten) erklären, damit fair gespielt wird. Bei diesem Spiel kann es drunter und drüber gehen, wenn Sie nicht ausdrücklich klar machen, was erlaubt ist und was nicht. Machen Sie jedoch auch deutlich, dass es immer noch ein Spiel und kein ernsthaftes »Rennen« ist.

Regeln

1. Ist der »Startschuss« gefallen, müssen sich alle kontinuierlich bewegen und vorwärts streben.
2. Der Schiedsrichter (Sie) beobachtet die Spielerinnen und Spieler und ruft jeden auf, der sich nicht bewegt oder rückwärts geht. Diese Personen scheiden aus dem »Rennen« aus und werden Ko-Schiedsrichter.
3. Nun wird weiter scharf beobachtet, wer sich an die Regeln hält und wer nicht.

4. Sobald jemand die Ziellinie mit den Zehen berührt, scheidet auch er aus dem Spiel aus und schließt sich den Unparteiischen an.

Die immer größer werdende Schar der Schiedsrichter feuert die verbleibenden Spielerinnen und Spieler ganz im Geiste des olympischen Gedankens an. Die letzten drei bekommen dann jeweils eine Bronze-, eine Silber- und eine Goldmedaille. Anschließend können Sie zur nächsten Übung übergehen oder diese wiederholen – wenn Sie sie mit einer Gruppe von Kindern durchgeführt haben, werden diese bestimmt noch einmal spielen wollen.

Kling, Glöckchen

Dieses Spiel wird in verschiedenen Varianten schon seit Tausenden von Jahren überall auf der Welt gespielt. Zum Teil dient es dazu, sich im mehr oder weniger lautlosen Bewegen zu üben, zum Teil wird es aber auch gespielt, weil es einfach aufregend und spannend ist. Allein in Großbritannien ist es in den unterschiedlichen Regionen des Landes unter unterschiedlichen Namen bekannt, darunter beispielsweise als »Keeper of the Keys« (Herr der Schlüssel) und »Dragon's Treasure« (Der Schatz des Drachen).

Ausrüstung:
Sitzmatten
ein Glöckchen oder ein
anderer »Schatz«
Augenbinde
Taschenlampe (wenn die
Übung nachts durchgeführt wird)
Alter: ab sechs Jahren
Teilnehmerzahl: 8–25

Bei diesem Spiel sitzen die Teilnehmenden im Kreis um einen »Wächter« mit Augenbinde herum, der in der Mitte des Kreises entweder sitzt oder steht. Zwischen den Füßen dieses Wächters wird ein »Schatz« – ein Glöckchen, ein Schlüsselbund, eine Trillerpfeife oder Ähnliches – platziert, und Ziel des Spiels ist es, sich an den Wächter oder die Wächterin anzuschleichen und mit dem Glöckchen zu klingeln, bevor man entdeckt wird. Ihre Rolle im Spiel besteht eher im Moderieren, Sie spielen selbst nicht mit. Zuerst sollen die Mitspielenden einen Kreis bilden, dann erklären Sie die Regeln (siehe unten) und warten ab, bis Ruhe einkehrt – dann kann es losgehen.

Regeln

1. Sie als Moderator wählen den ersten Wächter, die erste Wächterin aus. Diese Person begibt sich in die Mitte des Kreises und lässt sich die Augen verbinden.
2. Anschließend wählen Sie die erste Person als »Schatzjäger« aus.
3. Hat das Spiel begonnen, lauscht der Wächter auf eventuelle Geräusche des Jägers und zeigt in die jeweilige Richtung, wenn er etwas gehört hat. Er muss präzise in die Richtung zeigen, aus der das gehörte Geräusch gekommen ist. Hat der Wächter recht, rufen Sie »Stop!«, lag er falsch, rufen Sie »Nein!«. Dann läuft das Spiel weiter.
4. Der Jäger darf sich wieder bewegen und weiter an den »Schatz« anschleichen.
5. Hört der Wächter erneut etwas, zeigt er wieder in die jeweilige Richtung.
6. Wird der Jäger ein zweites Mal ertappt, darf er sich nicht mehr bewegen und muss stehen bleiben. Hat sich der Wächter geirrt, schleicht sich der Jäger weiter an.
7. Im Laufe des Spiels gehen immer mehr Personen auf die Jagd, sodass es für den Wächter immer schwieriger wird, die exakte Richtung des Geräuschs zu bestimmen.
8. Gelingt es einem der Jäger, mit dem Glöckchen zu klingeln, wird er der neue Wächter.

Anmerkungen und Varianten

Machen Sie vor Spielbeginn deutlich, dass alle mucksmäuschenstill sein müssen, auch wenn sie gerade nicht an der Reihe sind. Nur so hat der

Wächter oder die Wächterin eine Chance, in die richtige Richtung zu zeigen. Deshalb ist es am besten, die Teilnehmerinnen und Teilnehmer auf Sitzmatten im Kreis um den Wächter herum zu platzieren – so fällt es leichter, still zu sein. Allerdings ist es dann auch schwieriger, mit dem Anschleichen zu beginnen.

Wann Sie weitere Jäger ins Spiel holen, ist Ihrem Gefühl fürs Timing überlassen. Einerseits wollen Sie den Wächter nicht mit zu vielen Jägern auf einmal überfordern, andererseits soll auch keiner der anderen die Lust am Spiel verlieren, weil ihr oder ihm langweilig geworden ist.

Sollten Sie dieses Spiel mit Kindern spielen, die jünger als acht Jahre sind, müssen Sie ihnen noch einmal besonders verdeutlichen, wie wichtig es ist, sich langsam zu bewegen, damit man dabei keine Geräusche macht. Das gilt natürlich vor allem, wenn man dem Wächter schon sehr nahe gekommen ist. Ansonsten könnte das Ganze darauf hinauslaufen, dass die Kinder zum Wächter rennen, sich auf das Glöckchen stürzen und dem Wächter keine Zeit lassen, in irgendeine Richtung zu zeigen. Erklären Sie den Kindern, dass das nicht Sinn des Spiels ist; sein Zweck besteht darin zu lernen, wie man sich langsam und ruhig bewegt – genau so, wie man es tun müsste, wenn man Tieren folgen wollte, um sie zu beobachten.

Ein wichtiger Faktor ist die Bodenbeschaffenheit: Sie entscheidet darüber, wie einfach oder schwierig das Spiel wird. Welches Terrain Sie wählen, hängt von der Gruppe, vor allem vom Alter, ab. Vielleicht fangen Sie in einfacherem Gelände wie hohem Gras an und gehen dann zu etwas Schwierigerem wie Waldboden über. Ist die Gruppe schließlich so weit, können Sie auch eine Stelle wählen, an der es Hindernisse wie Sträucher, Felsen oder Gestrüpp zu überwinden gilt.

Um den Schwierigkeitsgrad zu erhöhen, können Sie den »Schatz« auch unter Zweigen oder Laub verstecken. Das erfordert noch mehr Konzentration aufseiten des Jägers, der sich zwar an den Wächter heranschleichen konnte, nun aber noch vorsichtiger sein muss, um nicht gehört zu werden.

Eine weitere Variante dieses Spiels besteht darin, es weiterlaufen zu lassen, nachdem der erste Jäger erfolgreich war. In diesem Fall darf der Jäger den Schatz nur berühren, ihn aber nicht an sich nehmen. Anschließend kehrt er zum äußeren Rand des Kreises zurück, wenn möglich natürlich unbemerkt. Dazu ist besonders viel Selbstdisziplin vonnöten, wenn der Schatz essbar ist, also beispielsweise aus einer Schale verlockender Himbeeren oder Marshmallows besteht.

Eine witzige Variante, die Kindern, aber auch Erwachsenen, immer wieder viel Spaß macht, besteht darin, den Wächter oder die Wächterin mit einer Poolnudel auszustatten, mit der auf die Jäger gezeigt wird. Diese könnten dann die Aufgabe haben, entweder mit dem Glöckchen zu klingeln oder dem Wächter auf die Schulter zu tippen, ohne dabei von der Poolnudel erwischt zu werden. Wer von der Poolnudel getroffen wird, kehrt entweder an den Rand des Kreises zurück und darf es noch einmal versuchen oder scheidet aus dem Spiel aus.

Zöllner

Ausrüstung:
Sitzmatte
Taschenlampe
Augenbinde
zwei kurze Seile, jeweils etwa ein bis zwei Meter lang
ein langes Seil, acht bis zehn Meter lang
Wasserpistole oder Wassersprühflasche (optional)
Alter: ab sechs Jahren
Teilnehmerzahl: 8–20

Der Kern des Anschleichspiels besteht darin, sich am »Zöllner« vorbeizuschleichen, der seinerseits versucht, »Schmuggler« mit der Taschenlampe anzuleuchten. Das Spiel kann in offenem Gelände oder auf einer Strecke im Wald gespielt werden.

Bestimmen Sie zunächst jemanden zum Zöllner oder zur Zöllnerin. Diese Person setzt sich auf eine Matte und bekommt die Augen verbunden. Außerdem hat sie eine Taschenlampe in der Hand. Ihre Aufgabe ist es, den »Durchgang«, die »Brücke« oder den »Tunnel« zu bewachen – welches Szenario Sie wählen, ist Geschmackssache. Mit der Taschenlampe leuchtet sie alle an, die sich an ihr vorbeischleichen und dabei gehört werden. Allerdings soll der Zöllner oder die Zöllnerin die Taschenlampe nur gezielt auf die vermutete Geräuschquelle richten und nicht die ganze Zeit damit hin und her leuchten.

Legen Sie die beiden kurzen Seile im Abstand von acht bis zehn Metern vor und hinter dem Zöllner auf den Boden; sie dienen als Start- und Ziellinien. Das dazwischen ausgelegte lange Seil dient den Schmugglerinnen und Schmugglern als Markierung, damit diese sich nicht seitlich zu weit vom Zöllner entfernen.

Teilen Sie die Gruppe anschließend in zwei »Schmugglerbanden« auf und positionieren Sie sie jeweils hinter einem der beiden kurzen Seile. Die Aufteilung verhindert zu lange Wartezeiten, die bei ungeduldigeren Kindern schwierig werden könnten.

Ziel des Spiels ist es, sich am Zöllner oder der Zöllnerin vorbeizuschleichen, ohne dabei von der Taschenlampe angeleuchtet zu werden. Wer das gegenüberliegende Seil überschreitet, hat es geschafft. Wer angeleuchtet wird, muss stehen bleiben.

Einen Rollentausch können Sie vornehmen, wenn entweder einige Schmuggler angeleuchtet wurden oder – bei kleineren Gruppen – jeder einmal die Möglichkeit hatte, sich am Zöllner oder der Zöllnerin vorbeizuschleichen.

Anmerkungen und Varianten

Sie können die Strecke auch markieren, indem Sie das lange Seil zwischen zwei Bäumen spannen; so dient es den Schmugglerbanden als Handlauf, an dem diese sich entlanghangeln müssen. Der Zöllner sitzt in der Mitte des Seils rund zwei Meter davon entfernt auf seiner Matte. Wenn Sie diese Variante wählen, können Sie den Zöllner bei jedem

Spieldurchgang ein wenig näher an das Seil heransetzen, um es für die Schmuggler schwieriger zu machen.

Wenn Sie das Spiel tagsüber spielen, kann der Zöllner statt Taschenlampe eine Wasserpistole oder eine Wassersprühflasche zum Befeuchten von Pflanzen verwenden. Letztere kann nachts auch zusätzlich zur Taschenlampe zum Einsatz kommen, wenn der Gruppe das Spaß macht.

Jäger

Bei diesem nervenaufreibenden Anschleichspiel, das sehr viel Spaß macht, lernen die Teilnehmerinnen und Teilnehmer in der Regel recht schnell, wie wichtig es ist, sich langsam und vorsichtig zu bewegen und zu lauschen, wenn man selbst nicht gehört werden will.

Markieren Sie einen Bereich – beispielsweise einen Kreis, der durch ein Seil oder die sitzenden beziehungsweise stehenden Mitspielenden begrenzt ist – und wählen Sie zwei Personen aus, die sich die Augen verbinden lassen. Ziel des Spiels ist es, den

Ausrüstung:
zwei Augenbinden
ein langes Seil (optional)
Alter: ab zehn Jahren
Teilnehmerzahl: 6–12

Gegner zu »jagen«, das heißt zwischen den Schulterblättern zu berühren und ihn so aus dem Spiel zu nehmen. Alle anderen müssen mucksmäuschenstill sein, um die Jäger nicht abzulenken. Kommen diese zu nah an den Rand des Kreises, können die dort Stehenden oder Sitzenden sie sanft an der Schulter berühren und so in die Mitte des Kreises zurücklenken.

Ist einer der Jäger aus dem Spiel, wird ein neuer bestimmt. Befinden sich nicht nur zwei, sondern mehr Jäger im Kreis, wird das Spiel noch spannender (und unterhaltsamer!), da eine komplexere Dynamik entsteht.

Beutegreifer und Beute

Bei diesem Spiel wird die Beziehung zwischen Beutegreifer und Beute thematisiert und der Überlebenstanz der Natur nachgeahmt; zudem übt man sich dabei im möglichst geräuschlosen Bewegen und im Schärfen der Sinne.

Bevor Sie ins Spiel eintauchen, könnten Sie die Gruppe nach entsprechenden Beispielen aus der Natur fragen: Welche Beutegreifer, welche Beutetiere sind aus den Habitaten in der Umgebung bekannt? Welche speziell aus dem Lebensraum, in dem das Spiel stattfindet? Erläutern Sie, dass alle in die Rollen von Beutegreifer und Beute schlüpfen sollen; dabei ist zwar jede Rolle anders, doch kommt es für alle Mitspielenden darauf an, wie gut sie hören, riechen und sehen können und wie sehr es ihnen gelingt, sich lautlos zu bewegen.

Ausrüstung:
Augenbinden
Glöckchen
ein langes Seil (optional)
Alter: ab acht Jahren
Teilnehmerzahl: 8–20

Ziel des Spiels ist es, als »Beutegreifer« die »Beute« zu lokalisieren und zu fangen, das heißt sie zwischen den Schulterblättern zu berühren.

Zunächst wird ein relativ großes, rundes Spielfeld markiert, entweder mithilfe eines Seils oder indem die Gruppe sitzend oder stehend einen Kreis bildet.

Dann treten zwei Freiwillige als Beutegreifer und Beute in den Kreis. Einzige Aufgabe des Beutegreifers ist es, die Beute zu lokalisieren und zu fangen, einzige Aufgabe der Beute ist es, dem Gefangen-Werden zu entkommen. Auch hier gelten die grundsätzlichen Regeln, die bei dem Spiel »Jäger« erläutert wurden.

Anmerkungen und Varianten

Wie bei vielen anderen Anschleichspielen liegt auch hier der Vorteil bei der Beute, da Bewegung Geräusche verursacht. Beutetiere verfügen in der Regel über ein ausgezeichnetes Gehör und einen exzellenten Geruchssinn. Um diesen Vorteil gegenüber dem Beutegreifer nachzuahmen, könnte Letzterem eine Augenbinde angelegt werden. Oder der Beutegreifer muss ein Glöckchen am Fuß tragen, das natürlich klingelt, wenn er sich bewegt.

Damit das Spiel auch ein Erfolg wird, sollten vorher einige Regeln festgelegt werden. Beispielsweise sollten sich die Kontrahenten nur im Zeitlupentempo oder höchstens gehend fortbewegen dürfen. Möglich wäre es auch, sie die Bewegungen der in den Beispielen besprochenen Tiere imitieren zu lassen.

Hat der Beutegreifer kein Glück und haben Sie das Gefühl, das Spiel zieht sich, kann der Kreis und damit das »Jagdgebiet« verkleinert werden.

Beute und Beutegreifer bei ihrem »Spiel« zu beobachten, kann den Außenstehenden ebenso viel Spaß machen wie den unmittelbar Beteiligten. Zudem können alle eine Menge lernen, wenn immer wieder neue Strategien des Fangens oder Entkommens entwickelt werden müssen.

Nach einigen Runden kann das Spiel dann eine Erweiterung erfahren, die wiederum die Natur abbildet. Stellen Sie zusammen mit der Gruppe eine Nahrungskette auf, die mehr als zwei Protagonisten umfasst. Häufig werden hier relativ exotische Beispiele genannt, etwa Löwe–Schakal–Erdmännchen. Lenken Sie die Aufmerksamkeit der Gruppe dann auf Beispiele aus der unmittelbareren Umgebung; im Lebensraum Wald könnten das etwa die Nahrungsketten Dachs–Igel–Schnecke, Eule–Spitzmaus–Käfer, Bussard–Fledermaus–Mücke oder Reiher–Frosch–Fliege sein.

Führen Sie in der letzten Runde schließlich den »Superbeutegreifer« ein, eine dritte Person, die in der Nahrungskette über den beiden anderen steht. In dieser Runde muss der Beutegreifer die Beute jagen, dabei aber aufpassen, nicht selbst dem über ihm stehenden Beutegreifer zum Opfer zu fallen. Dafür sind zwei unterschiedlich klingende Glöckchen hilfreich, sodass die Beute einen Beutegreifer vom anderen unterscheiden kann.

Laternenpirsch

Dieses Spiel hilft denjenigen, die Angst vor der Dunkelheit haben, dabei, ihre Ängste zu überwinden und Selbstvertrauen aufzubauen. Bei dem Teamspiel versucht ein Team, sich durch die von einer Laterne geworfenen Schatten über eine Lichtung zu schleichen, während das andere Team versucht, die Mitglieder des gegnerischen Teams aufzuspüren und zu fangen. Ziel des Spiels für das eine Team ist es, sich so weit wie möglich an die Laterne anzuschleichen, und zwar von einer relativ weit entfernten Ausgangsposition aus. Ziel der anderen Gruppe ist es, so viele Gegner wie möglich zu entdecken und zu stellen. Dabei ist es wichtig, ein Gelände zu wählen, das so offen ist, dass man in der Bewegungsfreiheit nicht eingeschränkt ist; gleichzeitig sollte das Terrain auch Merkmale enthalten, hinter denen man sich verstecken kann.

Ausrüstung:
Gaslaterne oder eine andere Lampe mit ähnlicher Lichtintensität
ein Seil, 12–15 Meter lang
Alter: ab acht Jahren
Teilnehmerzahl: 8–30

Stellen Sie die noch unangezündete Laterne in die Mitte des Spielfelds und markieren Sie mit einem Seil einen Kreis mit drei bis vier Meter Durchmesser um die Laterne herum. Erläutern Sie die Regeln (siehe unten) und teilen Sie die Gruppe dann in zwei bis drei Teams auf.

Regeln

1. Gruppe 1 sind die Laternenwächter. Sie versammeln sich um die Laterne und schließen die Augen. Dann wird die Laterne angezündet, doch müssen die Wächter die Augen weiterhin geschlossen halten.
2. Legen Sie die Spielzeit fest; für die erste Runde eignen sich 15 Minuten. Auf Ihr Signal hin verlässt Team 2 die Laterne und sucht in den Schatten Schutz. Geben Sie dem Team etwa zwei Minuten, um mit der Dunkelheit zu »verschmelzen«. Währenddessen kann Gruppe 1 leise über ihre Strategie sprechen, mit der sie »Gefangene« machen will.

3. Sind die zwei Minuten vorbei und ist (hoffentlich) niemand aus Gruppe 2 mehr sicht- oder hörbar, rufen Sie: »Das Spiel beginnt!« Dann wenden sich die Laternenwächter nach außen, stehen also mit dem Rücken zur Laterne, und öffnen die Augen. Sie dürfen sich während des Spiels bewegen, müssen aber innerhalb des Seilkreises bleiben.

4. Haben die Laternenwächter jemanden entdeckt oder glauben das zumindest, zeigen sie Ihnen möglichst genau die Richtung an, in der sie denjenigen vermuten. Finden Sie dort jemanden, tippen Sie ihm auf die Schulter und bringen ihn zum vorher bestimmten »Gefängnisbereich«, wo er sich ruhig hinsetzen und bis zum Ende der Runde warten muss.

5. Finden Sie niemanden, wird dies als »Fehlschuss« festgehalten. Die Laternenwächter haben nur eine bestimmte Anzahl von Fehlschüssen – drei oder fünf –, damit nicht einfach wild und spekulativ in irgendeine Richtung gezeigt wird und Sie immer wieder umsonst irgendwohin tappen müssen ..., denn das kann sehr ermüdend sein!

6. Auf Ihr Signal hin ist das Spiel vorbei. Ich rufe dann gern: »Das Spiel ist aus! Zeigt euch!«, woraufhin sich diejenigen, die immer noch nicht entdeckt wurden, theatralisch offenbaren dürfen. Manchmal springt jemand hinter einem umgefallenen Baumstamm hervor oder mitten aus einem Gebüsch heraus und freut sich natürlich diebisch über die eigenen Versteckkünste.

Anschließend werden die Rollen getauscht. Sie verzeichnen (oder merken sich), wie viele Gefangene gemacht wurden, damit es am Ende ein Siegerteam gibt. Ich habe jedoch die Erfahrung gemacht, dass dieser Aspekt des Wettstreits oft gar keine Rolle spielt. Die »Laternenpirsch« ist schlicht aufregend und macht auch ohne offiziellen Sieger großen Spaß.

Anmerkungen und Varianten

Machen Sie beim Erläutern der Regeln deutlich, dass sich die Anschleichenden der Laterne auch nähern sollten – sonst setzen sie sich möglicherweise einfach hinter einen Baum und warten dort in aller Ruhe das Ende des Spiels ab. So kann man sich zwar auch mit der Dunkelheit anfreunden, lernt aber nicht, sich möglichst geräuscharm zu bewegen.

Weisen Sie deshalb darauf hin, dass nur erfolgreich ist, wer sich am Ende des Spiels relativ nah an der Laterne befindet. Wer sich lediglich hinter einem Baum versteckt, bleibt zwar im Spiel, wird aber kein Erfolgserlebnis haben. Richtig Spaß macht es erst, wenn man von weiter weg beginnt und sich dann durch die Schatten an die Laterne anschleicht. Größere Gruppen können Sie in drei bis vier Teams aufteilen: Eines bewacht die Laterne, die anderen schleichen sich an und konkurrieren dabei miteinander.

Eine aufregende Variante des Spiels besteht darin, es zwei Laternenwächtern zu gestatten, sich über den Seilkreis hinaus zu bewegen und aktiv nach den anderen zu suchen. Haben sie jemanden gefunden, dürfen sie ihn zum Gefängnis eskortieren.

Natürlich will jeder einmal einer dieser beiden Laternenwächter sein, wechseln Sie sie also jeweils nach ein paar Minuten aus.

Bei dieser zusätzlichen Schwierigkeit ist der Triumph für diejenigen, die nicht entdeckt wurden, am Ende noch größer!

Und noch mehr Spaß macht das Ganze, wenn Sie den ausschwärmenden Laternenwächtern stillschweigend eine Wasserpistole in die Hand drücken ...

Beutegreifer

Dieses Spiel ähnelt der »Laternenpirsch«, macht aber noch mehr Spaß. Es ist allerdings nichts für schwache Nerven! Deshalb spielen Sie es am besten mit einer Gruppe im Teenageralter, mit Erwachsenen oder mit Kindern in Begleitung Erwachsener. Ziel des Spiels ist es, sich durchs Spielfeld zu bewegen, ohne dabei von einem lauernden Beutegreifer getötet zu werden.

Suchen Sie zur Vorbereitung des Spiels ein einigermaßen offenes, 75 bis 100 Meter großes Gelände im Wald. Befestigen Sie an beiden Enden des gewählten Bereichs jeweils einen Leuchtstab an tief hängenden Zweigen. Die beiden Farben helfen bei der Orientierung. Wie groß der Spielbereich letztlich ist, hängt vom Terrain sowie davon ab, wie dunkel es ist. Platzieren Sie mittig am Rand des Spielfelds eine Laterne, die den Wartebereich markiert.

Teilen Sie die Gruppe in zwei Teams auf und bestimmen Sie einen »Beutegreifer«. Zünden Sie die Laterne im Wartebereich an und erläutern Sie die Regeln (siehe unten).

Regeln

1. Vor Spielbeginn versammeln sich die Teams jeweils an einem Ende des Spielbereichs unter dem Leuchtstab und besprechen ein paar Minuten lang, welcher Taktik sie folgen wollen.
2. Nach dem Startsignal muss jedes Team versuchen, das Spielfeld zu überqueren und den Leuchtstab auf der gegenüberliegenden Seite zu erreichen. Je mehr Personen das schaffen, desto mehr Punkte bekommt das Team.
3. Der »Beutegreifer«, bewaffnet mit Wasserpistole oder Sprühflasche, lauert in den Schatten des Spielfelds und verfolgt nur ein Ziel: jeden, der passiert, mit Wasser zu bespritzen!
4. Jeder, der getroffen wird, ist aus dem Spiel und muss sich leise zum Wartebereich begeben, wo er dann darüber nachdenken kann, was er falsch gemacht hat.

5. Nach etwa 15 Minuten rufen Sie: »Das Spiel ist aus!« oder pfeifen mit einer Trillerpfeife. Nun wird gezählt, wie viele Mitglieder aus welchem Team es bis zur anderen Seite geschafft haben.

Anmerkungen und Varianten

Ermuntern Sie die Teams dazu, sich vor Beginn des Spiels eine Strategie zu überlegen, und schlagen Sie verschiedene Möglichkeiten der Fortbewegung vor. Sind die Mitglieder des Teams beispielsweise eher nervös, können sie sich gemeinsam vorwärtsschleichen. Stellen Sie die Vorteile dieser Strategie den Vorteilen gegenüber, die es hat, sich allein durchs Gelände zu bewegen.

Wunderbar dramatisch wird das Ganze, wenn die Opfer möglichst geräuschvoll »sterben« – denn wer könnte angesichts eines markerschütternden Schreis im nächtlichen Wald noch die Nerven behalten? Ein lang gezogenes, übertriebenes Sterben wird sicherlich einiges an Kichern und Glucksen in der Dunkelheit hervorrufen …

Wer Spiele mit Spielzeugwaffen nicht mag, kann auf Sprühflaschen zum Befeuchten von Pflanzen zurückgreifen. Diese sollten allerdings eine relativ große Reichweite haben und dabei immer noch leicht zu tragen sein.

Wenn ich dieses Spiel mit einer Gruppe gemischten Alters spiele, mime ich in der Regel als Erster den Beutegreifer oder übergebe die Rolle einem anderen Erwachsenen, um zu demonstrieren, worauf es bei diesem Spiel ankommt: sich leise und unauffällig zu bewegen und die anderen so zu überraschen. Das Spiel wird aufregender, wenn es in der ersten Runde relativ rasch ein paar Opfer gibt; außerdem dient dies dem nächsten Beutegreifer als Messlatte.

Je nach Gruppengröße können Sie auch mehrere Beutegreifer benennen, das erhöht die Chance, dass ein anderer Spieler erwischt wird. Und wenn Sie eine gewisse »Wettstreitlust« bei der Gruppe wahrnehmen, können Sie aus dem Ganzen auch eine Art Turnier machen.

Feuerpirsch

Wenn Sie die richtige Umgebung dafür haben und natürlich die Erlaubnis, ein Lagerfeuer anzuzünden, ist dies eine wunderbare Gemeinschaftsübung. Sie ähnelt der »Laternenpirsch«, allerdings wird hier die Gruppe nicht in Teams aufgeteilt.

Am besten gehen Sie mit der Gruppe in der Abenddämmerung erst einmal in einem größeren Kreis um das Lagerfeuer herum und setzen die Teilnehmerinnen und Teilnehmer unterwegs einzeln und in etwa gleichem Abstand zueinander ab, wo sie dann kurz die Übung »Sitzplatz« durchführen sollen. Anschließend besteht

> **Ausrüstung:**
> Lagerfeuer
> Wasserpistolen
> **Alter:** ab acht Jahren
> **Teilnehmerzahl:** 10–30

ihre Aufgabe darin, sich auf ein bestimmtes Signal hin – etwa das Ertönen einer Trommel oder Muschel – im Schutz der Dunkelheit möglichst nah ans Lagerfeuer anzuschleichen, ohne dabei von den »Hütern des Feuers« entdeckt zu werden.

Diese Hüter des Feuers sind entweder einige wenige Gruppenmitglieder, oder Sie selbst übernehmen diese Aufgabe am Anfang. Jeder, der ertappt wird, wird anschließend auch zum Hüter. So muss keiner aus dem Spiel ausscheiden. Oberstes Gebot ist es, wie gesagt, unentdeckt zu bleiben – was leicht bewerkstelligt ist, wenn man dem Lagerfeuer nicht zu nah kommt. Doch auch dann hält das Spiel eine unvergessliche Erfahrung bereit: das Alleinsein in der Dunkelheit. Die »Kür« besteht jedoch darin, möglichst nah ans Feuer heranzukommen. Ertönt das Signal, das Spiel zu beenden, offenbaren alle ihre jeweilige Position.

Anmerkungen und Varianten

Wie groß der Kreis um das Lagerfeuer herum ist, hängt vom Alter der Mitspielenden und von den Fähigkeiten der Gruppe ab. Zudem spielt natürlich das Gelände eine Rolle. Erkunden Sie das auf jeden Fall im Voraus und bei Tageslicht, um Stolperfallen zu vermeiden – im übertragenen wie im wörtlichen Sinn. Dichtes, undurchdringliches Gestrüpp oder ein Stechpalmendickicht ist für Erwachsene sicherlich schwierig zu meistern, kann für Kinder aber zu einem geradezu traumatischen Erlebnis werden. Vergessen Sie nie, wie groß die Macht der Dunkelheit ist, unbewusste Ängste heraufzubeschwören! Was am Tag leicht zu schaffen ist, kann nachts zu einem unüberwindbaren Hindernis werden. Kurzum: Sie sollten sich genau überlegen, was Sie mit dieser Übung bewirken wollen: ob die Begegnung mit der Nacht als schwierig und kräftezehrend oder als magisch in Erinnerung bleiben soll. Mir geht es eher um Letzteres, da das Herumkriechen in der Dunkelheit in meinen Augen schon Abenteuer genug ist.

Sie können das Spiel auch beginnen, indem Sie die Gruppe von sich aus vom Lagerfeuer ausschwärmen lassen, damit sich alle ihren eigenen Platz in der Dunkelheit suchen können. So entscheidet jeder für sich, wann es ihm zu unangenehm wird. Die eine wird sich vielleicht weiter vom Lagerfeuer entfernen, der andere eher in der Nähe bleiben. Natürlich sollte die Entfernung nicht zu gering sein.

Wenn Sie möchten, können Sie diejenigen, die sich anschleichen, auch mit Wasserpistolen oder Sprühflaschen ausstatten, mit denen sie die Hüter des Feuers nassspritzen, wenn sie es unentdeckt bis zum Lagerfeuer geschafft haben.

Trommelpirsch

Diese Übung ähnelt der »Feuerpirsch«, hat aber einen etwas anderen Schwerpunkt: Hier benutzt die Gruppe ihre Ohren, um sich auf die Landschaft einzustimmen. Je nach Gruppengröße brauchen Sie bei der »Trommelpirsch« die Hilfe mehrerer Personen. Die Übung kann am Tag und in der Nacht durchgeführt werden, die Augenbinden sind jedoch immer erforderlich.

Führen Sie die Gruppe zunächst in einem großen Kreis um einen Mittelpunkt herum; der Mittelpunkt ist dort, wo später die Trommel geschlagen wird. Wiederum hängt die Größe des Kreises von der Größe und den Fähigkeiten der Gruppe ab. Auch das Gelände entscheidet darüber, wie weit man sich bei Nacht und mit verbundenen Augen bewegen kann, wählen Sie es also sorgfältig aus. In einem dicht bewaldeten Gebiet beispielsweise fällt der Kreis naturgemäß etwas kleiner aus.

Ausrüstung:
Trommel
Sitzmatten
Augenbinden
Taschenlampen,
  wenn das Spiel nachts
  gespielt wird
Alter: ab elf Jahren
Teilnehmerzahl: 6–16

Überlegen Sie, wie lange Sie jemanden mit verbundenen Augen sich seinen Weg zurück zum Mittelpunkt des Kreises suchen lassen können. Ich würde sagen, 15 bis 20 Minuten stellen schon eine ziemliche Herausforderung dar, bei einer abenteuerlustigeren Gruppe können Sie die Zeit aber wahrscheinlich auch auf 30 bis 40 Minuten ausdehnen.

Setzen Sie gemeinsam mit den Personen, die Ihnen helfen, die Spielerinnen und Spieler einzeln unterwegs ab und verbinden Sie ihnen die Augen. Wie bereits erwähnt, sind die Augenbinden auch nachts unerlässlich, da nur durch sie das für die Übung notwendige Gefühl des Blindseins entsteht. Sind alle platziert, wird die Trommel genau ein Mal geschlagen. Das ist gewissermaßen der Startschuss, auf den hin sich alle Spielerinnen und Spieler ihren Weg zurück zum Mittelpunkt des Kreises suchen sollen. Hin und wieder folgen weitere Trommelschläge, die den Teilnehmerinnen und Teilnehmern den Weg weisen. Zwischen den einzelnen Trommelschlägen können ruhig bis zu 60 Sekunden vergehen.

An der Trommel nehmen die Helferinnen und Helfer die Ankömmlinge in Empfang und führen sie an einen Sitzplatz, wo sie – weiterhin mit verbundenen Augen – leise das Ende der Übung abwarten. Sind alle wieder »zu Hause«, können die Augenbinden abgenommen werden. Anschließend tauscht man sich über das Erlebte aus, zunächst vielleicht in Zweiergruppen und danach in der ganzen Gruppe.

Sitzen alle um die Trommel herum, erzähle ich manchmal noch eine Geschichte, bevor die Augenbinden abgenommen werden. Das hat meist eine große Wirkung, da die Stimmung zu diesem Zeitpunkt ohnehin schon recht emotionsgeladen ist. Häufig haben die Teilnehmenden das Gefühl, etwas Bedeutendes geschafft zu haben. Möchten Sie das ebenfalls ausprobieren, sollte die Geschichte einerseits zur Stimmung passen und andererseits nicht zu lang sein – etwa acht Minuten sind völlig ausreichend. Bevor Sie sich jetzt aber auf die langwierige Suche nach traditionellen Märchen und Legenden begeben: Wie wäre es, wenn Sie selbst eine Geschichte schrieben? Die können Sie sogar maßgeschneidert an Ihre Bedürfnisse anpassen.

Bitten Sie Ihre Helferinnen und Helfer, während der Übung im Kreis umherzuschweifen und aufzupassen, dass sich niemand verirrt. Ihre Rolle besteht darin, die Spielerinnen und Spieler leise zu unterstützen, dabei aber so wenig wie möglich einzugreifen. Vielleicht müssen sie hin und wieder jemanden aus einem Gestrüpp befreien; oberstes Gebot bei der Übung ist es jedoch, den Teilnehmerinnen und Teilnehmern das Gefühl zu vermitteln, sie seien auf sich allein gestellt.

Unterschätzen Sie die Wirkung dieser Übung auf manche Menschen nicht! Gestehen Sie der Gruppe deshalb im Anschluss an die »Trommelpirsch« noch einige Zeit zum Nachspüren zu. Kümmern Sie sich vor allem um diejenigen, die besonders ruhig und in sich gekehrt scheinen.

Der wichtigste Rat für diese Übung ist jedoch folgender: Machen Sie sie zunächst einmal selbst. Denn erst dann wissen Sie, was Sie anderen damit »zumuten« und wie Sie ihnen bei der Erfahrung helfen können.

Geister auf dem Friedhof

Dies ist eines der einfachen Versteckspiele, die sich leicht nachts spielen lassen und Kindern meist so viel Spaß machen, dass sie ihre Angst vor der Dunkelheit völlig vergessen.

Der Ausgangspunkt für das Spiel kann entweder ein Lagerfeuer oder eine im offenen Gelände aufgestellte Laterne mit Kerze sein. Dort versammelt sich die Gruppe, aus deren Mitte ein oder zwei »Geister« bestimmt werden, die ausschwärmen und sich verstecken. In dieser Zeit zählen die »Geisterjäger« mit geschlossenen Augen laut bis 20, dann rufen sie: »Die Geisterjäger kommen!«

Ausrüstung: Taschenlampen
Alter: ab sieben Jahren
Teilnehmerzahl: 4–18

Sie schalten ihre Taschenlampen ein und suchen das umliegende Gelände nach den Geistern ab. Entdeckt jemand einen, ruft er: »Geist auf dem Friedhof!«; auf dieses Signal hin rennen alle zurück zum Ausgangspunkt, den sie erreichen müssen, bevor der Geist sie berühren kann. Jeder, der das nicht schafft, ist in der nächsten Runde der Geist.

Bei den Geistern und Geisterjägern hat sich das Verhältnis 1:8 bewährt. Ist die Gruppe also größer, sollten auch mehr Geister eingesetzt werden.

4. DIE WESEN DER NACHT

Gebt auch auf die kleinsten Tiere acht, die umherkrabbeln,
denn auch sie könnten wichtige Lektionen
für uns bereithalten.

Black Elk

D er Faktor Licht bestimmt zu einem nicht unerheblichen Teil das Verhalten und die typischen Merkmale von Tieren; die Evolution hat sich außerordentlich viel Mühe dabei gegeben, sicherzustellen, dass die Anpassungen an helle oder trübe Lichtverhältnisse das Leben der einzelnen Spezies effektiv verlängern. In den mysteriösen, pechschwarzen Tiefen der Ozeane beispielsweise gibt es Fische, deren Beute so rar ist, dass sie auf dem Kopf ein stabähnliches Gebilde entwickelt haben, an dessen Ende sich eine Art Lampe befindet, die der Beute den Weg direkt ins Maul des Fischs weist.

Die Wesen der Nacht an Land sind nicht minder gut an das nächtliche Jagen angepasst, auch wenn sie keine Laterne haben, die Beute anlockt. Und meiner Meinung nach sind sie auch nicht minder faszinierend. Im Gegenteil: Je mehr man über sie erfährt, desto faszinierender werden sie. (Was im Großen und Ganzen auch auf unsere Mitmenschen zutrifft.)

Wir haben heute den Luxus, uns eine sagenhafte Vielfalt an Tierdokumentationen ansehen zu können, in denen seltene, bedrohte oder schlicht verblüffende Wesen aus aller Herren Länder gezeigt werden. Da könnte man leicht glauben, die Tiere im eigenen Garten könnten mit all den exotischen Tieren, den Löwenrudeln und Weißen Haien, nicht mithalten.

Wenn ich den Menschen in meiner Umgebung das »verborgene Reich« der nächtlichen Natur in meiner Heimat näherbringe, habe ich jedoch die Erfahrung gemacht, dass nichts weiter von der Wahrheit entfernt sein könnte als obige Annahme. Tieren in freier Wildbahn zu begegnen, obendrein im exklusiven Ambiente der Nacht, ist immer eine außerordentliche Erfahrung – was vielleicht auch daran liegt, dass wir so selten Ausflüge in die Dunkelheit unternehmen. Meist verbringen wir den Abend zu Hause, und wenn wir doch einmal hinausgehen, dann, um den Hund im Licht der Straßenlaterne Gassi zu führen, nicht, um den Wald bei Dunkelheit zu erkunden. Daher der »Wow-Faktor«, wenn sich ein wild lebendes Tier zeigt. Ich habe dieses »Wow« unzählige Male gehört, es ist eine meiner Lieblingsreaktionen auf die einheimische Tierwelt.

Für den entschlossenen und informierten Naturkundler kann die nächtliche Natur es schon ordentlich krachen lassen, wenn Sie mir diesen Ausdruck verzeihen. Wer weiß, wonach er wo suchen und worauf er lauschen muss, wird mit jeder Menge Gelegenheiten belohnt, Tiere aus nächster Nähe beobachten zu können, insbesondere Tiere, die sich tagsüber rar machen.

Die Übungen und Aktivitäten in diesem Kapitel sollen Kinder, Teenager und Erwachsene gleichermaßen aus der gewohnten abendlichen Komfortzone der eigenen vier Wände über die Tag-Nacht-Schwelle locken und auf die Suche nach Tieren schicken. Sie erfahren, wie Sie mit nur einigen wenigen simplen Mitteln die Chancen, Tieren zu begegnen, für sich und andere erhöhen. Alle Wesen der Nacht umfassend vorzustellen, würde den Rahmen dieses Buchs sprengen; deshalb habe ich den Beschreibungen der einzelnen Übungen und Aktivitäten nur eine Handvoll interessante Fakten zu den jeweiligen Tieren sowie die eine oder andere fesselnde Geschichte zur Seite gestellt und mich bei der Auswahl der Tiere auf diejenigen beschränkt, auf die Sie bei einem nächtlichen Ausflug in Feld und Flur am wahrscheinlichsten treffen werden.

»Naseweiß«

Seinen Namen verdankt dieses Ratespiel dem Umstand, dass die Raten-
den den Finger an die Nase legen müssen, wenn sie glauben, die richtige Antwort zu wissen. Das Spiel weckt die Neugier und vermittelt ganz
nebenbei ein bisschen gute alte Naturkunde; am besten spielen Sie es
vor einem tierspezifischen Spiel wie »Fledermaus und Nachtfalter« oder
bevor Sie sich mit einem Fledermausdetektor auf die Suche nach Fledermäusen begeben.

Ziel des Spiels ist es, die Identität eines rätselhaften Wesens zu ent-
hüllen, über das Sie ein wenig erzählen. Dabei streuen Sie Hinweise ein,
die zunächst allgemein gehalten sind, etwa: »Es ist ein Säugetier« oder:
»Es hält Winterschlaf«. Mit der Zeit werden
die Hinweise jedoch immer spezifischer und

Ausrüstung: keine

zeichnen das Bild eines ganz bestimmten

Alter: ab sechs Jahren

Tiers: »Es fliegt«, »Es frisst Insekten«. Spätes-

Teilnehmerzahl: mindestens vier

tens beim zehnten oder zwölften Hinweis
sollten die Spielerinnen und Spieler das Tier erraten – »Es hängt kopf-
unter an der Decke!« – und alle den Finger an der Nase haben; dann dürfen auch alle den Namen des Tiers laut herausrufen.

Anmerkungen und Varianten

Legen Sie sich Hinweise für alle möglichen Tiere zurecht, denen Sie
auf Ihrer Nachtwanderung vielleicht begegnen werden. Wichtig ist allein das Muster, dass die Hinweise zunächst allgemein sind und erst allmählich immer offensichtlicher werden. Acht bis zwölf Hinweise pro
Tier sollten reichen.

Wissenswertes über kleine Säugetiere

Ein Hoch auf diese kleinen Helden! Der fruchtbare und fleißige Trupp kleiner Säugetiere findet sich in diversen Habitaten überall auf der Welt. Und wohin sie auch gehen – die Jäger folgen ihnen, denn schließlich sind sie es, die die Populationen ihrer jeweiligen Beutegreifer aufrechterhalten. Damit sind sie ein Schlüsselsteinchen im Mosaik der Ökologie.

Es ist nicht schwer, kleine Säugetiere in ihrer natürlichen Umgebung aufzuspüren, vorausgesetzt, Sie beherrschen die Grundregeln des Leiseseins und der Konzentration. Tatsächlich überraschen und erfreuen sie uns oft, wenn wir beispielsweise die Übung »Sitzplatz« durchführen oder auf Dachse warten: Es kommt nicht selten vor, dass es dann zwischen unseren Füßen wuselt oder im Unterholz fiept. Einer meiner Lehrer hatte einmal eine ganz wunderbare Übung für mich: Ich sollte mich zwei Stunden lang auf den Rücken legen und den Kopf in eine Hecke stecken. Sie glauben ja gar nicht, wie viele kleine Säugetiere man dabei beobachten kann. Wirklich lohnend für alle, die die Geduld dafür aufbringen!

Spitzmäuse

Die Insektenfresser zeichnen sich durch eine umtriebige, energiegeladene und bisweilen auch nervöse Disposition aus. Besonders häufig kommen die Wald- sowie die Zwergspitzmäuse vor. Die **Waldspitzmaus** ernährt sich am liebsten von Regenwürmern, die sie auf ihren Jagdmissionen durch ihr Wohnröhrensystem aufspürt. Die **Zwergspitzmaus** verschmäht Regenwürmer und sucht stattdessen im Laub nach Insekten.

Findet man den Kadaver eines kleinen Säugetiers im Wald, handelt es sich dabei häufig um eine Spitzmaus, was nicht daran liegt, dass diese Tiere öfter bejagt würden als Mäuse oder Wühlmäuse. Vielmehr liegt es daran, dass der Beutegreifer, in der Regel eine Katze, die Beute zwar tötet, aber nicht frisst, weil Spitzmäuse über spezielle Drüsen an den Flanken verfügen, die ein übel riechendes Sekret absondern.

Die größere **Wasserspitzmaus** hat eine dunklere Fellfarbe und macht in sowie in der Nähe von Flüssen Jagd auf wasserlebende Wirbellose, kleine Fische und Frösche. Die Borsten an Hinterfüßen und Schwanz helfen dem Tier bei der Fortbewegung im Wasser.

Wühlmäuse

Die **Große Wühlmaus**, auch **Schermaus** genannt, ist größer und massiger als ihre Artgenossen. Da sie häufig als Wasserratte bezeichnet wird, kommt es mitunter zu Verwirrung, weil sie gewissermaßen mit ihren sehr entfernten Verwandten, den Wanderratten und den Hausratten, in einen Topf geworfen wird. Hinweise auf das Vorkommen der Schermaus gibt kurzgeknabberte Vegetation an Flussufern in der Nähe ihres Baueingangs, der sich über oder unter Wasser befinden kann. Beim Eintauchen ins Wasser – meist auf der Flucht vor dem Menschen – geben die liebenswerten Tiere ein leises, plumpsendes Geräusch von sich. Leider sind die Schermausbestände durch Wasserverschmutzung mittlerweile stark reduziert worden.

Andere wichtige Wühlmaus-Arten sind die **Feldmaus**, die **Erdmaus** sowie die **Rötelmaus**. Die beiden letztgenannten Arten ähneln einander, wenngleich die Erdmaus einen kürzeren Schwanz und ein gräuliches Fell hat, während das Fell der Rötelmaus, wie der Name schon sagt, eine rötlichere Schattierung aufweist. Allerdings bevorzugen die beiden Mäuse verschiedene Lebensräume: Die Rötelmaus fühlt sich in waldnahen Hecken wohl, die Erdmaus auf offenen Feldern und Wiesen. Sollten Sie Wühlmaushinterlassenschaften finden, achten Sie auf die Farbe: Ist der Kot grünlich, deutet dies auf die grasfressende Erdmaus hin, ist er bräunlich, auf die Rötelmaus.

Feldstudien zufolge sind Wühlmäuse in regnerischen Nächten vor

Fressfeinden wie Eulen sicherer, da das Geräusch des Regens auf Laub die Anwesenheit der Mäuse verbirgt. Außerdem schwemmt der Regen Duftspuren weg, die für geruchsorientierte Beutegreifer ausschlaggebend sind. Wenn Sie sich also auf Wühlmaussuche begeben wollen, versuchen Sie Ihr Glück am besten in einer Nacht mit leichtem Regen.

Stressfreies Einfangen

Mäuse und Wühlmäuse in Lebendfallen zu fangen, verschafft uns die Gelegenheit, sie aus nächster Nähe zu betrachten, verursacht den Tieren aber auch gehörigen Stress. Vermieden wird dieser mithilfe von »Fährtenröhren«, mit denen man die Abdrücke einfangen kann, die die kleinen Nager hinterlassen. Am besten eignen sich runde Plastikröhren oder dreieckige Kartontunnel mit einem Durchmesser von sechs bis zwölf Zentimetern und einer Länge von etwa 30 Zentimetern. Es gibt diese Röhren beim Naturschutzbund zu kaufen, Sie können sich aber auch leicht selbst eine basteln. Auch eine leere Tetra-Pak-Verpackung ist geeignet. Für die »Stempelkissen« kleben Sie jeweils ein Stück Pergamentpapier an den beiden Enden auf den Boden der »Falle« und bestreichen das Papier mit einer Mischung aus Holzkohle – oder ungiftiger Farbe – und Pflanzenöl. Ein wenig Erdnussbutter oder eine ähnliche Köstlichkeit in der Mitte der Röhre lockt die Tiere hinein. Platzieren Sie Ihre »Falle« dort, wo Sie Mäuse oder Wühlmäuse vermuten, und sehen Sie regelmäßig nach, ob Sie schon etwas »gefangen« haben. Anschließend müssen Sie nur noch herausfinden, welches Tier die Kalligrafie auf den Boden des Kartons gezaubert hat.

Das Ganze funktioniert übrigens auch bei größeren Säugetieren wie Wieseln – natürlich mit einer entsprechend größeren Röhre.

Mäuse gehören zu den kleinen Säugetieren, die man wahrscheinlich am häufigsten sehen kann. Allgegenwärtig ist vor allem die **Hausmaus**. Sie stammt ursprünglich aus Asien, fühlt sich hier inzwischen aber pudelwohl und ist nie weit von menschlichen Behausungen entfernt.

Wenn man die Hausmaus als typische »Stadtmaus« bezeichnen will, dann ist die **Waldmaus** die typische »Landmaus« und eines der bei uns am häufigsten vorkommenden Säugetiere überhaupt. Sie ist, was Nahrung und Lebensraum betrifft, ungeheuer anpassungsfähig und praktisch überall zu finden. Dass sie eine Vorliebe fürs nächtliche Aktivsein hat, kann man schon daran erkennen, dass sie über größere Ohren und vorgewölbtere Augen verfügt als die Hausmaus. Mit ihrer helleren, rötlich-braunen Farbgebung und der cremeweißen Brust sowie dem cremeweißen Bauch ist sie zudem etwas attraktiver als die Hausmaus – in meinen Augen zumindest.

Schwieriger zu identifizieren – und zu sehen – ist die größere **Gelbhalsmaus**, die sich, der Name lässt es vermuten, von den anderen Arten durch einen gelben Kragen am Hals absetzt. Dann gibt es noch die winzige **Zwergmaus**, die auf Kornfeldern und in Schilfbetten lebt. Das kunstvoll angelegte, verräterische Nest ist relativ weit über dem Boden in die hohe Vegetation gebaut. Damit besetzt das Tier nicht nur eine andere ökologische Nische, es ist auch vor Überschwemmungen sicher. Sollte es Ihnen gelingen, einen genauen Blick auf das Tier zu werfen, helfen Ihnen die kleineren Ohren, die Stupsnase und der Greifschwanz dabei, es von der Waldmaus zu unterscheiden.

Und last but not least sind die **Bilchmäuse** zu erwähnen – einfach weil sie so unglaublich niedlich sind! Geradezu legendär ist die Fähigkeit des Tiers, einen besonders langen Winterschlaf zu halten. Wach und aktiv ist die Bilchmaus zwischen Mai und Oktober; zu dieser Zeit versteckt sie sich allerdings in den dichten Baumkronen von Niederwäldern. Diese Art von Wald, die vom Menschen geschaffen wurde, ist der Bilchmaus sehr nützlich, da sie sich gern in den »oberen Etagen« mit dichterem Bewuchs aufhält. Ihre bevorzugte Nahrung besteht aus Nüssen, Samen und Beeren. Und woran erkennen Sie, dass an einem bestimmten Ort eine Bilchmaus lebt? Wahrscheinlich lediglich an den perfekt kreisrunden Löchern, die das Tier in Haselnussschalen hinterlässt.

Eulen und Wühlmäuse

Bei diesem Beutegreifer-Beute-Spiel jagen die »Eulen« auf der Suche nach Nahrung die »Wühlmäuse« und andere kleine Säugetiere in und um »Bäume« herum. Rekrutieren Sie im Vorhinein einige Erwachsene, die die Eulen mimen. Zu Beginn soll sich die Gruppe im Kreis aufstellen. Um ihre Neugier hinsichtlich der in diesem Spiel auftauchenden Tiere zu wecken, können Sie zunächst einige Fragen stellen. Was beispielsweise frisst der Waldkauz? Wie orientiert sich die Eule in der Dunkelheit? Wie können sich die kleinen Säugetiere nachts vor ihren Fressfeinden schützen?

Ausrüstung: Eulenrufe – entweder mittels einer speziellen Pfeife oder einer Aufnahme
Alter: ab sechs Jahren
Teilnehmerzahl: 8–25

Fragen Sie dann, wer bei diesem Spiel ein Baum sein möchte. Die Freiwilligen sollen sich im Kreis verteilen und Bäume nachahmen. Haben sie ihre Arme in Form malerischer Baumskulpturen ausgebreitet, werden die restlichen Teilnehmerinnen und Teilnehmer zu Wühlmäusen, die quiekend zwischen den »Bäumen« nach Nahrung suchen. Gestehen Sie den kleinen Säugetieren ein wenig Probenzeit zu, bevor sich die Beutegreifer dazugesellen.

Wenn es soweit ist, ertönt ein Eulenruf. Die kleinen Säugetiere erstarren, während die Eulen ihre Schwingen (Arme) ausbreiten und auf der Suche nach Beute zwischen den Bäumen umherstreifen. Jeder, der sich bewegt, ja auch nur blinzelt, wird geschnappt und aus dem Kreis befördert. Sind keine kleinen Säugetiere mehr übrig, werden die Rollen getauscht.

Das Spiel endet mit der Einladung, nun nach echten Eulen zu suchen.

Wissenswertes über Eulen

Eulen muss man einfach lieben! Die Botschafter der nächtlichen Natur sind in fast allen Kulturen der Menschheit bekannt. Sie stehen praktisch als Sinnbild für die Nacht, obwohl nicht alle Eulen nachtaktiv sind. Es gibt tatsächlich recht wenige nachtaktive Vögel, und vielleicht fragen Sie sich, warum das so ist. Die Antwort lautet: Vögel sind visuelle Lebewesen, die nicht so sehr über die Sinnesausstattung verfügen, sich nachts zu orientieren, nach Nahrung zu suchen und Fressfeinden auszuweichen. Mit ihren hohlen Knochen, dem fehlenden knöchernen Schwanz und den fehlenden Zähnen kommen sie am Tag besser zurecht, von wenigen Ausnahmen einmal abgesehen.

In Mitteleuropa sind zehn Eulenarten heimisch; am häufigsten vertreten sind **Waldkauz** und **Schleiereule**. Der **Steinkauz**, gewissermaßen eine Miniaturversion des Waldkauzes, hat seine ökologische Nische in gemischten Habitaten von Gehölzen bis Feldern gefunden, wo er Jagd auf größere Insekten machen kann, ohne dabei mit anderen Greifvögeln konkurrieren zu müssen.

Sumpfohreule und **Waldohreule** sind weniger weitverbreitet und deshalb auch weniger bekannt; die Sumpfohreule findet sich eher in Heide- und Moorlandschaften und ist im Flug an den spitzeren Flügelenden zu erkennen. Die Waldohreule ist ein typischer Bewohner von Nadelwäldern, ihre Schwingen sind eher abgerundet und ähneln denen des Waldkauzes. Beide Eulenarten verfügen über »Ohren«, die keine Ohren, sondern Federn sind und Stimmungen zum Ausdruck bringen. Und beide jagen kleine Säugetiere, wobei Erdmäuse ganz oben auf dem Speiseplan stehen. Sehr selten können auch **Uhus**, die größten europäischen Eulen, gesichtet werden, insbesondere in felsigen oder bergigen Landschaften.

Manchen Tieren bietet die tiefste Dunkelheit der Nacht die besten Jagd-bedingungen. Der Waldkauz jagt das ganze Jahr über, und je länger die Winternacht, desto mehr Jagdstunden stehen ihm zur Verfügung. So gehört er zu den wenigen Tieren, die von der fruchtloseren Zeit des Jahres profitieren. Er lebt bevorzugt in Laub- oder Mischwäldern und entzieht sich meist unserem Blick. Ungern scheint er längere Zeit über Wasser zu fliegen.

Eulen jagen nahezu lautlos, und obwohl sie auch gut sehen können, verlassen sie sich beim Suchen und Fangen von Beute in erster Linie auf ihr Gehör. Die Ohren sitzen unterschiedlich hoch seitlich am Kopf, wodurch die Vögel die Nahrung noch genauer lokalisieren können: Es dauert unterschiedlich lange, bis der Schall am rechten und am linken Ohr angekommen ist. Zusätzlich funktioniert der bei allen Eulen vor-handene und bei der Schleiereule namengebende Gesichtsschleier wie eine Satellitenschüssel und sorgt dafür, dass der Schall direkt zu den Oh-ren geleitet wird. Das weiche Gefieder dämpft jedes Fluggeräusch, wo-mit die Eule außerdem noch einen Überraschungsvorteil hat. Die Vö-gel fangen ihre Beute sowohl im Flug als auch von einem Sitzplatz wie einem Ast aus und verschmähen auch Küken aus schlecht geschützten Nestern nicht.

Wählerisch darf der Waldkauz bei der Nahrung ohnehin nicht sein, weil es nachts nicht immer still ist. Ist es beispielsweise windig oder nass, übertönen die Geräusche von Wind und Regen die Geräusche, die die Beute macht; dann scharrt der Waldkauz durchaus auch am Boden etwa nach Käfern oder Würmern. Ansonsten bevorzugt er kleine Säugetiere wie Wühlmäuse oder Spitzmäuse. Ebenfalls auf dem Speiseplan stehen Frösche, Eidechsen, andere Vögel und Fledermäuse, und auch der eine oder andere kleine Fisch aus dem Gartenteich soll schon im Schnabel des Waldkauzes gelandet sein.

Die Eule hält sich
für das klügste Tier im Wald.

A. A. Milne

Das Jagdrevier des Waldkauzes ist durchschnittlich zwischen zwölf und 25 Hektar groß; die tatsächliche Größe hängt jedoch stark vom Nahrungsangebot ab. So wurde in Norwegen ein Vogel beobachtet, dessen Jagdrevier 102 Hektar groß war, weil dort die Beute sehr knapp war. In der Regel werden Waldkäuze in der Natur nur etwa vier Jahre alt. Dafür sind sie sehr rasch geschlechtsreif und brüten bereits am Ende des ersten Lebensjahrs. Der älteste bekannte Waldkauz Großbritanniens war ein beringter Vogel: Er wurde 23 Jahre und sechs Monate alt. Ein sehr stolzes Alter!

Das Balzritual des Waldkauzes ist ausgesprochen charmant. Das Männchen wirbt um die potenzielle Partnerin, indem es sich von einer auf die andere Seite und dann ein wenig auf und ab wiegt. Anschließend hebt es erst einen, dann den anderen Flügel. Und um sie richtig vom Stangerl zu hauen, gibt es leise, grunzende Geräusche von sich, fährt mit einer Klaue am Ast entlang oder jagt die Angebetete mit ein paar Flügelschlägen umher. Der Waldkauz gibt sich also alle Mühe! Und alles, was das Weibchen tun muss, um Einverständnis zu signalisieren, ist, sich aufzuplustern und ein wenig das Gefieder vibrieren zu lassen. Eine Liebesgeschichte, wie sie im Märchenbuch steht – wäre da nicht die Tatsache, dass die meisten Waldkäuze zwar monogam sind, hin und wieder aber auch mehreren Weibchen den Hof machen. Die Eier werden im März und April gelegt. Dann sollte man sich dem Nest möglichst nicht nähern, da die Elternvögel das Gelege quasi mit Klauen und Zähnen beschützen.

Um Eulen ranken sich ungeheuer viele Sagen und Legenden. Bei uns gelten sie als weise, in vielen anderen Teilen der Welt als böses Omen. Für die Ureinwohner Nordamerikas beispielsweise waren sie der Überbringer schlechter Nachrichten; sie erzählten ihren Kindern gar, sie sollten sich benehmen, sonst »hole sie die Eule«. Die Franzosen unterteilen Eulen in solche mit Ohren und solche ohne: Dort gelten die Eulen mit Ohren als weise, die ohne als Vorboten des Unglücks.

Schleiereulen

Es gibt kaum fesselndere Anblicke auf dem Land als die geisterhafte Anmut einer Schleiereule, die bei Abenddämmerung über einer Wiese jagt. Mit welcher Eleganz wiegt sie sich auf der Suche nach kleinen Säugetieren, die in den artenreichen Grünflächen in Hülle und Fülle vorkommen, von einer Seite auf die andere.

Zu dieser geisterhaften Erscheinung trägt nicht zuletzt ihr schauriger Ruf bei, der einem wirklich das Blut in den Adern gefrieren lassen kann. Wie die meisten anderen Eulen ruft auch sie nicht »huhu«, sondern gibt ein grobes, heiseres und zweifellos gruseliges Kreischen von sich.

Leider sind auch die Bestände der Schleiereule gesunken, was in erster Linie der intensiven Landwirtschaft geschuldet ist, bei der Wiesen gemäht und Scheunen – ein bevorzugter Brutplatz – abgerissen werden. Zum Glück gibt es inzwischen zahlreiche Gegenbemühungen verschiedener Schutzorganisationen.

Seinen englischen Namen – *barn owl*, »Scheuneneule« – verdankt der Vogel nicht nur seiner bevorzugten Brutstätte, sondern insgesamt seiner Vorliebe für Feld und Flur: Auf (maßvoll) landwirtschaftlich genutzten Flächen kann die Schleiereule an Gräben und Feldrändern entlang nach Wühlmäusen und Mäusen jagen. Im Gegensatz zum Waldkauz, der seinen Speiseplan im Bedarfsfall anpassen kann und auch Würmer sowie Käfer verzehrt, beschränkt sich die Schleiereule ausschließlich auf kleine Säugetiere und ist deshalb abhängiger von den Schwankungen im Vorkommen ihrer Beutespezies.

Eulen rufen

Der Ruf des Waldkauzes ist uns wohlvertraut, in Kinderbüchern wird er meist mit »ku-witt huu-hu« umschrieben. Was ziemlich nah an der Wahrheit ist: Das »ku-witt«, den Kontaktruf, geben beide Geschlechter von sich, das Weibchen vielleicht ein wenig öfter; das »huu-hu« mit Tremolo ist der Ruf des Männchens. Manchmal singen verpaarte Vögel im Duett, dann mischt das Weibchen sein »ku-witt« in das »huu-hu« des Männchens. Man kann Eulen auf verschiedene Arten anlocken; eine davon besteht darin, den revierverteidigenden Ruf nachzuahmen, indem man die Hände zur Lautverstärkung wie Schalen an den Mund legt.

Ausrüstung:
Eulenpfeife oder Aufnahme von Eulenrufen (optional)
Taschenlampe
Sitzmatten (optional)
Alter: ab sechs Jahren
Teilnehmerzahl: 2–30

Dabei muss man gut auf den Rhythmus des Rufens und die Tonhöhe des Rufs achten. Es ist also sehr wichtig, das Rufmuster genau nachzuahmen, will man die Aufmerksamkeit der Vögel auf sich ziehen. Beginnen Sie mit einem lang gezogenen »huuu«, gefolgt von einer kurzen Pause; dann kommt ein leiseres »hu« und schließlich das finale, im Vibrato vorgetragene »huhuhuhuuu«.

Es bedarf einiger Übung, um den Ruf einer Eule überzeugend nachzuahmen, doch der Versuch lohnt sich. Und selbst wenn kein Waldkauz antwortet, ist der Eulenruf immer noch eine nette Methode, um die Gruppe um sich herum zu versammeln.

Insbesondere der »ku-witt«-Ruf ist nicht einfach. Er muss in hohem Falsett wiedergegeben werden und strengt den Kehlkopf an, kann aber exakt imitiert werden. Ich bekomme ihn inzwischen hin, muss mein Gesicht dafür aber derart verrückt verziehen, dass ich mich in der Regel von der Gruppe abwende, wenn ich den Ruf ertönen lasse, um die kleineren Teilnehmerinnen und Teilnehmer nicht zu erschrecken.

Eine Eulenpfeife aus Holz, die beispielsweise beim Naturschutzbund oder in Zooshops erhältlich ist, ist leicht zu bedienen und sehr effektiv, wenn Sie das Rufmuster gut nachahmen können. Außerdem braucht man dafür nur eine Hand, was praktisch ist, wenn man noch andere Ausrüstungsgegenstände wie etwa eine Taschenlampe bei sich hat.

Für alle Technikfreunde gibt es darüber hinaus zahlreiche Aufzeichnungen von Eulenrufen, die man sich aufs Smartphone laden kann. Wenn Sie Letzteres mit einem kleinen Lautsprecher verbinden, erhalten Sie schon eine relativ große Reichweite.

Machen Sie sich jedoch darauf gefasst, dass das mit dem Eulenrufen wahrscheinlich nicht auf Anhieb klappen wird. Wie so oft kommt es nämlich auch hier aufs Timing an: Der Waldkauz reagiert auf solche Rufe nur zu bestimmten Zeiten des Jahres, normalerweise im Frühling, im späten Herbst und im Winter. Wie die meisten Beutegreifer markieren und verteidigen auch Eulen, insbesondre männliche Eulen, ihr Revier vehement. Verstärkt tun sie das je nach Region von März bis Anfang Mai.

Ich versuche mein Glück gern auf Nachtwanderungen, wenn die Eule zuerst ruft. Dann versammle ich die Gruppe eng um mich und erzähle ihr leise etwas über Eulen, während ich hin und wieder meinen Eulenruf ertönen lasse. Manchmal bitte ich die Gruppe auch, sich im Kreis um mich herum auf Sitzmatten zu setzen, was das Ganze noch etwas feierlicher macht. Eine höhere Wahrscheinlichkeit, auf Eulen zu treffen, haben Sie in einem Wäldchen relativ alter Laubbäume, dort können Sie die Tiere, falls vorhanden, auch gut sehen.

Aufregend wird es, wenn ein Waldkauz – oder, zur Brutzeit, mehrere Waldkäuze – antwortet und wir verfolgen können, wie er sich dem Eindringling – mir – nähert. Sieht man dann nach oben ins Geäst, kann man eventuell einen Blick auf eine fliegende Silhouette erhaschen, begleitet von einem bebenden »Flugruf«. Das allein ist schon toll, doch das Sahnehäubchen setzen Sie dem Ganzen auf, wenn Sie den Vogel noch gezielt mit einer Taschenlampe anleuchten. Für viele ist diese erste Begegnung mit einem solch mysteriösen Wesen der Nacht eine schlichtweg atemberaubende Erfahrung.

Sollte sich jedoch keine Eule zeigen, ist es gut, ein paar Requisiten bei sich zu haben. Ich nehme immer einige Federn, eine Klaue oder einen Schädel mit, um die Neugier der Gruppe zu wecken. An den Federn, insbesondere an der sanften Rändelung, lässt sich ausgezeichnet demonstrieren, warum die Eule lautlos fliegen kann: Mit ihnen durchschneidet sie die Luft nur weich, nicht hart, wie das bei den meisten Taggreifvögeln der Fall ist. Diese setzen bei der Jagd weniger auf Überraschung, sondern mehr auf Geschwindigkeit.

Sollten Sie nicht über diese Requisiten verfügen, ist sicherlich auch ein leichter auffindbares Gewölle interessant. Es besteht aus den unverdaulichen Bestandteilen der Nahrung und wird zwei bis 24 Stunden nach der Nahrungsaufnahme geworfen. Da das Gewölle ganz trocken ist, lässt es sich leicht aufbrechen; so kann man untersuchen, was die Eule möglicherweise gefressen hat. Vielleicht finden Sie als Überrest eines kleinen Säugetiers einen winzigen Kieferknochen – im Gegensatz zu Taggreifvögeln wie Falken und Habichten können Eulen die Knochen ihrer Beute nicht mit verdauen und scheiden sie entsprechend wieder aus. Mit dem Gewölle können Sie und Ihre Gruppe wunderbar Detektiv spielen, indem Sie herauszufinden versuchen, zu welchem Tier die Überreste wohl gehören.

Anmerkungen

Bitte achten Sie darauf, die Vögel vor allem in der Brutsaison nicht allzu sehr zu stören. Rufen Sie die Eulen beispielsweise nicht immer am selben Ort. Zudem sollte die Taschenlampe nicht zu grell sein. Haben Sie tatsächlich eine Eule erspäht, sollten Sie sich auch bald wieder zurückziehen und den Vogel in Ruhe lassen – eine ein- bis zweiminütige Begegnung mit einem Waldkauz ist aufregend genug.

Wissenswertes über Fledermäuse

Fledermäuse sind mit Ausnahme von Antarktika auf allen Kontinenten der Erde heimisch. Weltweit gibt es rund 1400 verschiedene Fledermausarten, die damit ungefähr ein Fünftel aller Säugetierarten unseres Planeten ausmachen. Die Tiere sind hauptsächlich Insektenfresser; in Asien und Nordamerika gibt es jedoch auch Fledermäuse, die sich von Fisch ernähren, in den Tropen stehen Früchte auf dem Speiseplan der Fledertiere und in Südamerika ernähren sie sich sogar vom Blut von Säugetieren.

Obwohl die Tiere häufig mit allem Dunklen und Unheimlichen – Stichwort »Blutsauger« – assoziiert werden, freuen sich die Menschen normalerweise doch, wenn sie eine Fledermaus in der Abend- oder Morgendämmerung umherschwirren sehen. Irgendwie hat die faszinierende Spezies für uns etwas Liebenswertes; das weitverbreitete Interesse an und unsere Zuneigung zu den Tieren spiegelt sich in den zahlreichen »Fledermausgruppen« wider, die sich mittlerweile in vielen Ländern etabliert haben.

Gemeinsam ist diesen Gruppen, dass sie sich um die Zukunft der erstaunlichen Kreaturen sorgen. Im Lauf der vergangenen hundert Jahre waren die Fledermauspopulationen starken Schwankungen unterworfen: Bedroht sind sie unter anderem durch den Verlust des Lebensraums, schwindende Schlafplätze wie alte Bäume, die Ausbreitung des Menschen, die intensive Landwirtschaft, Holzbehandlungschemikalien und räuberische Katzen. Deshalb stehen alle Fledermausarten inklusive ihrer Schlafplätze inzwischen unter Schutz; denn selbst wenn ein Schlafplatz vorübergehend verlassen ist, heißt das nicht, dass die dort einst ansässige Fledermauskolonie nicht eines Tages an ihn zurückkehrt. Sollten Sie eine verletzte oder verwaiste Fledermaus finden, dürfen Sie sich ihrer annehmen, müssen aber umgehend eine entsprechende Naturschutzorganisation oder Auffangstation informieren.

Bei Nachtwanderungen oder beim Zelten kann man tatsächlich häufig Fledermäuse beobachten. Sie sind zwischen April und Oktober aktiv, bedienen sich der Echoortung und fressen ausschließlich Insekten. Die winzigen Beutegreifer haben eine hohe Stoffwechselrate und müssen deshalb viele Insekten fangen. Manche Arten brauchen in einer einzigen Sommernacht zwischen 2.000 und 3.000 Insekten, was beinahe ihrem eigenen Körpergewicht entspricht! Sie sind ihren Jagdgründen oft treu; wissen Sie also, wo diese sich befinden, werden Sie dort vermutlich auch immer ihre Fledermäuse antreffen – vorausgesetzt, die Wetterbedingungen stimmen.

In windigen, nassen oder kalten Nächten sind weniger Fluginsekten unterwegs. Da die Fledermäuse dann natürlich weniger Beute machen, versuchen sie in windstillen, trockenen oder warmen Nächten umso mehr, den Verlust auszugleichen. Außerdem halten Fledermäuse Winterschlaf, denn auch in der kälteren Zeit des Jahres ist ihre Beute rar.

Die traditionellen Waldbewohner jagen nicht nur im Wald. Der **Riesenabendsegler** beispielsweise geht oberhalb der Baumkronen auf die Jagd, die **Wasserfledermaus** fliegt, wie der Name schon vermuten lässt, tief über Gewässer hinweg, um sich ihre Beute zu holen. So zeigen sich an Seen oder Teichen denn auch die spektakulärsten Jagdflüge der Beutegreifer: Die Wasserfledermaus vollführt ihre akrobatischen Kunststücke nahe der Wasseroberfläche, was Ihnen einen ausgezeichneten Blick aufs Geschehen ermöglicht. Ist es sehr dunkel, können Sie auch versuchen, den Flug mittels Taschenlampe zu verfolgen.

Und hier noch ein paar Informationen, mit denen Sie Ihre Nachtwanderungsgruppe beeindrucken können.

Um einen alten Irrglauben auszuräumen: Fledermäuse sind ganz und gar nicht blind, sondern sehen mindestens so gut wie wir. Allerdings könnten sie nicht erfolgreich in der Dunkelheit jagen, verließen sie sich allein auf ihren Sehsinn. Also haben sie folgende Technik entwickelt: Sie jagen mittels hochfrequenter Echoortung. Dabei entsenden sie Schallwellen und orientieren sich anhand dessen, was zurückkommt; daran erkennen sie, ob die Schallwellen auf Gegenstände treffen und zurückgeworfen werden und spüren so ihre Beute mit tödlicher Genauigkeit auf. Wirklich clever!

Fledermäuse sind aus einer Reihe von Gründen nachtaktiv. So wollen sie beispielsweise vermeiden, von tagaktiven Vögeln angegriffen zu werden oder mit ihnen um Nahrung konkurrieren zu müssen. Außerdem überhitzen sie im Sonnenlicht leicht.

Angesichts der jahreszeitlichen Schwankungen im Nahrungsangebot überrascht es nicht, dass die Natur den Fledermäusen eine ganz besondere Fortpflanzungsstrategie mitgegeben hat, um sicherzustellen, dass die Spezies fortbestehen. Die Tiere stimmen die Geburt des einzigen Jungtiers auf eben jenes Nahrungsangebot ab. In gemäßigten Zonen kann das Weibchen den Samen des Männchens während des Winterschlafs in ihrem Körper aufbewahren und die Befruchtung der Eizelle bis zum späten Winter oder frühen Frühjahr hinauszögern. Kommt das Junge dann im Mai zur Welt, gibt es wieder Insekten zuhauf. Anfänglich trägt die Mutter den Nachwuchs bei der Nahrungsaufnahme bei sich; wachsen die Sprösslinge heran, wird in der Fledermauskolonie eine »Kinderkrippe« eingerichtet, in der sich die Eltern abwechselnd um die Jungen kümmern.

Fledermaus und Nachtfalter

Kaum einem anderen Spiel gelingt es so gut wie diesem, Lernen mit Spaß zu verbinden. Erfunden hat es der bekannte Naturpädagoge Joseph Cornell, und mittels dieses Spiels werden Sie das Interesse Ihrer Gruppe an den faszinierenden Geschöpfen mit Sicherheit wecken. Wenn Sie die Spielerinnen und Spieler vorher noch neugieriger machen wollen, empfehle ich Ihnen das ebenfalls von Cornell erfundene »Naseweiß«.

Ausrüstung: eine bis drei Augenbinden
Alter: ab acht Jahren
Teilnehmerzahl: 10–25

Wählen Sie aus Sicherheitsgründen eine flache, ebene Stelle als Spielfeld. Dort soll sich die Gruppe im Kreis aufstellen, und zwar so weit auseinander, dass jeder bei seitlich ausgestreckten Armen mit den Fingerspitzen die Fingerspitzen beider Nachbarn berühren kann. So ist der »Jagdgrund« groß genug, ohne dass dabei Lücken entstehen, durch die die Spielerinnen und Spieler den Kreis verlassen könnten.

Bei dem Spiel versucht eine »Fledermaus«, zwei »Nachtfalter« mittels Echoortung aufzuspüren und zu fangen. Fragen Sie zunächst, ob jemand aus der Gruppe das Prinzip der Echoortung erläutern kann. Weiß jeder, wie sie funktioniert – notfalls müssen Sie nachhelfen –, erklären Sie, dass bei diesem Spiel die Echoortung mithilfe der menschlichen Stimme durchgeführt wird. (Mehr zur Echoortung erfahren Sie im Abschnitt »Wissenswertes über Fledermäuse«)

Nun soll sich jemand freiwillig als Fledermaus melden, oder Sie bestimmen jemanden dazu. Zwei andere Personen spielen die Nachtfalter. Beginnen Sie zunächst mit einer kleinen Demonstration. Machen Sie deutlich, dass das Spiel nur in Gehgeschwindigkeit durchgeführt werden darf, um das Unfallrisiko zu minimieren. Ebenfalls hilfreich ist es, wenn die im Kreis Stehenden ihre Arme ausstrecken, sobald einer der Spieler den Kreis zu verlassen droht.

Regeln

1. Der Fledermaus werden die Augen verbunden, den Nachtfaltern nicht. Alle drei müssen sich innerhalb des Kreises aufhalten. Während die Fledermaus versucht, die Nachtfalter zu fangen, müssen die Nachtfalter ihrerseits versuchen, der Fledermaus zu entkommen.
2. Wann immer die Fledermaus »Fledermaus!« ruft, müssen die Nachtfalter umgehend »Nachtfalter!« zurückrufen.
3. Gefangen wird ein Nachtfalter, indem die Fledermaus ihn antippt.
4. Hat die Fledermaus einen Nachtfalter gefangen, reiht sich dieser in den Rand des Kreises ein.
5. Hat sie auch den zweiten Nachtfalter gefangen, werden neue Freiwillige für die jeweiligen Rollen gesucht.

Bei diesem vergnüglichen Spiel prägt sich das Wissen über den komplexen Mechanismus der Echoortung besonders bildhaft ein. Es ist darüber hinaus auch einfach lustig mitanzusehen, wie die Fledermaus mit ausgestreckten Armen versucht, ihre Beute zu fangen – eine wahre Komödie der Irrungen für die Zuschauer und Zuschauerinnen, die die Fehlversuche beobachten. Je mehr Spielerinnen und Spieler nach und nach im Inneren des Kreises gestanden haben, desto offensichtlicher wird es, wie schwierig es ist, mittels Echoortung zu jagen.

Anmerkungen und Varianten

Wahrscheinlich ist die Fledermaus am Anfang wenig erfolgreich. Seien Sie jedoch versichert, dass sie rasch lernen wird, erfolgreich zu sein: Je öfter sie nämlich ihre Stimme einsetzt, desto mehr Informationen erhält sie und desto genauer kann sie die Beute lokalisieren.

Vor allem die erste Fledermaus sollte klug gewählt sein, damit das Spiel nicht aus dem Ruder läuft. Will sie lieber den Clown spielen als erfolgreich zu jagen, kann schnell Chaos ausbrechen. Arbeiten Sie mit einer Kindergruppe, sollte die erste Fledermaus ein Erwachsener oder ein älteres Kind sein. Kleinere Kinder sind vom Spiel zwar nicht ausgeschlossen, doch sollten Sie dann umso sorgsamer auf mögliche Gefahren wie Zusammenstöße und blaue Flecken achten, die bei ausgelassenerem Spielen auftreten können.

Sind die Mitglieder der Gruppe älter, kann das Fangen der Nachtfalter auch darin bestehen, dass die Fledermaus ihre Beute nicht nur antippen, sondern festhalten muss. Trauen Sie es der Gruppe zu, können auch den Nachtfaltern die Augen verbunden werden.

Ist die Fledermaus allzu erfolglos, können Sie ihr das Fangen erleichtern, indem Sie die Außenstehenden einen Schritt vortreten lassen und so den Kreis verkleinern.

Fledermäuse aufspüren

Ich kann mir nichts Aufregenderes und futuristisch Anmutenderes vorstellen als einen Fledermausdetektor, und glauben Sie mir: Wenn Sie auf Ihrer Nachtwanderung einen aus Ihrer Ausrüstungstasche ziehen, werden Sie von der Reaktion der Teilnehmerinnen und Teilnehmer bestimmt nicht enttäuscht sein! Am besten sucht man den nächtlichen Himmel nach jagenden Fledermäusen mit eben jenem Gerät ab; weitere Informationen dazu finden Sie im Abschnitt »Fledermausdetektoren« in Kapitel 2.

Ausrüstung: Fledermausdetektor
Alter: ab sechs Jahren
Teilnehmerzahl: 2–25

Das tolle Gerät macht die Rufe von Fledermäusen für menschliche Ohren hörbar, indem es sie in einer niedrigeren Schallfrequenz wiedergibt und verstärkt. Dafür müssen Sie den Detektor nur in die Richtung der Fledermäuse halten. Haben Sie den richtigen Frequenzbereich gewählt, also jenen der bei Ihnen vorkommenden Spezies, werden Sie umgehend von einem rätselhaften Geräusch aus der kleinen Box, die Sie in Händen halten, belohnt. Ist es so dunkel, dass Sie selbst die Umrisse der Fledermäuse nicht erkennen können, wissen Sie also nicht, in welche Richtung genau Sie das Gerät halten müssen, schwenken Sie es einfach langsam ein wenig herum, bis es ein Geräusch empfängt.

Unter Umständen lohnt sich auch die Anschaffung mehrerer Fledermausdetektoren. Diese können bei einer Nachtwanderung dann in verschiedene Richtungen gehalten werden, was die Aussicht auf Erfolg erheblich steigert. Die Geräte sind so einfach zu bedienen, dass Sie sie getrost auch in Kinderhände geben können.

Anmerkungen

Fledermäusen scheint die Anwesenheit des Menschen nichts auszumachen. Tatsächlich locken wir mit unserer Körperwärme Insekten an, was die Fledermäuse sogar freuen dürfte.

Im Winter sollten Sie den Fledermausdetektor lieber zu Hause lassen. Auch dann müssen die Tiere nämlich hin und wieder auf die Jagd gehen und sollten bei der spärlichen Beute nicht auch noch davon abgelenkt werden. Sie werden in dieser Zeit aufgrund des Winterschlafs ohnehin nicht viele Fledermäuse zu Gesicht bekommen.

Selbstverständlich können Sie Fledermäuse auch ohne Fledermausdetektor beobachten, Sie müssen nur in der Dämmerung nach ihnen Ausschau halten. *Hören* werden Sie sie so natürlich nicht.

Wissenswertes über Dachse

Der Dachs, volkstümlich auch Grimbart genannt, ist ein liebenswerter kleiner Racker, da sind wir uns im Großen und Ganzen einig, auch wenn er bei Landwirten nicht besonders beliebt ist: Dachse können das Bakterium *Mycobacterium bovis* übertragen und auch beim Hausrind Tuberkulose verursachen. Für den Naturliebhaber aber gehört es zu den größten Freuden, Dachse in freier Wildbahn zu beobachten, nicht zuletzt deshalb, weil wir sie so außerordentlich selten zu Gesicht bekommen.

Halten Sie an südwärts weisenden, sanften Hängen Ausschau nach Dachsbauen, insbesondere an geschützten Stellen, also etwa in einem Wald, einem Hain oder einer Hecke. Dachse bevorzugen zum Graben sandigen Boden, der über eine gute Entwässerung verfügt.

Jeder Dachsclan hat einen Hauptbau. Dieser kann mit der Zeit recht groß werden: Baue mit bis zu 20 oder mehr Eingängen sind keine Seltenheit. Verlassene Baue werden manchmal von Kaninchen oder Füchsen übernommen. Ob es sich um einen Dachsbau handelt und ob dieser noch von Dachsen benutzt wird, erkennen Sie an Folgendem:

* Die Eingänge weisen in der Regel nach Süden, zudem liegt der Bau meist an einem Hang, häufig nicht allzu weit von einem Gewässer entfernt. Die Eingänge gleichen einem großen D und sind zwischen 20

und 30 Zentimeter breit. Je nach Clangröße kann es, wie bereits erwähnt, nur einige oder mehr als ein Dutzend Eingänge geben. Im Gegensatz dazu ist der Fuchsbau kleiner und hat oft nur einen einzigen Eingang.

- Am Eingang eines Dachsbaus findet sich mitunter ein Haufen alten oder frischen Auspolsterungsmaterials.
- Befinden sich mehrere flache Gruben in der Nähe des Baus, kann dies ein Anzeichen dafür sein, dass der Dachs dort nach Regenwürmern, seiner Hauptnahrung, gegraben hat.
- Darüber hinaus graben Dachse flache Gemeinschaftskotgruben, sogenannte Dachsabtritte, unweit des Baus. (Um sie zu finden, müssen Sie nur Ihrer Nase folgen.)
- An Bäumen oder abgefallenen Ästen, ja sogar an Steinen oder Zaunpfählen können sich Kratzspuren der Tiere finden – ein relativ sicheres Anzeichen dafür, dass ein Dachsbau in der Nähe ist.
- Ein weiterer Hinweis ist Fell an einem Zaun, unter dem ein Dachspfad entlangführt. Dachshaar ist schwarz-weiß und fühlt sich ein wenig drahtig an; außerdem ist es leicht gekräuselt.

Der wichtigste Sinn des Dachses ist der Geruchssinn. Er spielt auch in sozialen Zusammenhängen eine Rolle: Anhand des Geruchs können sich die Clanmitglieder untereinander erkennen. Da zwischen den Clans heftige Rivalität herrscht, werden Duftmarkierungen eingesetzt, um potenzielle Konflikte erst gar nicht ausbrechen zu lassen. Die Markierung mittels Afterdrüse ist gängige Praxis, vor allem zur Paarungszeit, wenn die dominanten Männchen ihren Geruch an den Weibchen hinterlassen. Mit der hellgelben, fettigen Substanz aus der Drüse werden jedoch auch die Pfade im und um den Dachsbau herum markiert.

Vielleicht haben Sie Glück und stoßen bei einem Waldspaziergang auf einen Dachsschädel. Eigentlich sollten dort einige herumliegen, beträgt die durchschnittliche Lebenszeit eines Dachses doch nur drei Jahre – zwei Drittel aller Dachse werden nicht älter als ein Jahr. Erkennbar ist ein Dachsschädel am Kiefergelenk; wahrscheinlich hängt der Unterkiefer noch am Schädelknochen, das Gelenk hilft dem Dachs beim kraftvollen Zubeißen.

Dachskrallen sind lang, spitz und ausgesprochen robust, zusammen mit der kräftigen Schultermuskulatur ermöglichen sie es dem Tier, tiefe Löcher in der Erde zu graben. Wir gehen meist davon aus, dass in unseren Wäldern keine furchterregenden Beutegreifer mehr lauerten – ein Dachs, der sich bedroht fühlt oder verletzt ist, verfügt jedoch über einige tödliche Waffen und würde auch nicht zögern, sie einzusetzen. Nehmen Sie sich also in Acht!

Über den Dachs gibt es viele Sagen und Legenden, auch diese Verse, die etwa 200 Jahre alt sind:

> Läuft ein Dachs über den Weg,
> Den du gegangen, so
> Soll das Glück dir holden sein,
> Du wirst des Lebens froh.
>
> Doch quert er jenseits deines Tritts,
> Dort, wo dein Fuß nicht fällt,
> Beschreitet neue Wege er,
> Bist du abhold der Welt.

Ich würde allerdings sagen, Sie haben auch Glück, sollte der Dachs »jenseits Ihres Tritts queren«, denn dann haben Sie die einmalige Gelegenheit, eines der Tiere zu beobachten, die uns zwar am wenigsten vertraut sind, aber dennoch zu unseren Lieblingen gehören.

Dachse beobachten

Wenn Sie nachts zufällig auf einen herumstromernden Dachs stoßen, können Sie wirklich von Glück sagen – verlassen würde ich mich auf eine solche Begegnung allerdings nicht.

Ausrüstung:
Sitzmatten
Fernglas (optional)
Alter: ab sechs Jahren
Teilnehmerzahl: 2–16

Ich habe so etwas – einen »Bonusdachs« – sehr selten auf Nachtwanderungen erlebt, bei denen ich allein unterwegs war; gemeinsam mit einer Gruppe kommen solche Glücksfälle noch weniger häufig vor. Hat das Tier den Menschen nicht gerochen, scheint es von seiner Anwesenheit ziemlich unbeeindruckt und sucht einfach weiter nach dem, was ihm in die Nase gestiegen ist – ein köstlicher Regenwurm vielleicht. Kommt man ihm jedoch zu nahe, erschrickt der Dachs sich vor diesem doch recht großen und unerwarteten Eindringling und verschwindet auf Nimmerwiedersehen im Dunkel der Nacht.

Nach dem ruhigeren Dezember, in dem die Tiere sehr sparsam von ihren Fettreserven leben, werden sie im Januar immer aktiver, denn die Paarungszeit steht kurz bevor. Im Februar kämpfen die Männchen um die Rangfolge, wobei die jugendlichen männlichen Dachse häufig aus dem Bau gejagt werden – und traurigerweise nicht selten überfahren auf der Straße enden. Die Paarung kann zwar jederzeit im Jahr stattfinden, doch konzentrieren sich die Geburten im Februar, weil das Nahrungsangebot für die Jungtiere im Frühling schlicht am größten ist. Vergehen viele Monate zwischen Paarung und Geburt der Jungen, spricht man von Keimruhe, die bei Dachsen ebenso wie bei Fledermäusen stark ausgeprägt ist – ein weiteres Beispiel für die Intelligenz der Natur und die Anpassung an bestimmte Bedingungen.

Am besten lassen sich Dachse im April beobachten, denn dann verlassen die Jungen erstmals den Bau. Für Naturliebhaber könnte das Timing nicht besser sein. Sitzen wir Ende April oder Anfang Mai in der

Hoffnung darauf, einen Blick auf junge Dachse zu erhaschen, im Wald, umfängt uns die ganze Lebendigkeit der Natur im Frühling, und wir berauschen uns an den wahren Teppichen voller Blauglöckchen und Buschwindröschen sowie an den ersten knospenden, zarten, grünen Blättchen. Und welches Schauspiel die Dachskinder aufführen! Die Kleinen sind noch unbedarft, unschuldig und verspielt, es ist einfach rührend, ihnen beim Herumtollen, Herumpurzeln und Sich-im-Kämpfen-Üben zuzusehen.

Die Dachsbeobachtung erfordert einiges Geschick, können die Tiere doch ausgezeichnet riechen und hören. Wollen Sie mit einer Gruppe einen Dachsbau beobachten, empfiehlt sich eine Stelle, an der die Gruppe es sich bequem machen kann und nicht sofort auffällt. Am besten verteilen Sie an mehreren aufeinanderfolgenden Tagen Köder um den Bau herum, wobei Sie sorgfältig darauf achten sollten, keine eigene Fährte zu hinterlassen. Als Köder eignet sich beispielsweise Erdnussbutter, sie hält sich an Baumstämmen und Steinen viel länger als Erdnüsse – die Tiere brauchen eine Ewigkeit, um sie abzulecken! Begeben Sie sich lange vor der Dämmerung in Position und machen Sie sich darauf gefasst, warten zu müssen – mindestens eine Stunde, wenn Sie so viel Geduld aufbringen können. Zeigen sich die Dachse auch lange nach Einbruch der Nacht nicht, haben sie Sie möglicherweise gewittert. Sie werden es dennoch nicht bereuen, eine Zeit lang ganz ruhig in der zunehmenden Dunkelheit zu sitzen, das ist auch ohne Dachse eine ganz außergewöhnliche Erfahrung. Und vielleicht haben Sie dabei ja auch andere Tierbegegnungen, mit Fledermäusen oder Eulen beispielsweise. Vergessen Sie nicht, auch beim Antreten des Heimwegs leise zu sein, um niemanden zu stören.

Und hier noch ein paar weitere Tipps für die Dachsbeobachtung:

- Vermeiden Sie allzu bunte und raschelnde Kleidung.
- Setzen Sie sich in mindestens zehn Meter Entfernung vor den Bau – je näher Sie dem Bau kommen, desto leichter werden Sie von den Dachsen gewittert.
- Setzen Sie sich nicht so, dass sich Ihre Silhouette gegen den Nachthimmel abzeichnet.
- Vermeiden Sie jegliches Geräusch.
- Setzen Sie sich so, dass Sie den Wind nicht im Rücken haben.
- Essen und trinken Sie nichts während der Dachsbeobachtung. Die Dachse werden die unvertrauten Gerüche und Geräusche sofort wahrnehmen und sich nicht zeigen.
- Nehmen Sie ein Fernglas mit, das funktioniert auch bei Dunkelheit überraschend gut. Um sich nicht durch Geräusche zu verraten, sollten Sie das Fernglas vor Einbruch der Nacht aus seiner Hülle nehmen.
- Leider ist auch Insektenschutzmittel tabu – die Dachse werden das sofort riechen. Vor Mückenstichen schützen können Sie sich auch, indem Sie alle freien Hautstellen mit Kleidung – Mütze, Handschuhe etc. – bedecken.
- Sollte sich keine geeignete Stelle zur Dachsbeobachtung finden, können Sie sich auch an das nächste Gewässer setzen und darauf warten, dass die Tiere zum Trinken kommen. Dies tun sie in der Regel als Allererstes, wenn sie den Bau abends verlassen.

Wissenswertes über Nachtfalter

Dass Schmetterlinge uns den Tag versüßen können, würde wohl niemand bestreiten – die Nachtfalter aber brauchen definitiv eine bessere PR. Sie beeindrucken allein schon mit Zahlen: Während es in Großbritannien 59 Tagfalterarten gibt – was sich zunächst gar nicht mal schlecht anhört –, gibt es sage und schreibe 2500 Nachtfalterspezies auf unseren schönen Inseln. Da müssten die Tagfalter eigentlich vor Neid erblassen.

In der Welt der Nachtfalter gibt es zwar viele unauffällige Arten, daneben aber eben auch ein Kaleidoskop an farbenprächtigen und ausdrucksstarken Faltern, die an Schönheit durchaus mit ihren tagaktiven Verwandten konkurrieren können. Auch bei den Nachtfalterfarben zeigt sich das gesamte Spektrum des Regenbogens und hinsichtlich ihrer Erscheinungsformen reicht die Bandbreite von niedlich bis bizarr.

Zudem tragen sie die wunderschönsten Namen. Sprechen Sie nur einige von ihnen laut hintereinander aus, und Sie werden das Gefühl haben, Poesie vorzutragen:

> Bläulich-grüner Heidelbeer-Blattspanner,
> Weiden-Palpenspanner,
> Erlen-Zackenrandspanner,
> Kamel-Zahnspinner,
> Dreizack-Pfeileule,
> Grauer Gürtelpuppenspanner,
> Rötliche Herbsteule, Roseneule,
> Schneespanner, Achateule

Es gibt ausgezeichnete Nachtfalterbestimmungsbücher und diverse Smartphone-Apps zum selben Zweck. Im Folgenden möchte ich Ihnen einige unserer heimischen Nachtfalter vorstellen, wobei ich mit den größten beginne – sie gehören sicherlich zu den eindrucksvollsten.

Blaues Ordensband: Dieser Nachtfalter ist fast in ganz Mitteleuropa verbreitet. Bevorzugt lebt er in Laubmischwäldern und Gewässerauen. Seine beeindruckende Flügelspannweite beträgt 9,5 Zentimeter, erkennbar ist das Blaue Ordensband an dem namengebenden leuchtend blauen Streifen auf den Hinterflügeln.

Schwärmer: Die Nachtfalter mit der exquisiten Zeichnung besitzen einen kräftigen, gedrungenen Körper. Der Mittlere Weinschwärmer ist limettengrün und rosa gefärbt; seinen englischen Namen – »elephant hawk-moth« – verdankt der Nachtfalter der Form seiner Raupe, die an einen Elefantenrüssel erinnert.

Schönbär: Manche Nachtfalter sind auch am Tag aktiv, zu dieser Gruppe gehören etwa die Schönbären. Die bunte Flügelunterseite soll Fressfeinden signalisieren, dass ihnen der Falter möglicherweise nicht munden wird. Auch die Raupen der Spezies sind etwas Besonderes: Sie sind von einem schützenden Haarkleid bedeckt, das Reizungen hervorruft – was vielleicht der Grund dafür ist, dass nur der Kuckuck Geschmack an ihnen findet.

Kleines Nachtpfauenauge: Die vier großen Augenflecken auf den Flügeln dieses Nachtfalters sind nicht nur hübsch, sondern sollen auch hungrige Vögel abschrecken. Zudem zeichnet sich die Spezies dadurch aus, dass die Männchen die Weibchen aus hundert Meter Entfernung erschnuppern können. Anlocken können Sie das Kleine Nachtpfauenauge mittels spezieller Pheromonfallen.

Weißer Sichelflügler: Der weiße Nachtfalter besitzt braune Flecken, die seine Fressfeinde an Vogelkot erinnern und so abschrecken.

Braune Moderholzeule: Der Kopf dieses Nachtfalters ähnelt einem frisch angespitzten Bleistift, weshalb er leicht mit einem abgebrochenen Birkenzweig verwechselt werden kann – auch eine effektive Tarnstrategie.

Es gibt sogar Nachtfalter, die gefräßigen Fledermäusen entkommen, indem sie die Echoortung der Beutegreifer blockieren und die Tiere so verwirren. Unter anderem bedient sich der Bärenspinner dieser cleveren Taktik.

Doch leider sinken auch die Bestände der Nachtfalter inzwischen dramatisch. Im Süden Großbritanniens hat die Anzahl der faszinierenden Tiere um alarmierende 40 Prozent abgenommen. Eine traurige und mittlerweile nur allzu vertraute Geschichte.

Jüngeren Forschungen zufolge spielen Nachtfalter auch eine Rolle bei der Bestäubung von Pflanzen – eine fast ebenso wichtige Rolle wie die Bienen, wie man herausgefunden hat. Dadurch, so kann man nur hoffen, klettern sie auf der Prioritätenliste der aus Biodiversitätsgründen schützenswerten Arten deutlich weiter nach oben.

Nachtfalter fangen

Nachtfalter gehören zu den verlässlicheren Spezies, wenn es um Tierbegegnungen in der Dunkelheit geht, und für diejenigen, die die Zeit und die Möglichkeit haben, lohnt sich die Anschaffung einer Lichtfalle – zeigt sie doch immer wieder beeindruckend, wie viel Staunenswertes die nächtliche Natur für uns bereithält. Es ist ungeheuer faszinierend, etwas zu sehen zu bekommen, das einem normalerweise verborgen bleibt, und die Vielfalt der heimischen Nachtfalterarten ist eines unserer am besten gehüteten Geheimnisse.

Ausrüstung:
Lichtfalle oder weißes bzw. helles Laken
Seil oder Schnur
Taschenlampe
Alter: ab acht Jahren
Teilnehmerzahl: 2–25

Der Hochsommer ist die ideale Zeit zum Aufstellen einer Lichtfalle, mit der man Nachtfalter einfangen kann. Im Grunde ist alles, was Sie dafür brauchen, ein irgendwie gearteter Auffangbehälter und ein Licht, das die Falter anlockt. Stellen Sie die Falle kurz vor der Abenddämmerung auf und lassen Sie sich überraschen, was Sie am nächsten Morgen alles in ihr entdecken werden. Die Falter sind bei Tageslicht weniger aktiv, so können Sie sie genauer betrachten.

Lichtfallen gibt es auch zu kaufen; mehr dazu finden Sie im Abschnitt »Lichtfallen«. Doch wie gesagt: Sie können auch improvisieren. Spannen Sie dafür ein Seil oder eine Schnur zwischen zwei Bäumen, hängen Sie ein weißes oder helles Laken über die »Wäscheleine« und beleuchten Sie das Laken von hinten mit einer Laterne oder Taschenlampe. Die Nachtfalter werden sich von dieser leuchtenden Fläche magisch angezogen fühlen.

Zu Hause können Sie nachtaktive fliegende Insekten anlocken, indem Sie das Licht in einem Zimmer an- und ein Fenster offen lassen. Wollen Sie einen der Falter näher betrachten, können Sie ihn vorübergehend auch in ein Marmeladenglas sperren – aber bitte nicht zu lange. Andererseits ist er dort natürlich vor Fledermäusen sicher …

Und falls Sie sich das jetzt schon die ganze Zeit über gefragt haben: Nein, *warum* sich Nachtfalter so von Licht angezogen fühlen, weiß bislang noch niemand. Es wird eher vermutet, als dass es wissenschaftlich bewiesen wäre, dass die Tiere das Mondlicht zur Orientierung nutzen. Alles in allem gibt es jede Menge Hypothesen zum Thema, die jedoch durch die Bank spekulativ sind. Eine Hypothese, die mir sehr gefällt, stammt von einem Forscher namens Philip S. Callahan, der in den 1970er-Jahren erklären wollte, warum sich Nachtfalter in offene Flammen stürzen. Im Kern besagt sie Folgendes: Die männlichen Nachtfalter verwechseln das Licht einer brennenden Kerze mit den biolumineszenten Reaktionen, die von den Pheromonen der Weibchen ausgelöst werden. Mit anderen Worten: Die Männchen wollen sich mit der Flamme paaren, was natürlich nicht gut gehen kann. Man nimmt diese Hypothese heute nicht mehr allzu ernst, doch finden Sie den melodramatischen Aspekt der Geschichte nicht auch wunderschön? Ein Hoch auf die Mysterien der Nacht!

Wissenswertes über Kleinstgetier

Betrachtet man das Gleichgewicht der Natur in einem größeren Zusammenhang, muss nun endlich mal ein Loblied auf bislang unbesungene Helden gesungen werden: die Kleinsten unter den Kleinen. Sie sind gewissermaßen der Motor der Natur – entfernt man den, fährt das Auto nicht. Apropos Auto: Wenn Sie alt genug sind, erinnern Sie sich sicherlich noch an lange Autofahrten in den 1960er- und 1970er-Jahren, nach denen die Windschutzscheibe und der Kühler immer voller Insektenleichen waren. Wie anders ist das heute doch, zumindest in Großbritannien. Als ich vor Kurzem in Namibia war, war die Windschutzscheibe unseres Auto am Ende des Tages immer geradezu übersät von Insekten; dabei ist mir erst aufgefallen, was heute bei mir zu Hause anders ist. Einer jüngeren, von Caspar Hallmann durchgeführten deutschen Studie zufolge hat die Gesamtbiomasse von Insekten, die man in 63 Naturschutzgebieten gefangen hatte, in den 27 Jahren zwischen 1989 und 2014 um 75 Prozent abgenommen. Wahrlich ernüchternde Fakten. Wären die Tiere süß und hätten sie ein Fell, würden wir uns wahrscheinlich mehr um sie kümmern.

Ein Grund dafür, warum man sich unbedingt mehr mit den kleinen Lebewesen befassen sollte, ist der: Sie sind immer da. Drei Viertel des Jahres – nur im Winter nicht – sind sie verlässliche Nebenrollendarsteller im Schauspiel der Natur bei Nacht. Sie sind da, wenn die großen Stars sich nicht blicken lassen. Mit einer Kleinsttiersafari können Sie Ihre Nachtwanderung immer unterfüttern, auch sie wird die Teilnehmerinnen und Teilnehmer überraschen und zum Staunen bringen. Richten Sie den Verfolgerscheinwerfer (die Taschenlampe) auf das, was sich außerhalb unseres gewöhnlichen Sehfelds befindet, werden Sie ganz Erstaunliches entdecken, und zwar direkt vor Ihrer Nase. Dazu gehört das Geschichtenerzählen unbedingt dazu: Sie müssen sich zum »Botschafter der Wirbellosen« machen und die richtige Atmosphäre schaffen, die richtigen Geschichten erzählen. Und derer gibt es viele!

Ich beispielsweise berichte immer von den erstaunlichen Lebenszyklen vieler Insekten, die, wenn sie als Steinchen im großen Mosaik der Natur betrachtet werden, unseren Blick auf das Ganze radikal verändern können.

Wundersame Vielfalt der Kleinsten

Die Liste unten bietet nur einen kleinen Einblick in die unglaubliche Vielfalt kleinster Lebewesen in Großbritannien – sie führt keineswegs vollständig auf, was Ihnen bei einer nächtlichen Safari alles über den Weg krabbeln kann. Außerdem sind die Zahlen nur Näherungswerte; definitive Zahlen sind aufgrund von Faktoren wie jahreszeitlichen Schwankungen schwer zu bekommen.

Ameisen: 36 Arten
Asseln: 40 Arten
Blattläuse: 500 Arten
Hundertfüßer: 41 Arten
Käfer: 4200 Arten
Landschnecken: 94 Arten
Nacktschnecken: 29 Arten
Ohrwürmer: 4 Arten
Pseudoskorpione: 26 Arten
Regenwürmer: 27 Arten
Spinnen: 647 Arten
Springschwänze: 300 Arten
Tausendfüßer: 53 Arten
Weberknechte: 25 Arten

Mit den folgenden Fakten können Sie jede Gruppe zum Staunen bringen, und wenn es um Insekten geht, sind verblüffende Tatsachen wahrlich keine Mangelware:

- Auf jeden lebenden Menschen auf Erden kommen schätzungsweise 1,4 Milliarden Insekten.
- In Großbritannien sind 51 landlebende Säugetierarten heimisch, aber über 4000 Käfer-, rund 9000 Wespen- und mehr als 650 Spinnenarten.
- 75 Prozent der landwirtschaftlich angebauten Produkte in Europa sind auf die Bestäubung durch Insekten angewiesen.

Auf einer Nachtwanderung sind Begegnungen mit den folgenden Kleinsttieren am wahrscheinlichsten: Weberknechte, Asseln, Käfer, Spinnen, Hundertfüßer, Tausendfüßer, Nacktschnecken und Landschnecken. Mit Ausnahme der selteneren Glühwürmchen finden sich die meisten von ihnen überall in den ländlichen Gegenden. Halten Sie am besten im Unterholz nach ihnen Ausschau.

Glühwürmchen

Die Hauptattraktion unter den kleinen Helden ist sicherlich das Glühwürmchen, das nur leider immer seltener zu sehen ist. Anders als sein irreführender Name uns glauben machen will, handelt es sich bei ihm gar nicht um einen Wurm, sondern um einen Käfer – weshalb die Tiere auch Leuchtkäfer genannt werden. Glühwürmchen also sind die Stars auf der Bühne der Wirbellosen, eine nächtliche Begegnung mit ihnen ist immer eine wahre Freude. Das weibliche Glühwürmchen fliegt nicht; es bedient sich komplexer chemischer Reaktionen, um mit einem Lichtorgan an der Basis des Hinterleibs Lichtenergie zu erzeugen und damit männliche Paarungspartner anzulocken. Diese wiederum haben Flügel, mit denen sie auf der Suche nach den beleuchteten Minilandebahnen in der Dunkelheit umherfliegen. Achten Sie im Sommer auf winzige grünliche Lichter in Bodennähe, manchmal sind Dutzende von ihnen auf engem Raum zu finden, denn oft leben die Tiere in Glühwürmchen-Kolonien zusammen. Da das Paarungsritual nur rund zwei Prozent des Lebenszyklus des Weibchens ausmacht, brauchen wir uns nicht weiter wundern, dass man es so selten beobachten kann.

Glühwürmchenlarven können sich mit einer Geschwindigkeit von fünf Metern pro Stunde über den Boden bewegen und so Jagd auf Nackt- und andere Schnecken machen – dass sie so viel kleiner sind als ihre Beute, stört sie dabei nicht im Geringsten. Denn die Glühwürmchen-larve verfügt über ein Gift, das sie der Schnecke injiziert. Ist sie mit die-ser Präzisionsarbeit erfolgreich, folgt sie der Schnecke so lange – manch-mal huckepack auf dem Gehäuse –, bis das Gift die Innereien der Beute verflüssigt hat und diese von der Glühwürmchenlarve aufgeleckt wer-den können. Die Larve muss sich im Laufe von 15 Monaten mehrmals häuten, bis sie bereit ist, sich zu verpuppen.

Die Lichtverschmutzung in ihren vielfältigen Ausprägungen stört das Paarungsritual der Tiere inzwischen empfindlich, durch sie lassen sich potenzielle Partner viel schwerer lokalisieren. Außerdem sorgen schwindende Wiesen und Grasflächen für schwindende Glühwürm-chenpopulationen. Sollten Sie also Glühwürmchen in Ihrem Garten ha-ben, dürfen Sie sich wirklich glücklich schätzen. Sie machen einen Auf-enthalt in der nächtlichen Natur noch zauberhafter.

Weberknechte

Manchmal trügt der Schein, so viel ist sicher, und ich weiß gar nicht, wie viele fantasievolle Annahmen über Weberknechte ich auf meinen Nachtwanderungen schon gehört habe. Deshalb hier einmal schwarz auf weiß: Weberknechte sind zwar keine echten Spinnen, gehören aber zur Klasse der Spinnentiere, wenn auch nicht zur Ordnung der Web-spinnen.

Webspinnen besitzen zwei klar voneinander abgegrenzte Rumpfpartien, wohingegen die beiden Segmente bei den Weberknechten weitestgehend miteinander verschmolzen sind. Der wissenschaftliche Name der Tiere lautet *Opiliones*, und diese Ordnung der Spinnentiere webt eben keine Netze und ist auch nicht giftig. Sehr zahlreich sind die Bezeichnungen, die der Volksmund für die Tiere gefunden hat: Kanker, Langbein, Schneider und Schuster sind die bekanntesten.

Die nachtaktiven Tiere sind faszinierend, wie sie sich kopfüber vorwärtshangeln wie etwas, das sich Tim Burton für einen seiner Filme ausgedacht hat. Ihre Beine sind in sieben Abschnitte unterteilt, das vorderste Paar dient eher der tastenden Erkundung denn der Fortbewegung. Aber lassen Sie sich von der feenhaften Erscheinung der Tiere nicht täuschen: Die Beutegreifer attackieren häufig größere Insekten, die krank oder verletzt sind, und verschmähen auch tote (Insekten …) nicht.

Asseln

Die kleinen Charmeure mit den vierzehn Beinen finden sich zuverlässig an dunklen und feuchten Stellen unter verrottendem Holz und loser Rinde und gehören zu den landlebenden Krebstieren, nicht zu den Insekten. Doch das ist noch längst nicht alles Seltsame an ihnen. Denn dazu gehört sicherlich auch, dass die Tiere durch Kiemen atmen und deshalb eine feuchte Umgebung brauchen, wenn sie sich ihrer Aufgabe widmen: dem Kompostieren toten pflanzlichen und pilzlichen Materials. Und noch seltsamer: Die Tiere fressen gern den eigenen Kot, setzen aber keinen Urin ab. Stattdessen produzieren und scheiden sie Ammoniak durch ihren Panzer aus. Das Beste aber ist, dass Asseln blaues Blut haben und mit dem Hinterteil trinken – das ist nun wirklich kaum mehr zu toppen! Auch nicht durch die Tatsache, dass sie wie Beuteltiere über eine Bruttasche verfügen, in der sie die befruchteten Eier mit sich herumtragen. Infizieren sich die Männchen mit einer bestimmten Bakterienart, verwandeln sie sich übrigens in Weibchen!

Ich denke manchmal voller Mitleid an die armen Insektenkundlerinnen und Insektenforscher, denen einst die Aufgabe zugefallen ist, die unzähligen verschiedenen Käferarten zu katalogisieren, und die sich vielleicht sogar noch deren Namen merken mussten. Viele Käfer haben obendrein nur wissenschaftliche, keine Trivialnamen, doch diejenigen, die einen besitzen, kommen in der Regel auch recht häufig vor. Käfer findet man meist unter Steinen und abgestorbener Rinde, mit der beziehungsweise denen man sie nach dem Betrachten auch wieder bedecken sollte. Und auch sie bieten reichlich Gelegenheit zum Geschichtenerzählen. Der **Ölkäfer** etwa scheidet Cantharidin aus, das für den Menschen giftig sein kann. Das Männchen verabreicht es dem Weibchen während der Paarung, und das Weibchen bedeckt damit anschließend die Eier, um sie vor Fressfeinden zu schützen. Wir verwenden Cantharidin in verdünnter Form zur Behandlung von Warzen und zum Entfernen von Tattoos.

In Mitteleuropa gibt es etwa dreißig verschiedene Ölkäferarten, die bei Gefahr alle ein Öl absondern. Die Tiere sind zwar nicht im engeren Sinne nachtaktiv, eine Geschichte über sie müssen Sie auf Ihren Nachtwanderungen aber unbedingt erzählen, und zwar diese:

Hat das Ölkäferweibchen die Eier gelegt, schlüpfen daraus viele Tausende von Larven, die darauf programmiert sind, nach dem Schlupf sofort einen nahe gelegenen Grashalm oder Ähnliches zu erklimmen, wo sie auf eine zufällig des Wegs fliegende Wildbiene warten, die sie als Mitfahrgelegenheit nutzen. Dafür haben die Larven eigens Klauen entwickelt, mit denen sie sich an der Wildbiene festhalten. Kommen sie am Nest ihres Transporteurs an, bedienen sie sich nach Herzenslust an den Bieneneiern und den gesammelten Pollen. Nach der Verpuppung verwandeln sich die Larven im nächsten Frühjahr dann in Käfer.

Angesichts solcher Geschichten frage ich mich immer, wer um Himmels willen sich das alles einmal ausgedacht hat …

Wenn Sie an Arachnophobie, an Spinnenangst, leiden, freut es Sie möglicherweise nicht, zu hören, dass es in Großbritannien wie auch in Mitteleuropa sehr viele Spinnenarten gibt und dass diese nachts auch fast überall zu finden sind. Allerdings sind die meisten von ihnen winzig, und wenngleich alle für ihre Beute giftig sind, so sind sie für den Menschen doch harmlos. Eine Ausnahme davon bildet die **Edle Kugelspinne**, deren Biss ernst- und schmerzhafte Folgen haben kann; das wird von den Medien in der Regel jedoch maßlos übertrieben, denn Bisse dieser Spinne sind außerordentlich selten. Näher an der Wahrheit ist, dass die Bakterien an den Palpen der Spinne – Tastorgane zwischen Beinen und Mundwerkzeugen – allergische Reaktionen auslösen können, die von einem brennenden Gefühl wie bei einem Wespenstich begleitet werden. Die in Großbritannien eigentlich nicht heimische Spinne hat die gesamte Südküste des Landes besiedelt, ich bin selbst schon von einer gebissen worden. Zuerst habe ich den Biss nicht einmal bemerkt; dann aber schwoll mein Fuß an, und der Biss musste mit Antibiotika behandelt werden (erfolgreich übrigens).

Daneben weist unsere Spinnenwelt eine faszinierende Vielfalt auf, von der seltenen, aber recht großen **Gerandeten Wasserspinne**, die eine menschliche Handfläche bedeckt, bis zur **Wasserspinne**, der einzigen Spinne auf der Welt, die dank Luftblasen an den Haaren ihrer Beine fast ausschließlich unter Wasser lebt.

Hundertfüßer

Kennen Sie den schon? Was macht 99-mal »Tick« und einmal »Tock«? Ein Hundertfüßer mit einem Holzbein. Aber Scherz beiseite: Die Hundertfüßerarten in Großbritannien können zwischen 30 und 202 Beine haben. Die geschäftigen, wuseligen Beutegreifer ähneln den Tausendfüßern zwar, sind aber keine. Die Tiere machen Jagd auf alles, was sie überwältigen können. Bei ihnen ist das erste Beinpaar zu Giftklauen umgewandelt, mit denen sie ihrer Beute ein starkes Gift injizieren. Ihr vielleicht merkwürdigstes Merkmal aber ist die Fähigkeit von mindestens drei Hundertfüßerarten, sich der Biolumineszenz zu bedienen. Warum merkwürdig? Weil Hundertfüßer praktisch blind sind und deshalb keiner so genau weiß, was sie mit der Biolumineszenz bezwecken. Die plausibelste Erklärung ist die, dass das Licht, das das Tier nur bei Berührung erzeugt, Teil seiner Verteidigungsstrategie ist.

Wie die meisten bodenbewohnenden nachtaktiven Wirbellosen findet man auch Hundertfüßer häufig in Laub und um verrottendes Holz herum.

Tausendfüßer

Zwei Beinpaare an jedem Körpersegment – das ist ein Merkmal, an dem man einen Tausendfüßer erkennen kann; ein anderes ist, dass Tausendfüßer meist kürzere Beine haben als Hundertfüßer. Außerdem bewegen sie sich in deutlich entspannterer Geschwindigkeit fort und heben jedes Beinpaar in einer eleganten Wellenbewegung an.

Der Unterstamm der Gliederfüßer gehört wahrscheinlich zu den ersten Tieren, die das Land vor 434 Millionen Jahren besiedelten.

Tausendfüßer sind Detritivoren – sie ernähren sich von zerfallendem organischem Material, darunter auch von Kot – und deshalb ein weiteres wichtiges Steinchen im Kompostierungsmosaik. Sie werden von allen möglichen Insektenfressern gejagt und bedienen sich vielfach einer Verteidigungsstrategie, bei der sie sich entweder zu einer Kugel zusammenrollen oder eine ätzende Flüssigkeit absondern, die dem Beutegreifer nicht gut bekommt.

In ihrem recht bizarren Fortpflanzungsprozess weben die Männchen der **Pinselfüßer** ein Netz, auf dem sie ihren Samen ablegen. Daraufhin nähert sich das Weibchen dem Netz und deponiert den Samen in den eigenen Fortpflanzungsorganen. Bei anderen Tausendfüßerarten, den **Doppelfüßern**, lädt das Männchen das Weibchen zur Paarung ein, indem es durch das Reiben der Beine am Körper quietschende Geräusche erzeugt. Dann hält das Männchen das Weibchen mit den Beinen fest, setzt aus einer Öffnung hinter dem Kopf ein Samenpaket ab und transportiert dieses anschließend von Beinpaar zu Beinpaar, bis es bei den Fortpflanzungsorganen des Weibchens ankommt. Bei einer Doppelfüßerart geht es sogar richtig schmutzig zu: Bei ihr muss das Samenpaket erst mit Erde bedeckt werden, bevor das Männchen es seiner Liebsten übergibt. Jeder nach seinem Geschmack, schätze ich …

Ohrwürmer

Auch diese nächtlichen Aasfresser ziehen sich tagsüber zum Ruhen in verrottendes Holz oder unter Steine zurück, nachts jedoch kann man sie fast überall finden.

Das Weibchen des **Gemeinen Ohrwurms** ist eine fürsorgliche Mutter, was für Insekten eher untypisch ist. Nachdem sie die Eier in einer feuchten Nische abgelegt hat, bewacht sie das Nest und säubert die Eier regelmäßig, bis die Jungen schlüpfen. Und auch danach noch kümmert sie sich um die Nymphen, bis diese für sich selbst sorgen können.

Die furchterregend wirkenden Kneifer am hinteren Ende des Ohrwurms können Menschen zwar … nun … kneifen, werden aber eher dazu verwendet, um Fressfeinde in die Flucht zu schlagen – ein typischer Fall von »Hunde, die bellen, beißen nicht«, würde ich sagen.

Der Ohrwurm verdankt seinen Namen der Annahme, er würde Menschen nachts in die Ohren krabbeln, um sie zu ärgern. Diese Annahme ist inzwischen widerlegt.

Regenwürmer

Dass wir die unterirdisch lebenden, die Dunkelheit liebenden Kreaturen nicht sehen, bedeutet noch lange nicht, dass sie nicht da wären: Man muss nur ein wenig im Boden unter Laub herumstochern, um sie zu finden.

Wie Ohrwürmer sind auch Regenwürmer Detritivoren, die sich von totem organischem Material ernähren. Sie zersetzen es, sodass Bakterien und Pilze davon leben können. Anschließend wandeln die eifrigen Würmer dieses Material wiederum in die Nährstoffe um, die Pflanzen zum Wachsen brauchen. Nicht verwunderlich also, dass man Regenwürmer auch die Ingenieure des Ökosystems nennt, Darwin bezeichnete sie enthusiastisch auch als Pflüger der Natur. Viele Eltern können ein Lied davon singen, dass sich Kleinkinder zu Regenwürmern hingezogen fühlen, und irgendwie haben die sich windenden und krümmenden Wenigborster ja auch etwas Liebenswertes.

Das reicht an sich zwar schon aus, um den entscheidenden Platz der Regenwürmer im ökologischen Gesamtentwurf unseres Planeten anzuerkennen, darüber hinaus aber bieten sie unzähligen Arten eine wertvolle Nahrungsquelle, darunter Dachsen, Füchsen, Maulwürfen, Igeln, Spitzmäusen und vielen Vögeln, um nur einige zu nennen.

Nacktschnecken

Sie stechen und beißen zwar nicht und saugen auch nicht unser Blut, dennoch werden Nacktschnecken es in Beliebtheitswettbewerben wohl nie auf Platz eins schaffen. Faszinierend sind die Tiere trotzdem. Um sie zu finden, müssen Sie auf Ihrer Nachtwanderung lediglich nach im Mondlicht glitzernden (Schleim-)Spuren Ausschau halten. Durch das Absondern von Schleim verlieren die Tiere rasch an Wasser, weshalb sie in den kühlen, feuchten Bedingungen der Nacht am aktivsten sind. Durch den Schleim verringern sie die Reibung, schmieren sich also den

Weg, um rascher voranzukommen, und schrecken potenzielle Beutegreifer ab. Sicher: Auch für uns ist der Schleim unangenehm und von der Hand schwer wieder abzubekommen. Die Wissenschaft rätselt immer noch, wie es kommt, dass Schneckenschleim am Anfang wenig klebrig ist, sich aber bald in eine Art Schnellzement verwandelt. Könnten wir dieses Rätsel lösen, würden bestimmt ein paar interessante Anwendungsmöglichkeiten für uns herausspringen.

Nacktschnecken haben immer Heißhunger auf Pflanzen und spielen deshalb auch eine wichtige Rolle in puncto Kompostierung. Das wussten Sie sicher schon. Wussten Sie aber auch, dass die Raspelzunge der Tiere mit sage und schreibe 100.000 Zähnen besetzt ist? Oder dass einige von ihnen wie etwa die **Kleine Weg**- oder **Igelschnecke** gar nicht nackt, sondern von Stacheln bedeckt sind? Oder dass die größte Nacktschneckenart der Welt in Großbritannien beheimatet ist und beeindruckende 25 Zentimeter lang werden kann?

Das Sexleben der Tiere ist nicht minder erstaunlich. Bei vielen Nacktschneckenarten ist der Penis etwa halb so lang wie der gesamte Körper – eine Info, mit der Sie auf Ihren Nachtwanderungen vor allem Teenager begeistern werden. Sind die Tiere auf Partnersuche, ist dem Schleim eine Substanz beigemischt, die die Liebenden zueinander finden lässt. Das Vorspiel besteht aus neugierigem Erkunden besagter Substanz auf der Körperoberfläche des Gegenübers. Die meisten Nacktschnecken besitzen sowohl männliche als auch weibliche Geschlechtsorgane, die Besamung findet demnach wechselseitig statt. Bleiben die Partner durch einen zu klebrigen Schleim aneinander hängen, was gelegentlich vorkommt, nagt eine Schnecke den Penis der anderen ab, was Zoologen als Apophallation bezeichnen. Die Schnecke, die nun keinen Penis mehr hat, lebt einfach als Weibchen weiter.

Nacktschneckenschwemmen im eigenen Garten zeugen von blühenden Populationen. Um diese aufrechtzuerhalten, können sich die Tiere sogar selbst befruchten, wenn Partner rar sind. Also: Freunden wir uns lieber mit ihnen an, denn loswerden werden wir sie nicht mehr!

Landschnecken

Sie ähneln ihren Verwandten, den Nacktschnecken, haben aber eine deutlich bessere Presse. Auch Landschnecken knabbern uns die Pflanzen weg, machen auf uns dabei jedoch einen irgendwie appetitlicheren Eindruck. In manchen Teilen der Welt gelten Landschneckeneier tatsächlich als Delikatesse und werden als weißer Kaviar bezeichnet. Außerdem ziehen wir medizinischen Nutzen aus den Tieren: Mit dem Schleim der **Gefleckten Weinbergschnecke** etwa werden Falten, Hautflecken und Narben behandelt.

Landschnecken bewegen sich mit einer durchschnittlichen Geschwindigkeit von atemberaubenden 1,5 Millimetern pro Sekunde fort, würden also über eine Woche brauchen, um nonstop eine Strecke von einem Kilometer zurückzulegen.

Kleinsttiersafari

Da das Interesse an Kleinsttieren in der Regel zu wünschen übrig lässt, müssen Sie sich, um sie der Gruppe – im übertragenen Sinn – schmackhaft zu machen, schon ein bisschen ins Zeug legen. Deshalb möchte ich Ihnen im Folgenden genauer schildern, wie ich eine Kleinsttiersafari leiten würde; doch natürlich können Sie auch die eigene Fantasie spielen lassen. Hauptsache, Sie bekommen die Gruppe dazu, auf dem Boden herumzukrabbeln und nach den Winzlingen zu suchen.

»Ratet mal, was ich hier habe!«, rufe ich der Gruppe zu, während ich etwas in den geschlossenen, gewölbten Händen halte. Kann ich

Ausrüstung:
Stoffbeutel (bitte keine Plastiktüte!)
Mini-Taschenlampen, idealerweise mit Farbfilter
ein sehr kleiner Leuchtstab in einer kleinen Schachtel oder einem kleinen Beutel
Alter: ab sechs Jahren
Teilnehmerzahl: 4–25

auch nur eine Teilnehmerin, einen Teilnehmer dazu bewegen näherzukommen, werden die anderen unweigerlich folgen. So ist das halt mit der Neugier.

Sind dann alle um mich herum versammelt, öffne ich langsam die Hände, in denen ich die kleine Schachtel oder den kleinen Beutel halte. Natürlich fragt sich jetzt jeder, was wohl darin ist. Also öffne ich auch die Schachtel, und ein rätselhaftes grünes Licht leuchtet auf. Damit hat niemand gerechnet, weshalb garantiert die Frage: »Was ist das denn?« folgt.

Das ist eine ganz wunderbare Möglichkeit, der Gruppe eines der zauberhaftesten Geschöpfe der Nacht vorzustellen: das Glühwürmchen. Und da ich nun wirklich niemanden kenne, der Glühwürmchen nicht mag, ist dies auch ein fantastischer Einstieg zu einer Kleinsttiersafari. Zwar sind Glühwürmchen selten geworden, doch gibt es kaum jemanden, der sie nicht kennt. Nach einer kleinen Glühwürmchengeschichte (siehe den Abschnitt »Glühwürmchen«) könnten Sie darauf zu sprechen kommen, dass die Nacht ein sicherer Hafen für Insekten ist. Danach kann es dann losgehen mit dem Entdecken!

Nun soll sich die Gruppe in Paare aufteilen und – das wird die Neugier weiter wecken – auf die Suche nach Lebewesen machen, die sie nie zuvor gesehen hat. Zu finden sind diese an allen möglichen abwegigen Orten: in verrottendem Holz, unter Steinen, an Baumstämmen, an der Unterseite von Blättern oder im seichten Wasser eines Flussbetts.

Als Nächstes zaubern Sie zahlreiche Mini-Taschenlampen aus dem Stoffbeutel. Diese Mini-Taschenlampen sind mit einer Farbfolie versehen, die den Lichtstrahl in einen farbigen Lichtstrahl verwandelt. Besonders Kinder werden diese Requisite lieben! Und los geht's, angetrieben von dem Ehrgeiz, eine noch völlig unbekannte Insektenspezies zu entdecken. Wir alle wollen nun einmal Spuren in der Welt hinterlassen, und was könnte da schöner sein als ein nach uns benanntes Tier?

Während ich die Taschenlampen verteile, sage ich etwas wie: »Wir sind nur Besucher in dieser anderen Welt und müssen uns deshalb leise und vorsichtig bewegen. Wenn ihr also etwas Interessantes entdeckt, schreit ihr nicht einfach drauflos, sondern schaltet eure Taschenlampe aus und wieder ein, damit die anderen auf euch aufmerksam werden und sich ansehen können, was ihr gefunden habt.« Geben Sie auch Anweisungen zum Schutz der Tiere und ihres Lebensraums: Es sollte beispielsweise keine Baumrinde abgerissen werden, und die Steine, die man umdreht, sollten wieder so, wie sie waren, zurückgelegt werden.

Während die Gruppe unterwegs ist, sollten auch Sie sich auf die Suche nach Kleinsttieren machen – nicht nur um ein wahres Vorbild an Entdeckerlust zu sein, sondern auch um den Schatz des am Ende Entdeckten zu vergrößern. Selbst in nur 15 Minuten können Sie schon eine Menge finden, vor allem im späten Frühjahr und Sommer. Auch im Herbst gibt es noch Wirbellose zuhauf: Genau darin, in ihrer schieren Anzahl und Vielfalt, sind sie anderen Tieren überlegen. Und glauben Sie mir: Es gibt immer etwas Überraschendes zu entdecken. Am Ende der Safari versammeln Sie alle wieder um sich herum, damit die Funde gemeinsam betrachtet werden können. Viele der Tiere werden Sie beschreiben müssen, weil sie nur einen wissenschaftlichen und keinen Trivialnamen haben – machen Sie sich also vorher unbedingt ein wenig schlau.

Zum Schluss sammeln Sie die Taschenlampen ein und betonen noch einmal, wie staunenswert und rätselhaft die nächtliche Natur doch ist. Vielleicht berichten Sie von der unglaublichen Anzahl und Diversität der Wirbellosen oder davon, welch entscheidende Rolle sie in den Ökosystemen der Erde spielen.

Wissenswertes über Füchse

Füchse sind weitverbreitet, und zwar sowohl am Tag als auch in der Nacht, in der sie allerdings deutlich aktiver sind. Zu sehen bekommt man sie dennoch selten – die vorsichtigeren Landfüchse noch seltener als die Stadtfüchse, die es in größeren Siedlungen wie »Sand am Meer« gibt, will man Menschen glauben, die nachts häufiger zu Fuß oder mit dem Auto unterwegs sind. Deshalb sind die Fuchspopulationen auch schwer einzuschätzen. Während sie im ländlichen Raum zurückgegangen zu sein scheinen, sind sie in den Städten, wo die Tiere erstmals in den 1930er-Jahren auftauchten, stark angestiegen.

Etwas leichter sieht man Füchse im Winter. Während wir uns auf den Besuch eines rot gekleideten Mannes freuen, lässt sich ein anderes rot gekleidetes Lebewesen mit seinem seltsamen, markerschütternden Schrei immer öfter in der Dunkelheit hören. Die Schreie stammen von der Füchsin, die potenzielle Füchse in der Nachbarschaft auf sich aufmerksam machen will. Ist einer in der Nähe, antwortet er mit einem lauten Bellen. Das Zeitfenster für die Paarung der Tiere ist klein, da die Füchsin – oder Fähe, wie der Jäger sie nennt – nur für zwei bis drei Tage empfängnisbereit ist. Sieben bis acht Wochen nach diesem Austausch von Botschaften werden die Jungen (Welpen) geboren.

Obwohl der Fuchs – volkstümlich auch als Reineke Fuchs bezeichnet – das am weitesten verbreitete Mitglied der Familie der *Canidae* ist, zu der auch Hunde und Wölfe gehören, und von der Arktis bis zur Wüste vorkommt, hat er sein ungewöhnlichstes Merkmal mit den Katzen gemein: Er kann seine Krallen einziehen. Und noch ein Merkmal teilt er sich mit der Katze: die vertikale Pupille, mit deren Hilfe er sowohl am Tag als auch nachts sehr gut sehen kann.

Allerdings verfügen Füchse über ein breiteres Lautäußerungsspektrum: Mindestens zwanzig verschiedene Ruftypen hat man inzwischen aufgezeichnet. Am bekanntesten ist vielleicht der der Füchsin auf der Suche nach einem Partner, den der Nature Writer John Lewis-Stempel,

Autor von *The Wood in Winter*, so poetisch mit »die Klage aller Trauernden« beschrieben hat.

Auf dem Speiseplan des Fuchses stehen auch Beeren, Würmer, Spinnen, Käfer und kleinere Tiere wie Mäuse und Vögel, die er in erster Linie mithilfe seines Gehörs jagt. Forschungen zufolge orientiert er sich darüber hinaus am Magnetfeld der Erde, was ihm wie sein Gehör dabei hilft, sich auf kleine Säugetiere stürzen zu können, die er noch nicht einmal sieht.

Ein wirklich untrügliches Anzeichen dafür, dass sich ein Fuchs in der Nähe aufhält, ist ein ganz bestimmter beißender Geruch, der vom Markieren des Reviers mit Urin stammt.

Auch hinterlassener Kot ist verräterisch: Er findet sich ebenfalls strategisch platziert an den Grenzen des Reviers, meist an etwas erhöhten Stellen. Erkennbar ist er daran, dass die einzelnen Kotstücke spitz zulaufen und je nach Nahrungsangebot Fell-, Knochen- sowie Fruchtreste enthalten. Streifen Sie abseits vielgenutzter Pfade durch den Wald, könnten Sie durchaus auch auf einen Fuchsbau stoßen; allerdings übernehmen die Tiere hin und wieder verlassene Dachsbaue oder machen es sich in vergrößerten Kaninchenlöchern gemütlich. Achten Sie im frühen Frühjahr auf jeden Fall darauf, die Tiere nicht zu stören – dann sind die Welpen noch jung und werden von der Mutter vielleicht an einen anderen Ort gebracht, wenn diese sich nicht mehr sicher fühlt.

Der sprichwörtlich schlaue Fuchs taucht in einer Vielzahl von literarischen Quellen und Fabeln auf, auch aus Filmen, Liedern und Tänzen ist er nicht wegzudenken. In Großbritannien gibt es außerdem mindestens 315 Pubs, die »Fuchs« beziehungsweise »fox« im Namen tragen – wenn Sie das nächste Mal in einem sind, stoßen Sie doch bitte auf unseren guten alten Freund an.

Die nächtliche Geräuschkulisse

Selbst ein einfaches Ratespiel kann faszinierend sein, wenn zu den Hinweisen einige der nervenaufreibenderen Laute nächtlicher Kreaturen gehören. So hören sich etwa die Laute, die Dam- und Rothirsch in der Brunftzeit von sich geben, in den Ohren derjenigen, die sie nicht kennen, definitiv unheimlich an. Der Schrei eines Fuchses zur Paarungszeit mitten im Winter klingt, als würde jemand auf ganz abscheuliche Weise aus dem Leben befördert, und der heisere, kreischende Ruf der Schleiereule hat ebenfalls etwas sehr Gespenstisches und kann einen sogar bis in den Schlaf hinein verfolgen.

Ausrüstung:
Smartphone oder ein anderes digitales Aufzeichnungsgerät
Mini-Lautsprecher (optional)
Alter: ab sechs Jahren
Teilnehmerzahl: unbegrenzt

So weit zur Prämisse dieses Spiels. Man könnte es auch so zusammenfassen: Begeben Sie sich nach draußen, spielen Sie den Ruf eines Vogels oder anderen Tiers ab und lassen Sie die Gruppe raten, um welches Tier es sich dabei handelt. Das weckt nicht nur Neugier, sondern bietet auch eine ausgezeichnete Gelegenheit für Informationen und Fragen. Nicht zuletzt verleiht es Ihrer Nachtwanderung eine naturwissenschaftliche Note.

Es ist heute sehr leicht, an Aufnahmen aus der nächtlichen Natur heranzukommen und diese mittels Smartphone oder eines anderen Geräts sowie kleiner Lautsprecher, wenn Sie das möchten, abzuspielen. Sie können sich beispielsweise eine der zahlreichen entsprechenden Apps herunterladen oder die Aufnahmen mit einem digitalen Aufnahmegerät beziehungsweise der Voice-Recorder-App Ihres Smartphones selbst machen. Sie können die Laute auch direkt vor Ort aus dem Internet streamen – vorausgesetzt natürlich, Sie befinden sich nicht so tief in der Wildnis, dass Sie keinen Empfang haben.

Was die Geräuschquellen für dieses Spiel angeht, so ist die Liste lang. Am besten treffen Sie Ihre Auswahl im Vorhinein, sonst zieht sich das Ganze. Ich empfehle Ihnen die folgenden nachtaktiven Spezies, die Sie dann heruntergeladen auf Ihrem Gerät bereithalten.

Säugetiere: Fuchs, Dachs, Rothirsch, Damhirsch, Reh, Wildschwein, Igel, Fledermaus (inklusive Kleine Hufeisennase) und Otter.

Vögel: Waldkauz, Schleiereule, Waldohreule, Sumpfohreule, Nachtschwalbe alias Ziegenmelker, Wiesenralle, Großer Brachvogel und Nachtigall.

Nur aus Spaß könnten Sie noch das Heulen eines Wolfs oder das Fauchen einer gefährlichen Großkatze dazu mogeln – ein bisschen Gänsehautfaktor hat noch keinem Spiel geschadet!

Noch mehr Fakten und Überlieferungen

Was Säugetiere angeht, so nimmt die Anzahl der in leider immer ärmer werdenden Landschaften lebenden Arten ab. Lassen Sie uns den Blick also weiten und nach all den anderen nächtlichen Kreaturen suchen, die wir hier haben; dann offenbart sich uns eine ganz wunderbare Menagerie an Lebewesen, denen wir über den Weg laufen könnten.

Igel

Bei »Großbritannien sucht den Superwildnisstar« würde der Igel haushoch gewinnen. Man stolpert auf Nachtspaziergängen nicht gerade häufig über ihn, doch wenn man es tut, ist die Freude über den kleinen, in der Dunkelheit vor sich hin stöbernden Insektenfresser oft groß.

Dass er dafür immer öfter in unseren Gärten auftaucht, hat seiner Beliebtheit und seinem Niedlichkeitsimage auch nicht gerade geschadet. Bei einer 2016 durchgeführten Umfrage der Zeitschrift BBC *Wildlife* antworteten 42 Prozent der Teilnehmer und Teilnehmerinnen auf die Frage, welches ihr liebstes Wildtier sei: der Igel! In der Politik würde man so etwas wohl als Erdrutschwahlsieg bezeichnen …

Wie bereits erwähnt gehören Igel, die im Volksmund auch Swinegel heißen, zu den Insektenfressern; sie ernähren sich von einer Vielzahl an Maden und Käfern, verschmähen aber auch Aas nicht. Darüber hinaus zeichnen sie sich durch einige bizarre Verhaltensweisen aus. Bevor Sie jetzt aber »Fake News« schreien: Überzeugen Sie sich auf YouTube selbst davon, wenn Sie mir nicht glauben.

Manchmal beispielsweise reibt sich der Igel sein stacheliges Haarkleid mit einer schäumenden Speichel-Stimulanzien-Mischung ein, die von wenigen Minuten bis ein paar Stunden an ihm haftet. Das Interessante daran ist, dass keiner so genau weiß, warum er das tut. Wie immer gibt es eine Handvoll Theorien dazu – Putzen, Duftmarkierung, Abschrecken von Beutegreifern –, durchgesetzt hat sich davon bisher keine. Ein weiteres Rätsel der Natur.

Noch seltsamer ist, dass Igel häufig im Kreis herumlaufen oder -rennen. Und ich spreche hier von Stunden, nicht von Minuten! Die Erklärung, dass mit diesem Tier eben irgendetwas nicht stimmt, reicht leider nicht aus – auch absolut gesunde Tiere sind dabei schon beobachtet worden.

Soweit ich weiß, sind allerdings bei noch keinem Igel beide Verhaltensweisen auf einmal festgestellt worden.

Es gibt aber auch noch einige hinreichend erforschte naturkundliche Merkmale von Igeln, die ich Ihnen nicht vorenthalten möchte. Aus dem Leben unseres beliebtesten, wenngleich leider schwindenden kleinen Freunds ist Folgendes bekannt:

- Generell halten Igel Winterschlaf – in den Teilen Europas, in denen es auch im Winter wärmer ist, tun sie das jedoch nicht.
- Im Sommer bauen sich Igel leichtere Schlafnester, im Winter sind die Nester wärmer. Allerdings ist der Igel wenig nesttreu.

- Paarungszeit ist im Sommer, was bedeutet, dass ein zweiter Wurf auch erst im Herbst zur Welt kommen kann. Überwiegend finden die Geburten jedoch im Juni/Juli statt.
- Die 7.000 erneuerbaren Stacheln des Igels schrecken die meisten Beutegreifer ab, doch haben Uhu und Dachs Möglichkeiten gefunden, dass stachelige Rätsel zu lösen.
- Igel leben zwar eher einzelgängerisch, bedienen sich aber eines breiten Spektrums an Lautäußerungen, darunter auch sehr unheimlicher Schreie, wenn sie angegriffen werden. Weiterhin zu erwarten sind Pfeiftöne, gackernde Laute, Schnauben, Prusten und natürlich das »Gezwitscher« der Jungen.
- Daten aus Großbritannien zufolge werden Igel in freier Wildbahn durchschnittlich nur etwa fünf bis sechs Jahre alt. Allerdings haben Wissenschaftler in Dänemark auch schon einen sechzehn Jahre alten Igel gefunden.

Wild

Je nachdem, wie weit man in der Vergangenheit zurückgeht, so gibt es in Großbritannien zwei oder drei einheimische Wildspezies. Die **Damhirsche** sind mit Sicherheit von den Normannen wiederangesiedelt worden, wahrscheinlich waren sie aber auch schon vor ihnen einmal auf den Inseln gewesen. **Rehe** und **Rothirsche** bevölkerten Großbritannien die ganze Zeit über, Letztere sind mittlerweile unsere größten landlebenden Säugetiere. Alle Wildarten aber berühren uns irgendwie, sei es nun durch ihre Anmut, die Sanftheit der Weibchen oder die Leidenschaft der Männchen zur Paarungszeit. Wenn ich mich auf die Suche nach Hirschen oder Rehen mache, wird etwas Urtümliches in mir wach, das Blut meiner jagenden Vorfahren vielleicht, auch wenn ich nur auf stille Beobachtung aus bin. Es hat einfach etwas ungeheuer Befriedigendes, sich dem größten Landbewohner meiner Heimat nähern zu können.

Die Tiere sind zwar nicht im engeren Sinne nachtaktiv, doch sind sie in diesen Stunden zumindest aktiver, vor allem in der Abend- und Morgendämmerung. Wer sie beobachten will, muss alle fünf Sinne beisammen haben, denn Hirsche und Rehe sind ausgezeichnet darin, uns auszutricksen oder davonzulaufen. Sie sehen gut, haben ein exzellentes Gehör und können uns im wahrsten Sinne des Wortes Meilen gegen den Wind wittern.

Bevor Sie eine Gruppe zur Wildbeobachtung mitnehmen, sollten Sie sich mit den Gepflogenheiten der Tiere in Ihrer Umgebung vertraut machen. Dazu müssen Sie sich allerdings nicht in einen Meisterstalker verwandeln. Tragen Sie die richtige Kleidung, achten Sie auf die Windrichtung, seien Sie leise und haben Sie Geduld – das ist schon mehr als die halbe Miete. Halten Sie zunächst nach Anzeichen von äsenden (fressenden) oder ruhenden Tieren Ausschau. Im Wald könnten das flach gedrückte Bereiche oder flache Mulden sein, in denen wiedergekäut wird; auch abgeknabberte Baumrinde ist verräterisch. Regelmäßig benutzte Wildpfade sind leicht zu erkennen, Ansammlungen von Losung (Kot) weisen ebenfalls auf die Anwesenheit der Tiere hin.

Während der Herbstbrunft sind Rehe und Hirsche viel leichter zu finden, vor allem in offenem Gelände wie Mooren. Dann hört man sie allerdings öfter, als dass man sie sehen würde: Die Rot- und Damhirsche sorgen mit gutturalem Stöhnen und Brüllen für die testosterongeschwängerte saisonale Hintergrundmusik, die durch die Nacht hallt und an das »Ungeheuer im Moor« denken lässt. Der Rehbock jedoch klingt ganz anders. Schon viele Male hat er mich mit seinem Bellen und dem anschließenden Geräusch sich entfernender Hufe aus meiner Hängematte im Wald hochgeschreckt.

Kämpfen die Rothirsche um die Weibchen, bieten sie natürlich einen besonders spektakulären Anblick. Findet das Ganze dann auch noch vor einer atemberaubenden herbstlichen Moor- oder Gebirgslandschaft statt, ist das Erlebnis einfach unbeschreiblich.

In den verbliebenen Wäldern und Gehölzen weiter verbreitet sind Rehe. Auch sie standen durch Bejagung zwar schon kurz vor dem Aussterben, haben sich davon aber wieder erholt. Mittlerweile können wir wieder von blühenden Rehpopulationen sprechen. Die kleinere Wildart kann häufig einzeln oder in Zweiergruppen beobachtet werden, während Damhirsche in freier Wildbahn in kleinen und in Parks in größeren Herden auftreten. Rehe haben ein kürzeres Geweih und ein braunes bis rotes Fell, das im Winter grauer wird; der Damhirsch hingegen hat ein Schaufelgeweih und weist Farbschattierungen von Dunkelbraun bis Beige auf, wobei die charakteristischen weißen Tupfen am Rumpf natürlich nicht fehlen dürfen.

Otter

Dass Sie auf einer Nachtwanderung einem Otter begegnen, ist höchst unwahrscheinlich – trotzdem stehen die Tiere auf der Gästeliste unserer Abendgesellschaft im nächtlichen Wald. Und stellen Sie sich nur einmal vor, Sie hätten das Glück, einen zu Gesicht zu bekommen!

Otter sind wahre Meister darin, im Verborgenen um Flüsse und Feuchtgebiete herum zu operieren. In ruhigeren Nächten können Sie vielleicht ihre Lautäußerungen hören, die aus Pfeiftönen, Quieken, Knurren, Grunzen und Zirpen bestehen.

Mitunter werden Otter mit Nerzen verwechselt, die ebenfalls zur Familie der Marder gehören und ausgezeichnet angepasst sind. Ein offensichtlicher Unterschied besteht darin, dass Otter viel größer und muskulöser sind und einen kräftigen Schwanz haben, den sie sowohl als Schwimmhilfe als auch als Verteidigungswaffe benutzen.

Die einstige Bejagung hat dem Otter ebenso zugesetzt wie der Verlust des Lebensraums und der Einsatz schädlicher Pestizide – sie haben vielen Otterpopulationen beinahe den Garaus gemacht. Zum Glück sind die Tiere heute geschützt, und nach dem Verbot bestimmter Schädlingsbekämpfungsmittel erholen sich die Bestände wieder.

Auch Otter sind nicht streng nachtaktiv, bevorzugen jedoch den Frieden und die Ruhe der Flüsse bei Nacht. Vor allem in England, wo die

Tiere erbarmungslos gejagt wurden, sind sie noch sehr anfällig für Störungen. Ich schätze mich glücklich, schon Otter an englischen Flüssen gesehen zu haben; in Schottland sieht man sie häufiger, dort haben sie sich sehr erfolgreich mit den Bedingungen an den Küsten arrangiert.

Auf Flüsse beschränkt ist der Otter nicht, er jagt ebenso auf Feldern sowie in Feuchtgebieten nach Aalen, Fröschen, Vögeln, Insekten, Weichtieren und Krebsen – wonach auch immer ihm bei seinem mächtigen Appetit der Sinn steht.

Wie bereits erwähnt gehören Otter gemeinsam mit Dachsen und Wieseln zur Familie der Marder (daher heißen sie volkstümlich auch Wassermarder) und sind von Mutter Natur besonders schnittig konstruiert worden. Sie können nicht nur schwimmen wie ein Fisch – eigentlich sogar besser, denn sonst könnten sie keine Fische fangen –, sie können unter Wasser auch bis zu acht Minuten lang die Luft anhalten!

Darüber hinaus ist ihr Fell geradezu legendär dick und hält ungeheuer warm. Es verfügt über eine zusätzliche Unterschicht aus sehr feinem Haar, das Luft einschließen kann. Dadurch können die Tiere ihre Körpertemperatur auch in klimatisch sehr rauen Bedingungen konstant halten.

Die Jungen haben ein besonders dichtes Fell, das es ihnen ermöglicht, an der Wasseroberfläche zu treiben, mit dem sie aber noch nicht unter Wasser schwimmen können. Innerhalb von zehn Wochen können sich die Kleinen schon ausgezeichnet im Wasser fortbewegen, bleiben aber noch beim Familienverband, der ihnen beibringt, wie man jagt. Mit sechs Monaten sind sie dann vollständig entwöhnt.

Wie viele andere scheue Tiere spürt man auch Otter eher anhand bestimmter verräterischer Anzeichen auf, als dass man sie selbst zu Gesicht bekäme. Da ist es hilfreich, dass die Tiere ihren Kot an recht auffälligen Stellen hinterlassen. Halten Sie vor allem auf Steinen oder umgefallenen Bäumen um Flüsse herum nach Otterlosung Ausschau. Otterkot hat einen fischigen Geruch, auch etwas leicht Süßliches ist dabei. Man hat den Geruch schon mit dem von Jasmintee verglichen, doch das geht meines Erachtens ein wenig weit. Zudem enthält Otterlosung Reste von Fischgräten, was nicht weiter verwunderlich ist, machen Fische doch drei Viertel der Otternahrung aus.

Nachtschwalben (Ziegenmelker)

Dieser seltsame, aber durch und durch faszinierende Vogel, der uns vom afrikanischen Kontinent aus nur einen kurzen Besuch abstattet, um in unseren Breiten zu brüten, kann uns eines der zauberhaftesten Naturerlebnisse überhaupt bescheren. Er verkündet seine Ankunft im Mai mit seinem charakteristischen und definitiv sonderbaren zirpend-schnarrenden Ruf, den er zwischen Abend- und Morgendämmerung ertönen lässt. Im August verschwindet er dann plötzlich wieder und lässt uns verwirrt zurück – so verwirrt, dass sich im Südwesten Englands und auf dem europäischen Festland noch heute zahlreiche Mythen und Legenden um das Tier ranken. Einer davon verdankt die Nachtschwalbe, von der hier die Rede ist, ihren alternativen Namen: Sie besagt, der Vogel streife nachts umher und stehle den Ziegen die Milch aus dem Euter. So also ist es zur Bezeichnung »Ziegenmelker« gekommen, die sich auch im lateinischen Namen der Spezies, *Caprimulgus europaeus*, niederschlägt.

Sie finden die Nachtschwalbe in Heide- und Moorgebieten sowie auf Waldlichtungen, wo sie nach Nistplätzen in Erika- oder Farndickichten sucht. Der monotone Ruf, mit dem sie ihr Revier verkündet, erklingt typischerweise ab kurz nach Sonnenuntergang; anhand dieses Rufs allein werden Sie den Vogel jedoch schwer lokalisieren können – er scheint die Kunst des Bauchredens zu beherrschen. Auch das getüpfelte, gelbbraune Gefieder hilft beim Aufspüren der Nachtschwalbe wenig. Die größte Chance, den Vogel zu sehen, haben Sie noch, wenn er in der Abenddämmerung fliegt: Der fledermausähnliche Flug wird oft von einem »gwick«-Laut begleitet, wenn die Nachtschwalbe auf der Jagd nach Nachtfaltern mit weit aufgerissenem Schnabel über den dunkler werdenden Himmel saust.

Der naturkundliche Schriftsteller und Naturpädagoge Nick Baker hat mir eines schwülen Maiabends im Trendlebere Down im Dartmoor mal einen cleveren Nachtschwalbenaufspürtrick gezeigt, der nicht nur mich, sondern auch unsere gesamte Gruppe erstaunt hat. Um den Balzflug der männlichen Nachtschwalbe nachzuahmen, der mit einigen hörbaren Flügelschlägen endet, muss man sich nur gut sichtbar ins offene Gelände stellen, ein weißes Taschentuch in jede Hand nehmen, die Arme auf und ab bewegen und anschließend in die Hände klatschen. Die weißen Taschentücher mimen die weiße Unterseite der Nachtschwalbenflügel. Es mag unwahrscheinlich klingen, doch damit kann man die Vögel zur Hochzeit der Brutsaison tatsächlich anlocken. Tja: Magische Vögel erfordern eben magische Praktiken!

Andere »nachtaktive« Vögel

Es gibt viele Vogelarten, die zwar nicht streng nachtaktiv, aber häufig in der Dämmerung zu beobachten sind. Einige tagaktive Vögel jagen auch nachts, wenn sie aufgrund des Vollmonds gut sehen können oder sie der Hunger zum Jagen zwingt. Zu diesen Vögeln gehören beispielsweise **Enten**, **Gänse** und **Watvögel**. Rohrsänger wie der **Teichrohrsänger** oder der **Schilfrohrsänger** singen gern aus voller Brust bis in den späten Abend hinein.

In den Nächten, die ich zeltend an Flüssen oder Mündungen verbrachte, habe ich mich an unzähligen Vogelkonzerten erfreut. Vor allem die eindringlichen und wunderschönen Rufe von **Brandgans**, **Austernfischer** und **Großem Brachvogel** haben mich auf meinen unvergesslichen Kanuausflügen auf dem Fluss Dart begleitet.

Ein weiterer, schon namentlich mit der Nacht verbundener Vogel ist die **Nachtigall**. Die ist zwar entgegen der landläufigen Meinung ebenfalls nicht strikt nachtaktiv, doch kann das sein Revier verteidigende Männchen manchmal nachts gehört werden – wenngleich es häufig mit dem **Rotkehlchen** verwechselt wird, einem nicht minder ausgezeichneten Sänger. Da die Bestände der Ersteren leider weiterhin dramatisch sinken, ist es in der Regel denn doch nicht die Nachtigall, sondern das Rotkehlchen, das wir da so schön singen hören.

Ein Vogel, der wirklich unverwechselbar ist, ist die **Wiesenralle**. Auch sie leidet sehr unter unseren modernen Landwirtschaftstechniken. Ihr ausgeprägter, wiederholter Ruf, den sie von der Abend- bis zur Morgendämmerung erklingen lässt, erinnert an das Geräusch eines Spielzeugs, das mechanisch aufgezogen wird. Zu finden ist sie nicht nur auf Wiesen, sondern generell in mindestens 35 Zentimeter hoher Vegetation, die ihr ausreichend Deckung bietet.

Und schließlich möchte ich auch noch nächtliche Zugvögel in diese Liste mit aufnehmen. Viele von ihnen ziehen nachts, wobei sie sich an den Sternen orientieren, und ihre Kontaktrufe sind weithin hörbar. Lauschen Sie im Herbst beispielsweise auf die Rufe von **Rotdrossel** und **Wacholderdrossel**, die aus Skandinavien kommen, um bei uns zu überwintern, ebenso wie die vielen Gänse aus der Arktis, die es sich an unseren Flussmündungen, Seen und Sümpfen gemütlich machen.

Molche, Frösche und Kröten

Im Großen und Ganzen sind die allermeisten der bei uns heimischen Molche, Frösche und Kröten nachtaktiv, da sie die austrocknende Wirkung des Sonnenlichts meiden müssen.

Trotz ihrer engen Bindung an Gewässer findet man die Tiere jedoch nicht nur in der Nähe von Teichen und Tümpeln, sondern auch an feuchten, schattigen Plätzen wie Erdlöchern, hohlen Baumstämmen und unter Steinen. Paarung und Laichen finden im Wasser statt, ansonsten aber sind die Tiere landlebend. Sie ernähren sich von Nackt- und anderen Schnecken sowie von Spinnen und Würmern, die ebenfalls eher in der Nacht zu finden sind.

Zu den ersten Ereignissen, die vom Beginn eines neuen Jahrs in der Tierwelt zeugen, gehören die Ansammlungen männlicher Individuen, die sich vor der Ankunft der Weibchen im Säuseln und Angeben üben. Nein, ich spreche hier nicht von einem Freitagabend im Pub, ich rede vom örtlichen Dorfteich. Dort nämlich kommen mitunter bereits im Januar die Froschmännchen zusammen, um anschließend für ein Massenlaichen in Tümpeln, Gräben und sogar Pfützen zu sorgen. Die Kröten laichen etwas später, ihr Laich ist an der schnurähnlichen Erscheinung zu erkennen. Die Scharen an Fröschen und Kröten, die zum Gewässer ihres Schlupfs zurückkehren, kennzeichnen einen der ersten und spektakulärsten Termine im Kalender der Natur. Tauchen die Weibchen schließlich auf, wetteifern die Männchen miteinander um das Privileg, sich mit einem Weibchen paaren zu dürfen: Sie quaken um Aufmerksamkeit und hoffen darauf, das gewisse Etwas zu besitzen, das die Weibchen schwach werden lässt. Und was dann folgt, wird wissenschaftlich als Amplexus bezeichnet.

Das Männchen springt auf den Rücken des Weibchens und klammert sich dort fest, oft bis zu 24 Stunden lang, um an genau der richtigen Stelle zu sein, an der die Eier extern befruchtet werden können, sobald das Weibchen sie absetzt. Diese auf den ersten Blick rührende Leidenschaft nimmt jedoch recht bizarre Formen an, da in der Regel mehr als ein Männchen um die Poleposition kämpft. Außerdem paaren sich die Männchen in den aufeinanderfolgenden Nächten mit mehreren Weibchen und suchen nach dem Laichen, meist Anfang Mai, das Weite – Frau(en) und Kinder überlassen sie ihrem Schicksal.

Das Prinzip »Weniger ist mehr« trifft auf jeden Fall auf den Laich von Fröschen und Kröten zu: Häufig enthält ein einziger Laichteppich bis zu 2.000 Eier. Diese allerdings kommen den Fischen und Vögeln, die im selben Habitat leben, gerade recht. Aber bitte beachten Sie: Siedeln Sie nie Frösche oder Froschlaich von einem Teich in einen anderen um, auf diese Weise könnte sich das bakteriell bedingte sogenannte Red-Leg-Syndrom verbreiten.

Am weitesten verbreitet ist der **Grasfrosch**, doch auch der **Kleine Wasserfrosch**, der **Laubfrosch** sowie der **Teich-** und der **Seefrosch** sind häufig anzutreffen.

Sollten Sie nicht genau wissen, ob Sie da nun Frosch oder Kröte vor sich haben, können Sie das Tier sanft anstupsen. Hüpft es davon, ist es meist ein Frosch, krabbelt es auf kurzen Beinen davon, ist es in der Regel eine Kröte – auch wenn sich beide Tiere auf beide Arten fortbewegen können. Kröten besitzen eine deutlich trockenere Haut voller Warzen, während Frösche eher einen glatten, glänzenden Teint haben. Außerdem kann der Frosch die Helligkeit beziehungsweise Dunkelheit seiner Haut an seine Umgebung anpassen.

Im Gegensatz zu vielen anderen Amphibienarten fühlt sich die Erdkröte in Teichen mit Fischen ziemlich wohl. Und sie hat auch allen Grund dazu: Krötenkaulquappen sind für Fische giftig. Da auch die ausgewachsenen Tiere noch Gifte absondern können, haben Kröten generell weniger Fressfeinde als Frösche. Reihern, Krähen und Ringelnattern schmecken sie trotzdem.

Alle Amphibien halten zwischen Oktober und März eine Art Winterschlaf, der von einigen Wissenschaftlern allerdings als Kältestarre bezeichnet wird. In dieser Zeit sind die Tiere weit weniger aktiv, aber nicht völlig inaktiv. Kröten und Frösche verbringen die Kältestarre an Orten, an denen Temperatur und Feuchtigkeitsgehalt stabil sind, etwa unter einem Komposthaufen. Frösche graben sich riskanterweise manchmal in den Schlamm auf dem Boden von Teichen ein, der jedoch gefrieren kann.

Da Kröten etwas später laichen als Frösche, nämlich etwa ab März, tauchen auch die jungen Kröten später als die jungen Frösche aus den Teichen auf, meist im August.

Erdkröten sind zwar weitverbreitet, doch auch hier sinkt die Population derzeit. Sie ähneln der viel selteneren **Kreuzkröte**, die als Habitat küstennahe Sanddünensysteme, küstennahe Sümpfe und sandige Heiden bevorzugt. Erkennbar ist die Kreuzkröte an den kürzeren Beinen und der Fähigkeit wegzurennen, wo die Erdkröte eher gemächlich davonschlendert.

Dass viele Kulturen Fröschen und Kröten besondere, ja sogar magische Fähigkeiten zuschreiben, liegt sicherlich nicht zuletzt an den drastischen körperlichen Transformationen, die die Tiere in ihrem Lebenszyklus durchlaufen. Viele Arten häuten sich auch, einige fressen die Häutung hinterher. So kann man leicht nachvollziehen, dass die Tiere auf der ganzen Welt symbolische Bedeutung haben und mit Wiedergeburt, Fruchtbarkeit und Wandlungsprozessen in Verbindung gebracht werden. In vielen unserer Märchen und Sagen, nicht nur im »Froschkönig«, geht es um die Verwandlung eines Froschs in einen Menschen oder umgekehrt.

Auch um Kröten ranken sich üppigste Folklore und Aberglaube, sie tauchen gern als Vertraute der bösen Geister und Hexen auf. In Shakespeares *Wie es euch gefällt* spricht der ältere Herzog von der »Kröte, hässlich, randvoll Gift, Die doch im Kopf die schwarze Perle trägt« und spielt damit auf einen uralten Aberglauben an: auf den des »Krötensteins« oder Bufonits, der sich im Kopf der Kröte befunden haben soll und, als Schutzstein getragen, den Träger angeblich vor Gift warnte, indem er seine Farbe oder Temperatur veränderte. Tja, wer weiß …?

Was unsere drei heimischen Molcharten angeht, so ist die größte von ihnen auch die auffälligste und zugleich seltenste. Der hübsche **Nördliche Kammmolch** wird bis zu 15 Zentimeter lang und hat eine gelborange Unterseite, die sich oberhalb des Bauchs dunkel violett-braun verfärbt. Erkennbar ist er an dem hohen, gezähnten Kamm, den das Männchen zur Paarungszeit trägt. Schwerer auseinanderzuhalten sind **Fadenmolch** und **Teichmolch**, wenngleich Ersterer über Schwimmhäute an den Hinterfüßen verfügt.

Ebenso wie die anderen Amphibien sieht man auch Molche am besten zur Paarungszeit im frühen Frühjahr an und in Teichen. Achten Sie einmal darauf, wie das Männchen dem Weibchen hinterherjagt und sich dann vor ihm aufbaut und mit dem Schwanz vibriert. Das Weibchen legt rund 300 Eier, jedes liebevoll einzeln in Laichkraut verpackt. Schlüpfen die Jungen, sehen sie schon aus wie kleine Molche, womit sie hoffen, Fressfeinden zu entkommen.

Tiertheater

Teilen Sie die Gruppe zunächst in kleinere Gruppen von vier bis sechs Personen auf. Nun darf sich jede Gruppe ein nachtaktives Tier aussuchen, das sie verkörpern will. Nach einer kurzen Probenzeit ahmen die Gruppen abwechselnd ihr jeweiliges Tier durch Bewegungen und Laute nach.

Ausrüstung: keine
Alter: ab sechs Jahren
Teilnehmerzahl: 12–30

Erläutern Sie zunächst genau, was es bedeutet, ein Tier gemeinschaftlich zu verkörpern. Jeder in der Gruppe nimmt aktiv am Verkörpern teil und versucht, die Bewegungen des Tiers so exakt wie möglich darzustellen. Hat das Tier eine Stimme oder macht es ein Geräusch, sollte auch das Teil der Vorstellung sein. Die anderen Gruppen raten erst dann, um welches Tier es sich handelt, wenn die darstellende Gruppe ausreichend Zeit zum Spielen ihres Tiers hatte. Vergessen Sie den Applaus am Schluss nicht!

Was vom Tiere
übrig blieb

Ich weiß, es klingt zunächst etwas unappetitlich, doch die Schachtel mit den Überresten von Tieren wird Ihre Gruppe begeistern, das garantiere ich Ihnen! Zu den Naturschätzen können Federn, Tierschädel, Knochen, Tierfüße, Flügel, Tierhäute oder Hautpanzer gehören. Ich habe meine Sammlung über viele Jahre hinweg angelegt, sie bietet reichlich Anreiz für ein bisschen Naturkunde. Ich zaubere aus meiner Schachtel immer schon zu Beginn der Nachtwanderung ein paar Stücke hervor, über die ich dann etwas erzähle, so wird die Wanderung später viel interessanter und anschaulicher.

Ausrüstung:
eine interessante oder ungewöhnliche Schachtel (bitte keine Plastiktüte!)
Überreste von Tieren
Alter: ab sechs Jahren
Teilnehmerzahl: 2–30

Wir Menschen lieben Requisiten, wir sind nun einmal eine Spezies, die gern tastet und berührt. Besonders gern fassen wir Tiere an, die wir sonst nicht berühren können, weil sie so scheu sind. Den Flügel oder Fuß eines Waldkauzes in der Gruppe kreisen zu lassen weckt unweigerlich die Neugier der Teilnehmerinnen und Teilnehmer. Mit dem getrockneten Körper eines Braunen Langohrs – eine Fledermausart – können Sie wunderbar die Merkmale und charakteristischen Eigenheiten des Tiers erläutern. Manchmal, das muss ich zugeben, höre ich als Erstes ein »Igitt!«, das sich jedoch rasch in ein »Wow!« verwandelt, wenn sich die Mysterien der Natur in ihren vielfältigen Formen sichtbar entfalten.

Ich verwende gern Requisiten wie Schädel und Häute, um einem wenig erfahrenen Publikum ein ihm bisher unbekanntes nachtaktives Tier wie einen Dachs, Fuchs oder Maulwurf vorzustellen. Sehr produktiv ist es, die Gruppe zu fragen: »Was wollt ihr darüber wissen?«, während man den Gegenstand herumgehen lässt.

Damit das auch funktioniert, müssen Sie vorher natürlich Ihre Hausaufgaben machen und über beispielsweise einen Dachsschädel oder eine Eulenfeder bestens Bescheid wissen.

5. DER NÄCHTLICHE HIMMEL

Ich habe die Sterne zu sehr lieben gelernt,
als dass ich Angst vor der Nacht haben könnte.

Sarah Williams, *Twilight Hours*

Gedeckt von meines Schattens Pyramide, Zum Himmel ragend, wiegt mich sel'ger Friede« lässt Percy Bysshe Shelley in *Der entfesselte Prometheus* die Erde sagen und verbindet damit einmal mehr das Lyrische mit dem Tatsächlichen. Denn es stimmt, dass die Erde gewissermaßen eine »Nachtmütze« trägt, während sich die Sonne auf der anderen Seite befindet, und die daraus resultierende Dunkelheit kann man sich wie eine Pyramide vorstellen oder auch wie den spitzen Hut eines Zauberers aus *Harry Potter*. Es handelt sich dabei um den Schatten der Erde, der an seiner Basis einen Durchmesser von fast 13.000 Kilometern hat und bis zu seiner Spitze im All annähernd anderthalb Millionen Kilometer hoch ist, der also etwa hundert Mal höher als sein Durchmesser groß ist.

Es klingt paradox, doch kann man in der Dunkelheit weiter als am Tag sehen, was unter dem Nachthimmel offensichtlich wird. Wenn wir zu den Sternen hinaufblicken, betrachten wir Himmelskörper, die unendlich weit entfernt sind, und dieser Anblick hat sich seit Millionen von Jahren kaum verändert. Die moderne Wissenschaft hat unseren Blick zwar geweitet, doch im Großen und Ganzen und ohne technische Hilfsmittel sehen wir da oben noch das, was auch unsere Neandertalervorfahren gesehen haben.

Unsere Vorfahren haben den nächtlichen Himmel als Kalender, Uhr und Kompass genutzt. Denn bestimmte Sternenkonstellationen treten nur zu bestimmten Zeiten des Jahres auf. Die nomadisch lebenden Beduinen etwa begannen mit der Aussaat, wenn die Plejaden erschienen, und wir wissen von unseren Ahnen, dass die Frühlingsblüte kurz bevorsteht, wenn das Sternbild des Stiers dem Sonnenaufgang vorauseilt.

Die Menschheit richtete ihren Blick auch nach oben, wenn sie sich einen Reim auf die Welt der Erscheinungen machen wollte. Und wir erfreuen uns heute an den Geschichten, die die Menschen früher erfanden und auf die Sternenkonstellationen projizierten. Noch heute finden sich in unserer Sprache ihre Begrifflichkeiten für die uralten Himmelskörper. Unsere Ahnen sahen das ganze Firmament als Bühne, in seiner konstanten Bewegung spielten sich die dramatischen Auftritte und Abgänge ab, die Tode und Wiedergeburten der Darstellenden. Sterne, Mond und Planeten waren das Vokabular des Himmels; indem sie sie als Götter, Helden und Tiere charakterisierten, fügten die Menschen ihrem Leben eine weitere Dimension hinzu.

Eine ganz einfache Möglichkeit, uns mit unseren Ahnen zu verbinden, besteht darin, nachts nach draußen zu gehen und den Himmel zu betrachten, denselben Himmel, den auch sie betrachteten, dasselbe zu fühlen, das auch sie fühlten beim Blick nach oben und in die Unendlichkeit. Denn wer könnte sich dem Versprechen der weiteren Perspektive entziehen, das der sternenübersäte Himmel uns gibt? Dann stellen sich die großen Fragen, über die sicherlich auch unsere entfernten Verwandten nachgedacht haben. Fragen wie: »Warum sind wir hier?«, »Woher kommen wir?« oder: »Was bedeutet das alles?«.

Heute sind wir leider etwas ge- und verblendet, im metaphorischen wie im buchstäblichen Sinn. Die Betrachtung der Sterne wird durch das Licht erschwert, das Straßen, Dörfer und Städte verschmutzt. Doch wer weit genug hinauskommt oder das Glück hat, eine Reise durch die Wüste oder über das Meer machen zu können, kommt in den Genuss eines seltenen Luxus, den der Aktivist und Autor Satish Kumar als »Millionen-Sterne-Hotel« bezeichnet hat.

Die Astronomie ist bekanntlich ein weites Feld, weshalb wir uns hier auf einen kurzen Besuch verschiedener Wahrzeichen und Phänomene beschränken müssen. Dieser sollte jedoch ausreichen, um Sie mit dem grundlegenden Wissen auszustatten, das Sie zur Führung einer Nachtwanderungsgruppe brauchen. Es ist nicht schwer, beim Anblick des nächtlichen Himmels Ehrfurcht und Staunen zu wecken; in diesem Kapitel finden Sie eine kleine Auswahl an Aktivitäten, Fakten und Geschichten, die Ihnen das noch erleichtert.

Astronomie für Anfänger

Mir hat als Kind niemand unseren Platz in der Gesamtheit des Alls erklärt oder mich auf den großen kosmischen Tanz der Galaxien aufmerksam gemacht. Rückblickend erscheint mir das als erstaunliche Lücke in meiner Erziehung, die mir leider auch die traditionellen Narrative vorenthielt, die unsere Vorfahren so sehr geliebt haben. Diese Geschichten über die Sterne, die Sonne und den Mond waren ihre Art, mit den zwar beobachtbaren, aber rätselhaften Phänomenen umzugehen; sie steckten voller Bedeutungen und Andeutungen, so weit hergeholt sie auch gewirkt haben mochten (und angesichts der Größe des Universums sind sie das ja tatsächlich – weit hergeholt!).

Natürlich würde eine eingehende Betrachtung den Umfang dieses Buchs sprengen – deshalb hier nur eine Skizzierung dessen, was um unseren Planeten herum geschieht.

Die Erde dreht sich im Lauf von 24 Stunden von Westen nach Osten einmal ganz um ihre eigene Achse. Da die Sterne scheinbar als Fixpunkte im All um uns herum an Ort und Stelle bleiben, entsteht der Eindruck, die Sonne, der Mond und unsere Nachbarplaneten zögen am Firmament von Osten nach Westen vorüber, wobei einige die Erde jeden

Tag einmal umrundeten. Ein Beispiel: Zu Beginn des Winters taucht das Sternbild des Orion ein paar Monate lang täglich im Osten auf und geht rund zwölf Stunden später im Westen wieder unter. Sie können seine Bewegung am Himmel beobachten, wie er mit 15 Grad pro Stunde über das Firmament zieht (als Faustregel im wahrsten Sinne des Wortes gilt: Eine Faust am Nachthimmel entspricht etwa zehn Grad). In 24 Stunden hat sich Orion einmal über den Himmel bewegt, ist im Westen untergegangen, hat die Erde »hinten« umrundet und ist in seiner Ausgangsposition im Osten wieder angekommen. So zumindest kommt es uns vor. Wir haben den Eindruck, die Sterne zögen über den Himmel, und lange Zeit wurde das auch nicht infrage gestellt. Dann aber veröffentlichte Kopernikus seine »ketzerischen« Theorien, die die Welt in kultureller, metaphorischer und wissenschaftlicher Hinsicht auf den Kopf stellten. Er behauptete, die Erde drehte sich um die Sonne, nicht umgekehrt. Spätere Entdeckungen in der Astronomie bewiesen, dass sich sowohl die Sterne als auch ganze Galaxien durch das All bewegen, und heute wissen wir, dass allem Anschein zum Trotz alles in konstanter Bewegung ist.

Die Erde dreht sich also nicht nur einmal um sich selbst, sie kreist auch einmal ganz um die Sonne, wofür sie ein Jahr braucht. Da dies in östliche Richtung geschieht, scheinen die Sterne in der Nacht etwa einen Grad pro Tag gen Westen zu ziehen. Deshalb erscheinen alle sechs Monate andere Sterne an unserem Nachthimmel.

Ich werde das Gefühl nicht los, dass es mir irgendwie geholfen hätte, hätte man mir das als Kind, als ich noch voller Neugier auf die Welt war, erklärt.

Mit den in diesem Kapitel beschriebenen Aktivitäten und den Informationen über unseren Kosmos können Sie die Erlebnisse auf Ihren Nachtwanderungen vertiefen und wissenschaftlich unterfüttern.

Die Sonne

Obwohl dies ein Buch über die Dunkelheit ist, erscheint es mir nicht richtig, das schlagende Herz unseres Sonnensystems außen vor zu lassen. Zumal die Sonne ja auch immer da ist, auch wenn sie sich nachts gewissermaßen hinter den Kulissen befindet, dann aber das Gesicht des Mondes leuchten lässt. Hier also einige grundlegende Fakten über die Sonne.

Der Durchmesser der Sonne ist 109 Mal so groß wie der der Erde; der riesige Feuerball besteht aus 90 Prozent Wasserstoff, neun Prozent Helium und einem Prozent aller anderen Elemente. Der Hauptprozess im Kern der Sonne ist die thermonukleare Umwandlung von Wasserstoff in Helium, und der Wasserstoff für diesen Prozess wird wohl noch für etwa sieben Milliarden Jahre reichen. Danach wird der Sonne der Treibstoff ausgehen, was eine neue Phase einläuten wird. Auf ihrem Weg zur Selbstzerstörung wird die Sonne, nun ein unvorstellbar großer Roter Riese, Merkur, Venus und wahrscheinlich auch die Erde mit in den Untergang reißen.

Trotz dieser eindrucksvollen Fakten ist unsere Sonne verglichen mit anderen Gestirnen in und jenseits unserer Galaxie noch immer recht durchschnittlich.

Aufgrund der Tatsache, dass Planeten um die Sonne kreisen, könnte man annehmen, die Sonne selbst sei stationär. Weit gefehlt: Die Sonne, und mit ihr unser gesamtes Sonnensystem, bewegt sich, und das sogar in einer recht hektischen Geschwindigkeit. Das ganze System dreht sich mit mehr als 800.000 Stundenkilometern in einem riesigen Kreis um das Zentrum der Milchstraße; jede Umkreisung dauert zwischen 252 und 250 Millionen Jahre. Oder, um aus Douglas Adams' *Per Anhalter durch die Galaxis* zu zitieren: »Du denkst, es ist weit bis zur nächsten Apotheke? Das sind Peanuts im Vergleich zum All.«

Der Mond

Die Geburt des Mondes nahm ihren Anfang mit einem in astronomischer Hinsicht gewaltigen Knall. Der Giant-Impact- oder Kollisionstheorie zufolge entstand der Mond aus den Trümmern, die miteinander verschmolzen, als die Erde mit anderen Planetesimalen – Vorläufern und Bausteinen von Planeten – kollidierte. Es gibt zwar dem widersprechende Hypothesen, doch gehen die meisten Astronominnen und Astronomen heute davon aus, dass die Giant-Impact-Theorie die Entstehung des Mondes am plausibelsten erklärt.

Auch wenn er fast 400.000 Kilometer von der Erde entfernt ist, ist der Mond dennoch der uns zugänglichste Himmelskörper. Unser nächtlicher Lotse hat schon unseren Vorfahren dabei geholfen, sich eine Vorstellung von der Zeit zu machen.

Die Sonne schenkt uns den Rahmen, an dem wir die Ausdehnung eines jeden einzelnen Tages messen, während uns die sich wiederholenden Mondphasen an den Zyklus von Geburt, Tod und Wiedergeburt erinnern und uns so ein Verständnis größerer Muster im Verlauf der Zeit vermitteln. Der duale Aspekt des Mondes – Beständigkeit einerseits, Wandel andererseits – verschaffte der Menschheit Orientierung hinsichtlich Tag, Monat und Jahr. Die Phasen des Mondes haben großen Einfluss auf die Rhythmen der Erde, auf die Gezeiten beispielsweise, und sein außerweltliches Erscheinen und Verschwinden inspirierte unzählige Mythen, Narrative, Rituale und Dankeszeremonien in allen Kulturen der Menschheitsgeschichte.

Singt, ihr Musen, mit süßer Stimme,
Singt, ihr Töchter des Zeus, du Sohn des Kronos,
Singt uns die Geschichte vom langgeflügelten Mond.

Homer, »Hymne an Selene«

Die jährlich veröffentlichten Almanache enthalten Informationen über kosmische Zyklen und Gezeiten und waren für unsere Vorfahren in außerordentlich pragmatischer Weise nach der Bibel die wichtigste Schrift. Das Wissen über die Mondphasen half Reisenden und Bauern – ebenso wie Schmugglern, die ihre Geschäfte so im Schutz der Dunkelheit abwickeln konnten. Die Feldarbeiter etwa wussten, dass sie im September länger auf dem Feld bleiben konnten, da der Mond in diesem Monat bereits kurz nach Sonnenuntergang aufgeht; so blieb mehr Zeit für die Ernte. Und eine alte Bauernregel besagt: »Warmer und trockner Septembermond mit reifen Früchten wird reichlich belohnt.«

Früher orientierte man sich bei der Dauer des Jahres an den Mondphasen, doch wollen zwölf Mondzyklen leider nicht ganz zu unserem Sonnenjahr passen: Das wird mit 365 Tagen berechnet und ist somit elf Tage länger als zwölf Mondzyklen à 29,5 Tage. Deshalb verlängerte Julius Caesar das Jahr 45 auf 445 Tage, damit im darauffolgenden Jahr der neue Sonnenkalender mit eben jenen 365 Tagen beginnen konnte. Kleinere Abweichungen wurden alle vier Jahre mit einem Extratag aufgefangen – unsere heutigen Schaltjahre.

Zwar beeinflusst der Mond mit seiner Anziehungskraft die Gezeiten, doch ob er sich damit auch auf unser Verhalten auswirkt, ist bislang nicht wissenschaftlich bewiesen. Trotzdem wird das, gerade was den Vollmond betrifft, schon lange behauptet. Vom 15. bis zum 17. Jahrhundert glaubte man, Frauen seien »besonders anfällig« für den Einfluss des Mondes: A. Roger Ekirch berichtet in seinem Buch *In der Stunde der Nacht* von 22 weiblichen Opfern, die in der Londoner Gemeinde St. Botolph eines »plötzlichen Mondtodes« starben. Und in Kulturen rund um den Erdball zeigte und zeigt man sich fasziniert von einem seltsamen Fluch, der manche Menschen bei Vollmond in etwas anderes verwandelt, etwas ganz anderes: einen Werwolf.

Eine weitere Auswirkung, die Bruder Mond auf Schwester Erde hat, ist die Verlangsamung der Erdrotation. Astronomen haben bewiesen, dass sich die Erde früher viel schneller drehte, als sie es heute tut; also hat uns der Mond wohl vor dem einen oder anderen Schwindelanfall bewahrt! Durch die Nähe des Mondes dreht sich die Erde langsamer – das muss man sich einmal auf der Zunge zergehen lassen. Es passt in meinen Augen perfekt zur anderen Schwingung der Nacht, in der alles ruhiger, langsamer und stiller ist. Zudem weckt der allein über einen scheinbar leeren Himmel ziehende Mond unsere Empathie, weil er uns an uns selbst erinnert, wenn wir allein sind oder uns allein fühlen.

Sollten Sie die Führung einer Nachtwanderung planen, ist es sinnvoll, sich mit den lunaren Mustern des Monats vertraut zu machen. So wissen Sie, wann Sie einen Mondauf- oder -untergang beobachten können. Diese Informationen finden Sie in einem Almanach, aber natürlich auch im Internet. Der Mond vollführt in einem Monat denselben »Tanz«, den die Sonne in einem Jahr vollführt, erscheint am östlichen Horizont also zu verschiedenen Tages- beziehungsweise Nachtzeitpunkten.

Falls ein Teleskop nicht praktikabel ist oder zur Verfügung steht, empfehle ich ein Fernglas zur Beobachtung des Mondes. Es ist immer noch ganz erstaunlich, wie viele Details der Mondoberfläche man selbst mit nur einem Fernglas erkennen kann. Jeder, der sich den Mond noch nie mit einem Fernglas angesehen hat, darf sich auf etwas freuen.

Am deutlichsten sichtbar sind die Umrisse, Krater und Narben auf der Oberfläche des Mondes während des zunehmenden und abnehmenden Mondes, da dann die Schatten länger sind und die Details deutlicher hervortreten.

Eines der schönsten Erlebnisse für mich ist der Aufgang des Vollmonds über dem östlichen Horizont, ihn können Sie auch wunderbar für ein Gruppenerlebnis nutzen (siehe »Mondblüte«). Je nach Topografie Ihrer Umgebung müssen Sie sich dafür auf einen Hügel begeben, um eine bessere Sicht zu haben. Der Augenblick, in dem der rötliche Mond über den östlichen Horizont klettert, ist einfach atemberaubend und wird Sie und Ihre Gruppe gleichermaßen begeistern.

Mondblüte

Diese Aktivität ist an den wunderbar achtsamen japanischen Brauch angelehnt, sich im Frühling gemeinsam die Kirschblüte anzusehen und sie zu ehren, indem man sich unter einen Kirschbaum setzt und ein Gläschen Pflaumenwein genießt. Daher auch der Name der Aktivität: Mondblüte.

Ausrüstung:
Sitzmatten
Laterne mit Kerze
Picknickkorb
Alter: ab acht Jahren
Teilnehmerzahl: 4–16

Denn es ist ein sicher ähnlich schönes Erlebnis, sich bei klarem Himmel den aufgehenden Mond anzusehen. Unterschätzen Sie die Wirkung dieser schlichten Aktivität nicht: Sind die Bedingungen günstig, werden Sie ehrfürchtig darüber staunen, dass der Mond dem Alltag eine solch heilige Qualität verleihen kann.

Planen Sie die »Mondblüte« um den Vollmond herum ein. Am Abend des Vollmonds selbst wird der Mond in wundervoller Symmetrie der Natur genau dann aufgehen, wenn die Sonne untergeht. An den darauffolgenden Abenden oder manchmal auch Tagen wird der Mond je nach Jahreszeit jeweils etwa 50 Minuten später aufgehen. Die Wintermonate eignen sich für diese Aktivität besser, weil es dann früher dunkel wird und die Details des Mondes bei seinem spektakulären Auftritt auf der dämmrigen Bühne besser zur Geltung kommen.

Sollten Sie nicht an einem Ort wohnen, an dem Sie den Horizont sehen können, denken Sie einfach daran, dass der Mond im Osten aufgeht, die Bahn der Sonne am Nachthimmel nachzeichnet und im Westen untergeht. Da es im Jahresverlauf zu kleineren Abweichungen von diesem allgemeinen Schema kommen kann, sollten Sie sich einen Aussichtspunkt mit möglichst weitem Blick suchen.

Informieren Sie sich im Vorhinein unbedingt darüber, wie das Wetter an diesem Abend wird, denn bei schlechter Sicht nützt auch der schönste Aussichtspunkt nichts.

Nehmen Sie in Anlehnung an den Pflaumenwein einen Picknickkorb vor allem mit Getränken mit; wenn es sehr kalt ist, sollten es heiße Getränke sein. Planen Sie auch das Timing gut: Sie sollten auf jeden Fall rechtzeitig vor Mondaufgang an Ort und Stelle sein und dürfen ruhig noch etwas Zeit für Vorfreude haben. Für die meisten Gruppen reichen 20 Minuten Reflexions- und Meditationszeit vor dem Aufgehen des Mondes aus, manche Gruppen genießen es aber auch, vorher länger still dazusitzen.

Wenn Sie die »Mondblüte« nicht nur gemeinsam mit einem Freund oder einer Freundin, sondern mit einer ganzen Gruppe praktizieren, können Sie noch einige Feinabstimmungen vornehmen, damit auch wirklich alle das Erlebnis genießen können.

Erläutern Sie beispielsweise den Ablauf des Abends, damit jeder weiß, was er zu erwarten hat: Wie weit ist es bis zum Aussichtspunkt, wie lange wird man dort sitzen und sich den Mondaufgang ansehen?

Wenn Sie am Aussichtspunkt angekommen sind, können Sie die Gruppe ein wenig einstimmen, beispielsweise mit einer Diskussion über den Mondzyklus und die Rolle, die der Mond in den Kulturen der Welt gespielt hat und noch immer spielt. Seien Sie kreativ! Sie können dabei auch Gedichte vorlesen – oder besser: auswendig rezitieren –, den Teilnehmerinnen und Teilnehmern ein Rätsel aufgeben oder eine Geschichte über den Mond erzählen. Anregungen dazu finden Sie in Kapitel 7.

Anschließend sollen sich alle auf eine Matte setzen, in Richtung Horizont blicken und zur Ruhe kommen, während sie auf den Mond warten. Am besten bleiben alle in Sichtweite, denn als kollektives Erlebnis ist die »Mondblüte« noch schöner. So unterscheidet sich die Aktivität auch gut von der Übung »Sitzplatz«.

Ich zaubere den Picknickkorb meist als Überraschung hervor, aber das ist natürlich kein Muss. Gehen Sie vor oder nach dem Auftritt des Mondes (nicht während) mit dem Korb herum und bieten Sie jedem einen Schluck »nächtliche Medizin« an.

Ein weiteres hübsches Detail ist es, die Zeit zur Rückkehr der Gruppe in die Zivilisation mit dem Anzünden einer Kerzenlaterne zu signalisieren, die Sie dann auch gleich dazu nutzen können, um der Gruppe in der Dunkelheit den Weg zu weisen – es sei denn, das Gelände ist so unwegsam, dass Sie ein stärkeres Licht, also eine Taschenlampe, brauchen, damit alle sicher nach Hause kommen. Der Heimweg erfolgt am besten ebenfalls in Stille, auch das fördert die ehrfürchtige Atmosphäre. Ist die Gruppe am Lagerfeuer oder Ausgangspunkt angekommen, können sich die Teilnehmerinnen und Teilnehmer falls gewünscht über das Erlebte austauschen. Doch wenn es geht, sollte auch das bis zum nächsten Morgen warten.

Anmerkungen und Varianten

Manchmal klappt das mit dem aufgehenden Vollmond nicht – dann stimmt entweder der Zeitpunkt nicht oder das Wetter spielt nicht mit. Halten Sie sich andere Optionen offen: In einer mondlosen Nacht bietet sich vielleicht eher die Sternenbeobachtung an. Sie können sich alles Mögliche ansehen, Sie allein entscheiden, worauf Sie die Aufmerksamkeit der Gruppe lenken wollen. Sie können sich auch einfach unter den Nachthimmel setzen, die Dunkelheit kommen lassen und dabei zusehen, wie die ersten Sterne aufgehen.

Die Planeten

Die Informationen, die die NASA-Raumsonden in den letzten Jahrzehnten von ihren Reisen in weit entfernte Winkel unseres Sonnensystems mitgebracht haben, gewähren uns höchst außergewöhnliche Einblicke in die Geschichte und Zusammensetzung der Planeten. In uralten Zeiten galten sie als die dramatisch begabten Darsteller auf der Bühne des Kosmos, die sich kapriziös vor dem fixen Hintergrund der Sterne bewegten. Die Planeten sind gewissermaßen die Nomaden des Nachthimmels, das griechische Wort *planetes* bedeutet nichts anderes als Wanderer.

Auf einer Nachtwanderung können wir sogar mit bloßem Auge den kosmischen Tanz der Planeten in unserer näheren Umgebung beobachten, und so möchte ich Ihnen diese im Folgenden kurz vorstellen.

Venus

Die Venus gehört zu den Himmelskörpern, die besonders gut zu beobachten sind, denn sie leuchtet sehr hell – entweder dann, wenn die Sonne gerade am westlichen Himmel untergeht, oder wenn sie gerade am östlichen Himmel aufgeht. Deshalb nennt man die Venus auch den Morgen- oder Abendstern. Tatsächlich ist die Venus der dritthellste Stern am Firmament, weshalb die Römer ihr den Namen der Göttin der Schönheit und Liebe gaben. Da sie der Erde recht nah ist und eine ähnliche Größe wie diese hat, wird sie manchmal auch als unser Schwesterplanet bezeichnet. Doch während die verschiedenen kosmischen Kräfte die Erde zu einem Planeten gemacht haben, auf dem das Leben blüht, entspricht die Venus eher unserer Vorstellung von der Hölle. Es ist auf ihrer Oberfläche nicht nur teuflisch heiß, sie hüllt sich auch in giftige Kohlendioxid- und Schwefelsäuredämpfe, deren Dichte den atmosphärischen Druck auf der Oberfläche rund neunzig Mal höher sein lässt als den auf der Erde herrschenden. Diese Dämpfe reflektieren mindestens 70 Prozent des auf der Venus eintreffenden Sonnenlichts, was den Planeten in der Morgen- und Abenddämmerung so hell erstrahlen lässt.

Mars

Mehr als jeder andere von uns aus sichtbare Planet schwankt der Mars in seiner nächtlichen Erscheinung und ist von Jahr zu Jahr mal besser und mal schlechter zu sehen. Diese veränderliche Helligkeit ist einer der Gründe dafür, warum die alten Astronomen ihm kriegsähnliche Eigenschaften zuschrieben: als Stimmungsschwankungen eines wankelmütigen Kriegsgottes, der manchmal ruht und sich manchmal auf dem Kriegspfad befindet.

Auch den Mars können wir am nächtlichen Himmel gut mit bloßem Auge erkennen. Seine rötliche Färbung verdankt er dem Vorhandensein von Eisenoxid auf seiner Oberfläche. Doch war der Mars nicht immer ein trockener, kalter und felsiger Planet: Daten der Raumsonden, die auf dem Mars gelandet sind, lassen darauf schließen, dass es auf ihm einst Unmengen von Wasser gab, dass der Mars also selbst einmal ein blauer Planet war.

Der Mars hat zwei Monde, Phobos und Deimos, nach den Zwillingssöhnen des Ares benannt, des griechischen Kriegsgottes, aus dem bei den Römern der Kriegsgott Mars wurde. Dazu eine interessante Anmerkung: Jonathan Swift erwähnt die »beiden kleineren Sterne« in *Gullivers Reisen*, möglicherweise angeregt durch Spekulationen des deutschen Astronomen Johannes Kepler. Allerdings entdeckte man die beiden Monde erst 151 Jahre *nach* dem Verfassen des Buchs …

Jupiter

Der unangefochtene Herrscher über unser himmlisches Königreich ist der gewaltige Gasriese Jupiter, der vierthellste Stern am Firmament. Erst vor Kurzem haben Astronominnen und Astronomen herausgefunden, wie wichtig die Rolle des Jupiters bei der Entstehung unseres Sonnensystems war und wie wichtig der Planet heute noch für uns ist. Sein Ruf als Souverän ist demnach mehr als berechtigt. Die einfachere Version einer komplexen Theorie besagt, dass sich der Jupiter einen Weg bahnte, als er mit seiner immensen Gravitationswirkung seine erste Umlaufbahn durchbrach, und dabei kosmischen Staub und Trümmer weit in den Asteroidengürtel und weit über den Mars hinaus schleuderte. Heute sieht man den Planeten mehr wie einen Jekyll und Hyde, denn er hat durchaus auch zerstörerisches Potenzial: So kann er beispielsweise den einen oder anderen Asteroiden oder Kometen nach uns »werfen«. Dennoch schadet es nicht, Jupiter hin und wieder für den Schutz zu danken, den er uns die meiste Zeit über angedeihen lässt.

Der Durchmesser des Planeten beträgt kolossale 140.000 Kilometer, seine Masse beläuft sich auf die aller anderen Planeten, Asteroiden und Satelliten in unserem Sonnensystem zusammen. Da er jedoch keine feste Oberfläche hat, muss man hier doch von einer optischen Täuschung sprechen, wenn auch von einer gewaltigen. Die obere Atmosphäre des Jupiters befindet sich in konstantem Aufruhr, was die ständig wechselnden, wunderschönen Muster fließender Wolken erklärt, die hauptsächlich aus Wasserstoff und Helium bestehen. Man kann die Wolken nur mit einem leistungsstarken Teleskop sehen, für die vier größten Monde des Planeten braucht man dagegen lediglich ein normales Fernglas. Übrigens spekulieren die Astronomen, dass insgesamt nicht weniger als 600 Monde den Jupiter umkreisen.

Saturn

Auch der Saturn, mit seinen prächtigen Ringen das glitzernde Juwel in der Krone des Sonnensystems, ist ein gewaltiger Gasriese. Und nur um Ihnen eine Vorstellung von der Größe des Planeten zu vermitteln: Der Saturn und seine Ringe könnten den gesamten Raum zwischen der Erde und dem Mond ausfüllen.

Allerdings hat der Planet eine weitaus geringere Dichte als der Jupiter – sogar eine geringere Dichte als Wasser. Hätten wir also ein Gewässer, das groß genug wäre, würde der Saturn darauf schwimmen!

Der Saturn liegt so weit draußen, dass er 29,5 Jahre braucht, um einmal um die Sonne zu kreisen, und bis sein Licht uns erreicht, dauert es rund 79 Minuten.

Die Rolle, die der Saturn in der Erdgeschichte spielte, ist nicht weniger bedeutend als die des Jupiters. Während der Jupiter in unserem Sonnensystem Amok lief und mit seiner Gravitationswirkung alles wegkegelte, was ihm im Weg war, trat der Saturn als Retter auf. Dank seines Gravitationsfeldes konnte er durch seine anfängliche Umlaufbahn und seine Nähe zum Jupiter diesen einbremsen und »zurückziehen« und so die Erde vor der zerstörerischen Kraft des Planeten bewahren.

Die Cassini-Raumsonde, die sich in der Umlaufbahn des Saturns befindet, hat dort viele Monde entdeckt – bislang gelten 82 als gesichert –, die jedoch noch nicht alle einen Namen bekommen haben. Der größte dieser Monde ist der Titan, nach dem Jupitermond Ganymed der zweitgrößte in unserem Sonnensystem. Der Titan ist sogar größer als der Planet Merkur. Wenn Sie den Saturn mit einem Fernglas betrachten, können Sie auch den Titan knapp erkennen. Faszinierend ist, dass es auf dem Titan ebenso wie auf einigen anderen Saturnmonden einen Ozean gibt, der tatsächlich mikrobielles Leben enthalten könnte.

Dank der Raumsonde wissen wir heute, dass die Ringe des Saturns aus Eis und Gestein bestehen und teilweise nur rund zehn Meter dick sind, weshalb sie »verschwinden«, wenn wir sie aus bestimmten Blickwinkeln betrachten. Die Ringe erstrecken sich bis zu 280.000 Kilometer über den Planeten hinaus. Leider muss man davon ausgehen, dass der Saturn seine wunderschönen Ringe eines Tages verlieren wird. Bis es so weit ist, werden aber noch rund 100 Millionen Jahre vergehen.

Sternenkonstellationen

Haben Sie als Kind auch gern Zeichnungen angefertigt, bei denen Sie einzelne Punkte miteinander verbinden mussten? Dann werden Sie das mit den Sternbildern ebenso gern tun! Hier ist es natürlich etwas schwieriger, weil Sie keinen Anfangs- und keinen Endpunkt haben und auch nicht durch aufeinanderfolgende Zahlen geleitet werden.

Die Magie hier besteht aus einer anderen Verbindung, nämlich der, bei der Mythos auf Mathematik trifft. Es waren die Geschichtenerzähler, die aus Konstellationen Bilder machten; diese Bilder regten unsere kollektive Fantasie an und weckten unser Interesse an dem, was am Himmel geschah. Da dieser als Domäne des Göttlichen galt, verwundert es nicht weiter, dass die Kulturen rund um den Globus Szenen und Bilder ihrer Götter in die Sternenkonstellationen malten. Hinsichtlich unserer »Himmelskarte« müssen wir den alten Griechen, den Römern und den frühen Hochkulturen aus dem Mittleren Osten danken, die sie mit Geschichten und Bedeutungen füllten.

Ptolemäus, ein im zweiten nachchristlichen Jahrhundert in Ägypten lebender griechischer Astronom, hat diese Geschichten zwar nicht erfunden, sie allerdings meisterhaft an den Nachthimmel projiziert und damit 48 Sternbilder zum Leben erweckt. Seine Abhandlung über Astronomie beeinflusst die Art und Weise, wie wir die Sterne betrachten, noch heute.

Natürlich gab es auch widerstreitende Narrative anderer und nachfolgender Kulturen, und so entstand, auch im Zuge moderner Entwicklungen in der Astronomie, eine endgültigere Himmelskarte aus globaler Pers-

Wann welche Konstellation sichtbar ist

Im Folgenden finden Sie einen kurzen Überblick über die Jahreszeiten und die wichtigsten dann am nördlichen Nachthimmel sichtbaren Sternenkonstellationen:

Ganzjährig: Drache, Giraffe, Großer Bär, Kassiopeia, Kepheus, Kleiner Bär

Frühling: Becher, Bootes, Jungfrau, Krebs, Löwe, Rabe, Wasserschlange

Sommer: Adler, Herkules, Leier, Schlangenträger, Schütze, Schwan, Skorpion

Herbst: Andromeda, Dreieck, Fische, Pegasus, Perseus, Steinbock, Wassermann

Winter: Eridanus, Fuhrmann, Großer Hund, Kleiner Hund, Orion, Perseus, Stier, Walfisch, Zwillinge

---

pektive. 1922 versuchte die International Astronomical Union, das Durcheinander aufzuräumen, und hatte 1930 eine international abgestimmte Liste von 88 Sternenkonstellationen erstellt, von denen die Hälfte auf Ptolemäus' Erkenntnissen und Beschreibungen beruhte. Heute blicken wir zwar hauptsächlich durch die Brille der Wissenschaft auf die Sterne, doch ist das Gebräu der Geschichten, die wir auf diese ultimativ leere (und schwarze) Leinwand projiziert haben, faszinierend wie eh und je.

Die Sternbilder der Tierkreiszeichen liegen alle auf der Ekliptikebene, der scheinbaren Bahn der Sonne, wie wir sie von der Erde aus sehen können. Oder anders: Die Sonne scheint jede dieser Konstellationen im Laufe eines Jahres einmal zu passieren. Dieses Muster aber verändert sich von Jahr zu Jahr: Anhand der Bahn der den Tierkreis durchlaufenden Sonne schlossen alte Kulturen auf kosmische Einflüsse und trafen Prognosen zu Wetterentwicklungen und Wachstumszyklen.

Heute wird der Begriff »Tierkreis« in erster Linie mit der Astrologie in Verbindung gebracht, wobei die zwölf westlichen Tierkreiszeichen den zwölf Konstellationen auf der Ekliptikebene entsprechen. Die sogenannten Kardinalzeichen Widder, Krebs, Waage und Steinbock markieren den Beginn der vier Jahreszeiten, das heißt, die Sonne tritt jeweils in den ersten Tagen des Frühlings, Sommers, Herbsts und Winters in diese Zeichen.

Alle Geschichten über die Sternbilder zu erzählen würde mehrere eigene Bücher füllen – ich möchte Sie hier nur ein wenig auf den Geschmack bringen. Mehr dazu finden Sie unter »Ausgewählte Literatur«.

Andromeda: Sie ist die nächste und hellste Spiralgalaxie, die wir sehen können, sie liegt nur zweieinhalb Millionen Lichtjahre jenseits der Milchstraße. In der griechischen Mythologie war Andromeda die Tochter der Königin **Kassiopeia**. Über deren eitle Prahlerei war der Meeresgott Poseidon derart erzürnt, dass er ein Meeresungeheuer – den Walfisch – entsandte, um ihr Königreich zu verwüsten. In dem Versuch, das Ungeheuer zu besänftigen, kettete man die unschuldige Andromeda als Opfergabe an einen Felsen; sie wurde jedoch von Perseus gerettet. Kassiopeia aber wurde von Poseidon an den Himmel verbannt; dort hängt sie sechs Monate des Jahres kopfüber, um Buße für ihre Eitelkeit zu tun.

Fische: Hier besteht eine Verbindung zur Göttin Aphrodite und ihrem Sohn Eros, die von dem hundertköpfigen Ungeheuer Typhon verfolgt wurden. Auf der Flucht vor ihm sprangen sie in den Fluss Euphrat, wo sie auf dem Rücken zweier Fische in Sicherheit gebracht wurden.

Großer Bär: Diese Sternenkonstellation gehört zu unseren bekanntesten. Sie findet sich in den Mythen vielerlei Kulturen; in Großbritannien wird ein Teil von ihr auch Pflug genannt, in Europa und den USA Großer Wagen, und die Franzosen kennen den Teil des Sternbilds als »La Grande Casserole«, als Stielpfanne. Seine sieben Sterne stehen mal für sieben Weise, mal für sieben Schmiede, mal für sieben Brüder, die

Eine Geschichte
über Bären

Vor langer Zeit, als die griechischen Götter auf dem Olymp wohnten und über die Menschen herrschten, hatte ein König in Arkadien eine wunderschöne Tochter namens Kallisto. Diese stach Zeus, dem obersten Gott, eines Tages ins Auge, als sie Artemis, die Göttin der Jagd, begleitete. Zeus verliebte sich auf Anhieb in Kallisto: Er verführte sie und versuchte dann, die Affäre vor seiner Gattin Hera geheim zu halten.

Nach einer Zeit aber gebar Kallisto Zeus einen Sohn, Arkas, und so erfuhr Hera doch, was geschehen war. Als Strafe verwandelte die Eifersüchtige Kallisto in einen Bären und verbannte sie in die Wildnis. Im Laufe der Jahre wurde auch aus Arkas, wie aus Orion, ein großer Jäger. Eines Tages traf er tief im Wald auf einen Bären und wunderte sich, dass dieser nicht vor ihm davonlief. Natürlich handelte es sich bei dem Bären um Arkas' Mutter Kallisto. Sie hatte ihren erwachsenen Sohn erkannt und wollte mit ihm sprechen, konnte aber nur knurren. Als sie sich Arkas näherte, zückte dieser Speer und Schwert ... und die Geschichte hätte sicher ein tragisches Ende gefunden, hätte Zeus nicht rechtzeitig eingegriffen. Um beide zu schützen, verwandelte er auch Arkas in einen Bären und bannte sie an den nächtlichen Himmel – außerhalb Heras Reichweite, aber immer in ihrer Sichtweite. Es heißt, der Schwanz der Bären sei länger als üblich, weil Zeus sie daran packte, über seinem Kopf herumwirbelte und sie dann an den Himmel warf.

Doch wie so häufig hat Hera auch hier das letzte Wort: Sie verbot den Bären, sich jemals auszuruhen, weshalb sie nie hinter dem Horizont untergehen.

eine der sieben Schwestern der Plejaden entführten – eine »Erklärung« dafür, warum wir in dieser Sternenkonstellation heute nur noch sechs Sterne sehen. Die beiden hinteren Sterne sind als »Polweiser« bekannt, da eine gedachte Linie von ihnen aus immer zum Polar- oder Nordstern führt. Das einfach zu erkennende Muster, das sich um den fixen Polarstern herum bewegt, hat den Menschen schon immer dabei geholfen, sich nachts und im Verlauf der Jahreszeiten zu orientieren.

Ganz in der Nähe des zweiten Sterns des »Pfannenstiels« befindet sich ein weniger heller Stern, Alkor; diesen benutzten die arabischen Seefahrer als Sehtest – wer den sah, konnte auch segeln.

Großer Hund: Diese Konstellation enthält Sirius, den Hundsstern; er ist der hellste Stern an unserem Himmel. Merkwürdigerweise taucht er in anderen Kulturen auch als Wolf, Fuchs oder Schakal auf. In der griechischen Mythologie ist er der große Hund, der dem mythischen Jäger Orion auf dem Fuße folgt und mit diesem gemeinsam einen Hasen jagt, ebenfalls als Sternbild verewigt. In einer Version der Geschichte wird der Hund, Laelaps, der berühmt dafür ist, immer zu fangen, was er jagt, auf die Fährte des Teumessischen Fuchses gesetzt, der der Sage nach nie gefangen werden kann. Aus Mitleid griff Zeus in dieses Paradoxon ein und verbannte beide an den nächtlichen Himmel, wo sie noch immer die ewige Jagd nachspielen. Der Fuchs, auch **Kleiner Hund** genannt, erscheint etwa eine Stunde vor seinem Verfolger am Himmel.

Ihr jährliches Auftauchen fällt im Mittelmeerraum mit der heißesten Zeit des Jahres zusammen, weshalb man auch von den »Hundstagen« spricht.

Nähere Betrachtungen in neuerer Zeit ergaben auch, dass der »Hund« einen »Welpen« hat, einen Begleiter, den man Sirius B nannte; der Hundsstern ist also in Wahrheit ein Doppelstern, was seine außerordentliche Helligkeit erklären würde. Ein weiterer Grund für Letztere ist der, dass Sirius nach astronomischen Maßstäben nur einen Steinwurf von uns entfernt ist: schlappe 8,6 Lichtjahre.

Orion,
der große Jäger

An dieser Geschichte sind auch andere Sternbilder beteiligt, darunter Hase, Stier und Schütze.

Es war einmal, da reiste Zeus, der mächtige König der Götter, gemeinsam mit seinen Brüdern Poseidon und Merkur durch das Land. Als es allmählich spät wurde und weit und breit keine Herberge in Sicht war, verkleideten die drei Reisenden sich und baten einen alten Schäfer um ein Nachtlager. Dieser erkannte die Verkleideten zwar nicht, bot ihnen aber dennoch bereitwillig seine Gastfreundschaft an und schlachtete für sie sogar seine letzte Kuh. Die Götter waren beeindruckt von der Großzügigkeit des alten Mannes und fragten, was auf der Welt er sich am meisten wünschte. Einen Sohn, antwortete der Schäfer. Mit einem blendenden Lichtblitz offenbarten Zeus, Poseidon und Merkur sich und versprachen, den Wunsch des Alten zu erfüllen.

Sie versammelten sich um die Haut der Kuh herum, die sie gerade verspeist hatten, hielten eine geheimnisvolle Zeremonie ab und banden die Haut der Kuh zu einem Bündel. Drei Monde, so die Götter, sollte der Alte warten, bis er das Bündel öffnete. Geheißen, getan: Als der Schäfer schließlich in das Bündel blickte, lag ein wunderschöner kleiner Knabe darin. Der Schäfer war überglücklich und nannte das Kind **Orion**.

Als Orion älter wurde, wuchs er zu einem großer Jäger heran. Als junger Mann verliebte er sich unsterblich in die sieben Schwestern der Plejaden und jagte sie in seiner Leidenschaft so erbarmungslos, dass Zeus sie in den Himmel hob, wo Orion in seiner unerwiderten Liebe nicht mehr an sie herankam. Doch Orions Ruf als Jäger verbreitete sich weiter und erregte schließlich die Aufmerksamkeit von Artemis, der Göttin der Jagd, die seine Geliebte wurde.

Apoll aber, der Bruder der Artemis, war eifersüchtig auf Orion und tötete ihn mit einem Skorpion. In ihrem Kummer bat Artemis Zeus darum, ihren Geliebten den hellsten Gestirnen am Nachthimmel zuzugesellen, und so ist er auch heute noch dort zu sehen, wie er mit seinen beiden Hunden, dem **Großen** und dem **Kleinen Hund**, Jagd auf den **Hasen** macht. Zeus ehrte Orion weiterhin, indem er ihm den schnaubenden **Stier** gegenüberstellte, dessen rotes Auge der Stern Aldebaran ist. Apoll, nun voller Reue, erinnerte durch das Sternbild des **Skorpions** an den Tod des großen Jägers, wenngleich Zeus dieses ans andere Ende des Himmels verbannte: Geht der eine auf, geht der andere unter. Daneben platzierte Zeus den **Schützen**, der mit gezücktem Pfeil auf das Herz des Skorpions zielt, sollte Letzterer es wagen, sich Orion noch einmal zu nähern.

Das Sternbild des Orion ist eines der bekanntesten überhaupt; zwischen dem frühen Herbst und dem späten Frühling jagt er von Osten von Westen über den nächtlichen Himmel. Da das Sternbild über dem Äquator steht, ist es von allen bewohnten Orten auf der Erde aus sichtbar.

Lokalisieren können Sie Sirius, indem Sie zunächst Orions Gürtel ausmachen und dann einer gedachten Linie gerade nach unten folgen. Bei uns zeigt er sich in der Regel am abendlichen Himmel des späten Winters sowie kurz vor Sonnenaufgang im späten Sommer.

Herkules: Dieses Sternbild basiert auf dem griechischen Gott Herakles, Weiteres ist über den Ursprung der Konstellation nicht bekannt. Wie es einem großen Heroen gebührt, der am Himmel als »Kniender« zu sehen ist, sind die Geschichten, die sich um ihn ranken, lang und verwickelt.

Jungfrau: Die Jungfrau ist das größte Sternbild und mit Dike assoziiert, der griechischen Göttin der Gerechtigkeit. Sie war so enttäuscht davon, dass das Goldene Zeitalter der Menschheit im Niedergang begriffen war, dass sie die Menschen ihrem Schicksal überließ und fortan lieber am Himmel lebte, ganz in der Nähe des Sternbilds Waage.

Kassiopeia: Siehe Andromeda.

Kleiner Bär: Diese Konstellation spiegelt den Großen Bären und ist zwar viel kleiner als dieser, aber aufgrund ihrer Position am Himmel dennoch wichtig. Der Kleine Bär enthält den Polarstern, er bildet die Spitze des »Pfannenstiels«.

Krebs: Dies ist die Krabbe Karkinos, die Herkules bei einem Kampf mit der vielköpfigen Hydra an den Himmel warf. Passend zu dieser doch etwas kleineren Rolle ist der Krebs eine der weniger hellen Sternenkonstellationen im Tierkreis.

Löwe: Der Löwe ist mit dem Nemeischen Löwen verbunden, den Herakles im Rahmen seiner zwölf Aufgaben töten musste. Da Herakles' Pfeile die Haut des Löwen nicht durchdringen konnten, erwürgte er ihn kurzerhand und trug sein Fell fortan als Umhang.

Nördliche Krone: Dieser kleine Ring aus Sternen befindet sich in der Nähe des Roten Riesen Arktur und war zur Zeit der alten Griechen als »Krone der Ariadne« bekannt. Der Legende zufolge rettete Ariadne Theseus vor dem Minotaurus und heiratete anschließend den Gott Dionysos. Auf ihrer Hochzeit trug sie eine juwelenbesetzte Krone, die der Feuergott Hephaistos angefertigt hatte.

Steinbock: Er findet seinen Ursprung in einer sumerisch-babylonischen amphibischen »Meeresziege«. Die Griechen aber assoziierten die Sternenkonstellation mit ihrer Waldgottheit Pan, die die Hörner und Beine einer Ziege besitzt.

Waage: Sie ist das einzige unbelebte Tierkreiszeichen. Die Römer mochten dieses Sternbild sehr, da Rom gegründet worden sein soll, als der Mond in der Waage stand.

Wassermann: Der Wassermann wird oft mit Ganymed in Verbindung gebracht, dem Mundschenk der griechischen Götter. Der Sage nach war Zeus so verliebt in den wunderschönen Sohn des Königs Tros, dass er sich in einen Adler verwandelte, um den Knaben in den Olymp zu entführen.

Widder: Der geflügelte Widder mit dem goldenen Vlies wurde von der Nymphe Nephele zur Rettung der beiden Kinder des Königs Athamas entsandt. Das goldene Vlies wiederum wurde später von Iason und den Argonauten geraubt.

Zwillinge: Dieses Sternbild ist nach dem Halbbrüderpaar Kastor und Pollux benannt, die zu den Schutzheiligen der griechischen Seefahrer wurden. Ihre Köpfe werden von zwei der hellsten Sterne der Konstellation markiert.

Der Meteorstrom
der Perseiden

Jedes Jahr im August bietet sich uns das wahrlich spektakuläre Naturschauspiel eines Sternschnuppenschauers. Bei ihrem Umlauf um die Sonne passiert die Erde die Trümmer des Kometen Swift-Tuttle. Dabei dringen Partikel in die Erdatmosphäre ein, die durch Reibung verbrennen; den dabei entstehenden Lichtstreifen sehen wir als »fallenden Stern« – die Sternschnuppe. Durch unseren Betrachtungswinkel scheint dies im Sternbild Perseus stattzufinden – daher der Name des Phänomens –, obwohl beides nicht wirklich miteinander verbunden ist. Am besten sehen Sie die Perseiden in den frühen Morgenstunden, wenn sich die Erde den »Kindern des Perseus« zuwendet.

Die Milchstraße

Es war Galileo Galilei, der durch sein Teleskop blickte und seine Zeitgenossen darüber aufklärte, dass sich die Milchstraße tatsächlich aus unzähligen Sternen zusammensetzt. Sie kann nur an einem hinreichend dunklen Himmel beobachtet werden, doch dann ist der leuchtende Sternenstrudel eine wahre Offenbarung. Heute leben 60 Prozent der Europäer und 80 Prozent der Amerikaner an Orten, an denen sie das Wunder Milchstraße aufgrund der Lichtverschmutzung nicht sehen können.

Früher hielt man die Milchstraße in Europa für eine Himmelsstraße, die alten Araber bezeichneten sie als *darb al-tabbāna*, als »Heuhändlerstraße«. Die Ureinwohner Australiens sahen sie wieder anders, als himmlischen Fluss. Für den Buschmann war sie die Asche des Lagerfeuers, für die alten Ägypter der Weizen, den die Göttin Isis verstreut hatte. Natürlich flossen diese Wahrnehmungen in die Kosmologie und traditionellen Geschichten ein. Und in wundervoller Vereinigung von Wissenschaft und Mythos haben wir mittlerweile herausgefunden, dass der »leuchtende Fluss« wirklich ein Strudel ist, in dessen Mitte ein furchterregendes Ungeheuer lauert, das alles verschlingt, was ihm vor die Nase kommt. Die Rede ist von einem Schwarzen Loch: Es frisst Sterne, die einfach in seinem mysteriösen, gierigen Schlund verschwinden.

Der griechische Name der Milchstraße leitet sich von dem griechischen Wort für Milch ab, das uns auch unser Wort »Galaxie« beschert hat. Der Legende nach soll sie folgendermaßen entstanden sein: Zeus liebte seinen Sohn Herakles, den er mit einer Sterblichen gezeugt hatte, und beschloss, den Säugling seiner göttlichen Frau Hera im Schlaf an die Brust zu legen. So sollten dem Baby gottähnliche Eigenschaften geschenkt werden. Als Hera erwachte und sah, dass sie einen ihr unbekannten Säugling stillte, stieß sie das Kind weg – und aus der Milch, die aus ihrer Brust schoss, wurde die Milchstraße.

In der irischen Mythologie hieß die Milchstraße »Straße der Weißen Kuh«. Dort galt sie als himmlisches Spiegelbild des heiligen Flusses
Boyne, der auch Großes Silberjoch genannt wurde.

Biolumineszenz

Die Biolumineszenz gehört zu den schönsten und seltsamsten
Phänomenen der Natur; in England ist sie in einer bestimmten
Erscheinungsform poetisch als *foxfire*, als Fuchsfeuer, bekannt.
Damit ist ein grünlich-bläuliches Licht gemeint, das manchmal
auf verrottendem Holz zu sehen ist, insbesondere in feuchten
Eichenwäldern. Am besten ist es in dunklen, mondlosen Näch-
ten ohne Taschenlampe zu erblicken.

Das seltsame Licht, das auch Feenlicht oder Irrlicht genannt
wird, galt früher als mystisch. Erst im 19. Jahrhundert fand man
eine wissenschaftliche Erklärung dafür: Das Licht stammt von
den Myzelsträngen eines Pilzes und ist das Ergebnis einer che-
mischen Reaktion, bei der der Pilz das Totholz zersetzt. *Warum*
der Organismus dabei leuchtet, weiß man noch immer nicht. Mo-
mentan nimmt man an, er locke damit Insekten an, die die Pilz-
sporen verbreiten und dem Pilz so bei der Fortpflanzung helfen.

Manchmal aber möchte man lieber auf wissenschaftliche Er-
klärungen verzichten. Ich beispielsweise befeure gern die Fantasie jüngerer Kinder, indem ich mit ihnen darüber spekuliere, was
das rätselhafte Licht wohl sein könnte. Meiner Meinung nach
bringt diese Art von kreativem Prozess Kinder der Natur und
dem Mysterium des Lebens näher.

Doch ob Sie das Phänomen nun erklären oder nicht: Es wird
Ihrer Nachtwanderung auf jeden Fall einen Hauch von Magie
verleihen.

Das Polarlicht *(Aurora borealis)*

Das Polarlicht, diese unheimlich glimmende Erscheinung, ist meist nur im Norden Schottlands sowie auf den nördlichen schottischen Inseln zu sehen, und dann auch nur selten. Allerdings ist es auch schon sehr viel weiter südlich beobachtet worden, nämlich im walisischen Pembrokeshire. Sollten Sie das Glück haben, sich in diesen Gegenden des dunklen Nachthimmels im hohen Norden aufhalten zu können, haben Sie vielleicht auch das Glück, Zeuge dieses außerweltlichen Phänomens zu werden, das sich durchschnittlich alle paar Monate ereignet.

Es gibt beinahe nichts Spektakuläreres als eine ausgewachsene *Aurora borealis*, wie das Polarlicht auf der Nordhalbkugel der Erde wissenschaftlich genannt wird. Kein Wunder also, dass es in der Folklore der im Norden lebenden Kulturen auftaucht. Meine diesbezügliche Lieblingsgeschichte stammt aus einer finnischen Sage, der zufolge das Nordlicht vom Schweif eines fliehenden Polarfuchses erzeugt wird, der die Berge des Nordens streift.

Tatsächlich sind die Lichter eine Folge von Aktivität auf der Sonne. Nach Explosionen auf der Sonnenoberfläche werden geladene Teilchen ins All geschleudert, manche davon landen schließlich in der Nähe der Erde. Sie werden vom Magnetfeld der Erde, das als Schutzschild fungiert, eingefangen und in die Polarregion geleitet, wo die Partikel mit Gasmolekülen in der Atmosphäre kollidieren. Die Energie, die dabei freigesetzt wird, erzeugt Licht, das je nach Molekularstruktur des Gases grün, blau, gelb oder sogar rot ist.

Sternennavigation

Die Sterne schenken uns nicht nur wunderschöne Geschichten, sie bieten uns darüber hinaus noch etwas anderes, ebenfalls sehr Wertvolles: Orientierung. Da unsere Vorfahren vom GPS noch nichts wussten, mussten sie sich beim Reisen in der Nacht auf ihr Wissen über die Sterne verlassen. Sie brauchen die Sterne nicht unbedingt, um Ihren Weg auf einer Nachtwanderung zu finden; allerdings bereichert es das Erlebnis, wenn Sie sie mit einbeziehen.

Sehr viele Tiere, darunter Vögel, Fische und sogar Mistkäfer, orientieren sich an Land und im Wasser anhand des Blicks nach oben. Auch der Mensch hat das getan: Die Wikinger beispielsweise ließen sich nach ihren Angriffen auf Britannien vom Polarstern den Weg nach Hause weisen.

Der Polarstern ist unser zuverlässigster Wegweiser nach Norden, denn er ist zirkumpolar, geht also nicht unter. Sie können ihn ganz einfach finden: Dazu müssen Sie nur das Sternbild des Großen Wagens ausmachen und von dessen hinteren beiden Sternen aus einer gedachten geraden Linie folgen. Sobald Sie auf diese Weise auf einen sehr hellen Stern treffen, haben Sie den Polarstern gefunden. Dieser gehört wie bereits erwähnt übrigens zum Sternbild des Kleinen Wagens oder Bären.

Der Mond folgt nachts der Bahn, die die Sonne am Tag gezogen hat, er geht im Osten auf und im Westen unter. Sollten Sie eine Mondsichel sehen, können Sie einer gedachten geraden Linie folgen, die zwischen den »Hörnern« des Mondes beginnt und am Horizont endet – so wissen Sie immer, wo Süden ist.

Steht der Orion über Ihnen, wissen Sie ebenfalls, wo Süden ist, denn das »Schwert« des Jägers weist genau in diese Richtung.

Und schließlich finden Sie den geografischen Süden auch mithilfe des »Sommerdreiecks«, das die drei Sterne Wega, Deneb und Altair (oder Atair) bilden. Steht dieses Dreieck auf seinem Weg von Osten nach Westen an seinem höchsten Punkt am Himmel, weist sein unterer Stern, Altair, genau nach Süden.

Sterngucker

Zu meinen schönsten Nachtwanderungserlebnissen mit einer Gruppe gehören zweifellos jene in den bei uns seltenen warmen Sommernächten, in denen der Himmel klar ist und kein Mond die Puderzuckerdecke der Sterne am nächtlichen Himmel überstrahlt. Solche Nächte eignen sich ideal dazu, die Sterne zu beobachten.

Ausrüstung:
Decken
Laternen mit Kerze
Alter: ab acht Jahren
Teilnehmerzahl: 2–25

Vor Ankunft der Teilnehmerinnen und Teilnehmer breiten Sie in offenem Gelände Decken auf dem Boden aus und zünden die Kerzen in mehreren Laternen an. Wenn Sie die Gruppe dann am Treffpunkt abholen und zum vorbereiteten Ort führen, wartet so schon eine kleine Überraschung auf sie.

Nun sollen sich alle auf die Decken legen und in den Himmel blicken. Ich verbinde das gern mit dem Thema der Zeitreise, etwa so: »So, ihr Sterngucker! Habt ihr Lust auf eine Zeitreise? Na dann: Ab in meine Zeitmaschine! Ihr dürft dabei einfach liegen bleiben und in den Himmel gucken.«

Haben es sich alle gemütlich gemacht, geben Sie der Gruppe einige Minuten Zeit, damit sie den Anblick des Firmaments ganz in sich aufnehmen kann.

Nun haben Sie die Wahl: Entweder lassen Sie alle die Stille und Ehrfurcht genießen, die der Anblick der Sterne unweigerlich in ihnen hervorrufen wird. Oder Sie erzählen eine Geschichte, die kürzer oder länger sein kann, je nach zur Verfügung stehender Zeit, Alter der Anwesenden, Temperatur und Wissen über die Sterne Ihrerseits.

Hier ein Beispiel, was ich den Sternguckern erzählen würde:

»Vergesst nicht, euch anzuschnallen, denn gleich geht es los und wir werden ziemlich flott unterwegs sein. Ihr seid entspannt?

Gut! Aber vergesst auch nicht, dass unser wunderschöner Planet ein Raumschiff ist, das im Sonnensystem kreuzt. Bei ihrem Umlauf um die Sonne erreicht die Erde eine Geschwindigkeit von fast 100.000 Stundenkilometern, haltet euch also fest! Denkt auch daran, dass die Erde selbst sich dreht, während sie die Sonne umkreist, und zwar mit einer Geschwindigkeit von 1600 Kilometern pro Stunde. Deshalb gibt es Tag und Nacht, denn wir wenden uns an unserem Standort auf der Erde der Sonne zu und anschließend wieder von ihr ab.

Niemand weiß, wie viele Sterne es im Universum gibt; was wir aber wissen, ist, dass es mehr Sterne im All als Sandkörner auf der Erde gibt. Das vermittelt uns einen kleinen Eindruck vom Ausmaß des Universums – denkt doch nur einmal daran, wie viele Sandwüsten und Strände es auf der Welt gibt! Es würde wahrscheinlich eine ganze Woche dauern, die Sandkörner von nur einer Handvoll Sand zu zählen.

In klaren, mondlosen Nächten wie dieser können wir mit bloßem Auge bis zu 2500 Sterne am Himmel sehen. Das ist gemessen an der Gesamtanzahl der Sterne nicht viel, doch müssen wir uns jeden einzelnen als anders- und einzigartige Welt vorstellen. Es scheint also viel los zu sein am Himmel, doch ist das eher eine optische Täuschung: Schließlich sind die Sterne ungeheuer weit voneinander entfernt. Mit 150 Millionen Kilometern Entfernung ist die Sonne unser nächster Stern; der Stern, der uns am nächtlichen Himmel am nächsten ist und den wir mit bloßem Auge erkennen können, ist Alpha Centauri, und der ist fast viereinhalb Lichtjahre von uns entfernt. Ihr könnt euch jetzt ungefähr vorstellen, wie weit dann die kaum noch sichtbaren Sterne von uns entfernt sein müssen, und das sind nur die, die unsere Raumsonden auf ihren Reisen in den Tiefen des Alls gefunden haben, am äußeren Rand unseres Sonnensystems.

Wirklich verrückt wird es, wenn wir uns klarmachen, dass es

Sterne gibt, die so weit draußen liegen, dass ihr Licht noch nicht einmal in unserem Sonnensystem angekommen ist.«

(Hier mache ich immer eine kleine Pause.)

»Sucht euch nun einen Stern aus, auf den ihr euch konzentrieren wollt. Dieser Stern ist möglicherweise so weit entfernt, dass ihr zwar sein Licht sehen könnt, es diesen Stern aber schon nicht mehr gibt. Die Entfernung ist so groß, dass das Licht zwar noch auf dem Weg hierher, der Stern aber bereits am Ende seiner Existenz angekommen ist. Als das Licht, das ihr jetzt seht, den Stern verlassen hat, war die Erde vielleicht noch von Dinosauriern bevölkert.

In diesem Sinn ist die Sternenbeobachtung eine Art Zeitreise. Das Licht, das ihr jetzt am Himmel funkeln seht, hat den Stern vor langer, langer Zeit verlassen.«

(Wählen Sie an dieser Stelle einen Stern als Beispiel aus, vielleicht Arktur, der 37 Lichtjahre von uns entfernt ist. Sein Licht, das man jetzt sehen kann, hat den Stern im Jahr 1985 verlassen.)

»Blicken wir nach oben, blicken wir in die Vergangenheit ...

Mit dem Wissen im Hinterkopf ist es umso erstaunlicher, dass unser Planet irgendwie genau die richtigen Bedingungen geschaffen hat, damit Leben auf ihm blühen kann. Genau die richtige Menge Sauerstoff, genau die richtige Menge Kohlenstoff, genau die richtige Menge Wasserstoff, genau die richtige Menge Stickstoff und so weiter. Ein wahres Wunder.«

Sternbilder
legen

Bei dieser Aktivität werden zuerst bekannte Sternbilder auf dem Boden gelegt, bevor die Gruppe anschließend versucht, sie am Himmel auszumachen. Auch das ist eine gute Möglichkeit, die Geschichten der verschiedenen Sternenkonstellationen zu erzählen. Mindestens sechs Sternbilder eignen sich ganz hervorragend dazu, denn sie rotieren um den Polarstern und sind in der nördlichen Hemisphäre das ganze Jahr über zu sehen.

Ausrüstung:
weiße/helle Steine oder Kreidestücke
Astrolabium (optional)
Alter: ab zehn Jahren
Teilnehmerzahl: 6–25

Wählen Sie einen zentralen Punkt – beispielsweise das Lagerfeuer –, der an Ihrem imaginären Nachthimmel für den Polarstern steht. Legen Sie dann die Steine oder Kreidestücke so, dass sie Sternbilder ergeben. Lassen Sie die Gruppe zunächst so viel wie möglich allein tun; greifen Sie nur ein, wenn sich Fehler einschleichen oder die Gruppe nicht mehr weiter weiß.

Fangen Sie mit dem Großen Wagen an, der einen Teil der Sternenkonstellation Großer Bär bildet. Der Große Wagen besteht aus sieben Sternen, die besonders hell am Himmel zu sehen sind. Erinnern Sie falls nötig daran, dass die beiden »Polweiser« am hinteren Ende des Wagens übereinanderliegen und so eine gerade Linie ergeben, die, verlängert man sie, im Polarstern endet.

Nun legen Sie auf der gegenüberliegenden Seite des zentralen Punkts die fünf hellen Sterne der Kassiopeia. Anschließend bilden kleinere Steine vier schwächer sichtbare zirkumpolare Konstellationen: den Kleinen Wagen (Teil des Kleinen Bären), Kepheus, den Drachen und die Giraffe. Diese Sternbilder sind das ganze Jahr über sichtbar, wenngleich sie mal höher und mal tiefer am Himmel stehen.

Viele Sternenkonstellationen wandern einmal pro Tag/Nacht um den Polarstern, verstecken sich manchmal aber hinter dem Horizont. Orion beispielsweise ist im Mai eher schwer aufzuspüren, da er sich unter dem »Mantel« des Tages verbirgt. In ähnlicher Weise sind die Plejaden, die am Ende eines Horns des Sternbilds Stier liegen, nur in den Nächten zwischen Oktober und März gut sichtbar. Konsultieren Sie das Astrolabium, um zu erfahren, wo genau sich die Sterne in der Nacht Ihres Ausflugs befinden.

Nachdem nun alle Sternbilder auf dem Boden gelegt sind, entfernen sich die Teilnehmerinnen und Teilnehmer vom Lagerfeuer und versuchen, die Konstellationen am Himmel wiederzufinden. Haben sie ein Sternbild entdeckt, können Sie eine kleine Geschichte dazu erzählen. Diesbezügliche Anregungen finden Sie im Abschnitt »Sternenkonstellationen«. Mit der Zeit werden die Sternbilder der Gruppe immer vertrauter werden und ihr in den Stunden der Dunkelheit bei der Orientierung helfen.

Anmerkungen und Varianten

Wenn Sie die Aktivität ohne Lagerfeuer im dunkleren Wald durchführen wollen, können Sie statt der Steine elektrische Teelichte verwenden oder die Steine vorher mit einem Punkt Leuchtfarbe versehen.

6. NACHTWANDERUNGEN FÜHREN

Wer ein Licht im Dunklen hat, kennt das Licht.
Das Dunkel aber kennt man nur, hat man das Licht nicht.
Dann sieht man auch das Dunkel blühen und singen,
das voller dunkler Füße ist und Schwingen.

Wendell Berry

Unterschätzen Sie nie die Aufregung, die mit der Aussicht auf eine Nachtwanderung einhergeht. Kein Wunder: Das ist ja auch ein ganz besonderes Erlebnis. Je nach Profil der Gruppe kann sich beim Gedanken an einen nächtlichen Ausflug in unbekanntes Terrain von Vorfreude bis ängstlicher Erwartung alles einstellen. Das sollten Sie unbedingt im Hinterkopf behalten, wenn Sie Ihre Wanderung planen, denn davon hängt beispielsweise auch ab, welche Atmosphäre Sie zu Beginn des Ausflugs schaffen wollen.

Dazu ein Beispiel: Ich hatte das Glück, mich schon an einigen exotischen Orten der Welt aufhalten zu können, und weiß, wie es sich anfühlt, von Beutegreifern umgeben zu sein, denen man äußerst schmackhaft vorkommen muss. Ein wirklich nervenaufreibendes Gefühl, das einen voller Demut zurücklässt; ich habe mich dabei nicht nur ausgeliefert und verletzlich gefühlt, die Erfahrung hatte auch interessante Auswirkungen auf meine sinnliche Wahrnehmung. Jede Körperzelle war in Alarmbereitschaft versetzt und sich der Gefahren, die potenziell überall lauerten, bewusst. Und um ehrlich zu sein, habe ich mich kaum je lebendiger gefühlt.

Hält die Gruppe das aus, können Sie eine ähnliche Atmosphäre auch zu Beginn Ihrer Nachtwanderung schaffen – natürlich nur, wenn Sie damit niemandem ernsthaft Angst machen. Vor allem bei kleineren Kindern sollten Sie die positive Beziehung, die zwischen ihnen und der nächtlichen Natur bislang möglicherweise entstanden ist, nicht dadurch gefährden. Bei »abgebrühteren« Teilnehmerinnen und Teilnehmern könnte es allerdings für ein wenig zusätzliche Spannung sorgen, wenn Sie sie vor dem »Sitzplatz«, dem »Zurückfinden« oder der »Feuerpirsch« darauf hinweisen, dass da draußen vielleicht etwas auf sie wartet, das in der Nahrungskette über ihnen steht.

Wenn es etwa um das Auftauchen von Großkatzen in Großbritannien geht, so blühen Mythen und Legenden, und ich stimme dem Autor George Monbiot zu, der die imaginären Sichtungen für den Ausdruck unserer kulturellen Sehnsucht nach etwas Wildem und Unberechenbarem hält. Die angeblichen Sichtungen selbst habe ich allerdings nie ernst genommen – bis vor Kurzem.

Man berichtete mir von einer ganzen Gruppe, die im Wald in der Grafschaft Devon eine Großkatze gesehen haben wollte. Eine ganze Gruppe – da wird man schon hellhörig. Ich begann also, mich mit den Menschen in Verbindung zu setzen, die ein solches Erlebnis angeblich schon einmal hatten, und führte einige interessante Gespräche, vom Nun-wirklich-zu-weit-Hergeholten bis zum zwingend Glaubhaften. Manchmal bekräftigten verschiedene Sichtungen einander, und der eine oder andere, mit dem ich mich unterhielt, konnte mich tatsächlich davon überzeugen, dass er sich das Ganze nicht nur eingebildet hatte. Dennoch nagte irgendwo in meinem Inneren noch immer der Zweifel an mir. Gab es denn nicht wenigstens ein paar handfeste Beweise wie Exkremente oder Fußabdrücke oder ein unverwackeltes Foto? Die lieferten mir schließlich einige Kollegen mithilfe ihrer Bewegungsmelder-Nachtsicht-Kameras, die sie in den Wäldern von Gloucestershire aufgestellt hatten.

Heute zweifle ich nicht mehr daran, dass Großkatzen die Randgebiete dieses Landes durchstreifen, und vielleicht haben ja auch Sie schon von plausiblen Sichtungen gehört oder von häufiger vorkommenden weniger plausiblen. Deshalb spiele ich bei meinen Nachtwanderungen gern mit derlei Hinweisen. Dabei ist das Timing sehr wichtig: Am besten warten Sie mit den Anspielungen, bis sich die Gruppe in der Dunkelheit etwas akklimatisiert hat. Sie können sie auch anbringen, wenn Ihnen die Gruppe ein wenig zu übermütig vorkommt und Sie sie wieder Demut der Dunkelheit gegenüber lehren wollen.

Glaubt man Ihnen nicht, können Sie natürlich noch hinzufügen, dass Großkatzen selbst in ihrem angestammten Lebensraum selten Menschen angreifen und es in der Regel um jeden Preis vermeiden wollen, gesehen zu werden. Und so gab es auch in Großbritannien keine diesbezüglichen Vorfälle, zumindest nicht seit unsere letzte einheimische (Fast-)Großkatze, der geliebte Luchs, um 700 nach Christus in englischen Gefilden ausgestorben ist.

Ob Sie nun selbst daran glauben, dass es in heimischen Wäldern Großkatzen gibt, oder nicht, so ist die Vorstellung, dass es sie geben könnte, doch irgendwie tröstlich. Auf jeden Fall ist es nicht schlecht, dieses gewisse Gefühl der Bedrohung zu haben, denn das schärft unsere Sinne und bringt Schwung und Spannung ins Nachterlebnis.

Am besten beginnen Sie die Nachtwanderung bereits in der Dämmerung, damit sich alle ein wenig auf die Nacht einstimmen können.

Die Vorbereitungen

Das Einstimmen ist für die Atmosphäre Ihrer Nachtwanderung sehr wichtig. Sich im Freien aufzuhalten, während das Licht allmählich schwindet, hilft unserer Nachtsicht dabei, ihr Optimum zu erreichen. Wirklich auf den Weg machen sollten Sie sich, bevor der Himmel völlig dunkel ist.

Auch wenn Ihr Timing stimmt und es in dem gewählten Gebiet nachts von Tieren nur so wimmelt, sollten Sie sich mit den Erwartungen der Gruppe auseinandersetzen und auf diese eingehen – falls nötig, müssen

Sie sie etwas dämpfen. Natürlich spielt dabei wiederum das Profil der Gruppe eine Rolle: Es ist, wie Sie mir sicher zustimmen werden, ein himmelweiter Unterschied zwischen einem Haufen aufgeregter Zehnjähriger und einer kleinen Gruppe neugieriger Erwachsener. Machen Sie allen zu Beginn unbedingt klar, wie sich Geräusche oder gar Lärm auf die nächtliche Natur auswirken. Versuchen Sie bei einer Kindergruppe mithilfe der begleitenden Erwachsenen, den Geräuschpegel zu senken. Es ist eher unrealistisch, von den Kindern zu erwarten, die gesamte Wanderung über still zu sein. Wer sich freut, will das anderen mitteilen, das geht Erwachsenen nicht anders als Kindern. Passen Sie Ihre Grundsätze, was etwa die Bedeutung geräuschloser Bewegungen angeht, entsprechend an und gestatten Sie es allen, ihren Gefühlen hin und wieder hörbar »Luft zu machen«.

Nicht vergessen

- Erste-Hilfe-Kasten
- Ersatztaschenlampen und -batterien
- Mobiltelefon für Notfälle
- Gefahreneinschätzung im Vorhinein
- Toilettenset, bestehend aus Toilettenpapier, Desinfektionsmittel für die Hände und kleiner Schaufel
- Trillerpfeife oder ein anderes Kommunikationsmittel

Selbst wenn es Ihnen nicht gelingen sollte, dass irgendwann doch ehrfürchtige Ruhe einkehrt, weil die Kinder einfach zu viel Spaß haben, als dass sie ihre Aufregung für sich behalten könnten: Denken Sie bitte daran, dass die Nachtwanderung dennoch eine bedeutsame Erfahrung für sie sein wird. Auch wenn Ihre Hoffnungen und Erwartungen sich nicht erfüllen sollten, wird die Nacht, in der sie sich in die dunkle Wildnis wagten, den Kindern für den Rest ihres Lebens in Erinnerung bleiben.

Wenn Sie Gefallen am Führen von Nachtwanderungen finden, können Sie sich als Guide qualifizieren, wenn auch nicht speziell als Guide für Nachtwanderungen. (Einige Kurse zu Berg- oder Moorwanderungen umfassen auch Instruktionen zu nächtlichen Navigationstechniken mittels Karte und Kompass.) Das Grundwissen können Sie sich in kurzen, nicht allzu teuren Workshops aneignen, zu ihnen gehört immer auch ein Erste-Hilfe-Kurs. Dieser ist wichtig, wenn Sie mit mehr Menschen als der unmittelbaren Familie unterwegs sind. Schließlich wollen Sie sich in Ihrer Rolle wohlfühlen. Deshalb hier noch ein paar wertvolle Tipps für angehende Nachtwanderungsguides:

- Verbringen Sie nachts zuerst selbst etwas Zeit im Freien, am besten allein, um sich mit der Dunkelheit vertraut zu machen.
- Gehen Sie die geplante Strecke vorher ab. Wo sind Rastpunkte, wie kann man die Strecke verkürzen, sollte das notwendig sein? Gehen Sie davon aus, dass nicht alle Teilnehmerinnen und Teilnehmer gleichermaßen trittsicher sind, und vergewissern Sie sich, dass die Gruppe den Weg in der Dunkelheit mühelos bewältigen kann. Was tagsüber leicht erscheint, kann sich nachts zur unüberwindbaren Hürde auswachsen. Am besten wählen Sie eine Route ohne jegliche Hindernisse. Sie mögen ja rasch über einen umgefallenen Baum klettern können, Ihre Gruppe kann das aber vielleicht nicht. Und wenn Sie erst jedem einzeln hinüberhelfen müssen, kostet Sie das wertvolle Zeit.
- Widmen Sie sich im Vorhinein der Gefahreneinschätzung: Wo kann es möglicherweise zu Unfällen oder Verletzungen kommen?
- Erstellen Sie eine Liste der für die Nachtwanderung nötigen Dinge, inklusive der Dinge, die auf der »Nicht vergessen«-Liste (siehe Kasten) stehen. Außerdem sollte sie die Ausrüstung enthalten, die Sie für die Aktivitäten und/oder Spiele brauchen.
- Halten Sie die Gruppengröße gering, bis Sie ausreichend Erfahrung als Guide gesammelt haben.

Und noch ein Warnhinweis: Informieren Sie sich darüber, ob es in Ihrer Region Zecken gibt, vor allem an den Orten, an die Sie Ihre Gruppe führen wollen. Mittlerweile gibt es immer mehr Fälle von Lyme-Borreliose, die wahrscheinlich auf Hirsch- beziehungsweise Rehzecken zurückzuführen sind – die Prävalenz ist in den letzten Jahren deutlich angestiegen. Vor Zeckenstichen schützen können Sie sich durch geschlossene Kleidung mit langen Ärmeln und Hosenbeinen sowie Socken, die Sie über die Hosenbeine ziehen. Suchen Sie sich nach einer Wanderung immer gründlich nach Zecken ab; besteht der Verdacht auf einen Stich, gehen Sie umgehend zum Arzt.

Nachtwächter

Bei diesem Spiel besucht ein mysteriöser »Nachtwächter« die Gruppe, um sie ins Reich der Nacht zu entführen.

Idealerweise versammelt sich die Gruppe vor dem dramatischen Auftritt des Nachtwächters am frühen Abend um ein Lagerfeuer herum. Am besten betritt der Nachtwächter die »Bühne« kurz vor Einbruch der Nacht. Aus der Dämmerung heraus erscheint also plötzlich eine rätselhafte, in einen Umhang gehüllte Gestalt, mit einer Kerzenlaterne in der einen und einem Wanderstab in der anderen Hand, um die Schulter trägt er (oder sie) eine ungewöhnlich aussehende Umhängetasche. Das Gesicht des »Fremden« ist mit Kohle verschmiert, er verströmt den Geruch von Weißem Salbei. Dann stellt er sich als Nacht-

Ausrüstung:
eine ungewöhnlich aussehende Tasche, in der sich alle anderen Ausrüstungsgegenstände befinden
Minitaschenlampen
Laterne mit Kerze
Streichhölzer
Kohle
Weißer Salbei
vorher beschriftete laminierte Karten (A5) mit Leuchtstreifen
Alter: ab neun Jahren
Teilnehmerzahl: 8–16

wächter vor, der gerade seine Runde machen will; die Kostümierung, so erzählt er, hilft ihm dabei, mit der Nacht zu verschmelzen.

»Ist euch schon mal aufgefallen«, fährt er fort, »dass die Erde die Hälfte der Zeit im Schatten liegt? Habt ihr schon einmal beobachtet, wie sich der Tag in die Nacht verwandelt? Wie die Vögel stiller werden und die Stimmung sich verändert? Nun, zu dieser Zeit beginnen die Nachtwächter ihre Runden, um sicherzustellen, dass auch alles so ist, wie es sein sollte. Wollt ihr sehen, was wir Nachtwächter tun? Das wäre schön, denn wir brauchen Menschen, die wir in die Geheimnisse unserer Profession einweihen können. Möchte mich also jemand begleiten?«

Natürlich möchte das die Gruppe, die sich auf den aufregenden Ausflug in die Nacht freut.

»Gut! Freut mich zu sehen, dass ihr langärmelige und dunkle Kleidung sowie weiche Schuhe tragt, in denen ihr ganz leise gehen könnt. Das nämlich heißt, dass die Wesen da draußen uns als Nachtwächter erkennen und sich hoffentlich nicht von uns stören lassen. [Muss sich nun jemand noch umziehen, wäre dies der richtige Zeitpunkt dafür.] Bevor wir aufbrechen, müsst auch ihr euer Gesicht tarnen und euren menschlichen Geruch verbergen.«

Nun werden Kohle und Salbei herumgereicht, mit denen sich die Gruppe einreibt, bevor der Nachtwächter seine letzte Instruktion erteilt.

»Folgt mir so leise ihr nur könnt, und lasst uns nur mit unseren Nachtaugen sehen.«

Im Licht einer einzelnen Laterne (und der nicht allzu hellen Taschenlampe eines Helfers oder einer Helferin) macht sich die Gruppe unter der Führung des Nachtwächters auf den Weg in den Wald. Unterwegs hält der Nachtwächter drei- oder viermal an, die Stellen sind mit laminierten Karten mit Leuchtstreifen markiert. Dort werden Minitaschenlampen verteilt, anschließend wird vorgelesen, was auf den Karten steht. Jede enthält eine Einladung zur Erkundung der Nacht mit einem anderen Schwerpunkt, etwa:

- Lauscht den Geräuschen der Nacht.
- Nehmt die Schatten der Nacht wahr, indem ihr mit dem Zeigefinger die Umrisse der Landschaft nachzeichnet.
- Macht eine »Unterweltsafari«, begebt euch also mit euren Minitaschenlampen auf Entdeckungsreise (ähnlich wie bei der »Kleinsttiersafari«).

Danach versammelt sich die Gruppe und tauscht sich über das Erlebte aus. Die Minitaschenlampen werden zurückgegeben, bevor der Nachtwächter die Gruppe auf eine Lichtung führt, von der aus man den Nachthimmel gut sehen kann.

»Um ein wahrer Nachtwächter zu werden, müsst ihr lernen, allein unterwegs zu sein, denn nur dann erfahrt ihr, wie schön die Nacht wirklich ist. Sucht euch deshalb nun einen Platz, an dem ihr ganz allein sitzen könnt. Ihr solltet die Laterne noch sehen können, dürft euch aber ruhig so weit entfernen, wie ihr euch traut. Setzt euch dann und spürt, wie es ist, ›allein‹ im Frieden der Nacht zu sein. Ich blase die Kerze aus; wenn ich sie wieder anzünde, in etwa zehn Minuten, kommt ihr ganz leise zurück. Viel Glück, und genießt es!«

Auf dem Rückweg zum Lagerfeuer oder Ausgangspunkt erfolgt die letzte Einladung an einer Stelle mit gutem Blick auf die Sterne. Alle legen sich auf den Rücken und blicken in den Himmel, während der Nachtwächter die Geschichte von unserem Platz im All erzählt (siehe »Sterngucker«).

Zuletzt sagt der Nachtwächter dann Folgendes:

»Meine Runde ist nun vollendet. Danke, dass ihr mich begleitet habt. Ihr gehört nun auch zum Verband der Nachtwächter und könnt jederzeit selbst eure Runden drehen. Ihr habt das wichtigste Geheimnis erfahren: dass die Schattenseite des Sonnenschiffs Erde nicht so angsteinflößend ist, wie ihr vielleicht dachtet. Lasst uns nun zum Lagerfeuer zurückkehren, um die gespeicherte Energie der Sonne weiter zu genießen. Dabei könnt ihr euch in euren neuen Fähigkeiten üben. Wie wär's, wenn wir ganz leise zurückkehrten, für den Fall, dass sich noch andere Wanderer der Nacht blicken oder hören lassen?«

Wie Sie sehen, erfordert diese Aktivität eine gute Planung und Vorbereitung: So müssen beispielsweise die Karten beschriftet, laminiert, mit Leuchtstreifen versehen und unterwegs platziert werden.

Die Sequenz stammt vom Institute for Earth Education; natürlich können Sie sie an Ihre Bedürfnisse hinsichtlich Zeit, Ort und Alter der Gruppe anpassen. Allerdings erfüllt sie dann nicht mehr die Standards, die bezüglich der Nachtwächter vom Institut vorgeschrieben sind. Erwähnen sollten Sie die Quelle trotzdem, auch wenn Ihre Version vom Original abweicht.

Beispiele für Nachtwanderungen

Natürlich gibt es unendlich viele Möglichkeiten, einen Ausflug in die Dunkelheit zu gestalten, die folgenden Beispiele sind nur Vorschläge. Stellen Sie sich ruhig Ihr eigenes Programm zusammen, das Sie an Ihre Erfahrung und an die Gegebenheiten anpassen können. Jedes der folgenden Beispiele hat ein bestimmtes Thema; einige der Themen passen besser zu einer Erwachsenen-, andere besser zu einer Kindergruppe. Sie können einzelne Bausteine auch untereinander austauschen, um die Wanderung insgesamt aufs Profil Ihrer Gruppe abzustimmen.

Beispiel 1:
Naturkundliche Nachtwanderung I

Den Kontext herstellen: Die Dämmerung als Zeit der Schwelle; Rezitation eines Gedichts
- Anschleichspiele: Eulen und Wühlmäuse; Kling, Glöckchen
- Einstimmung auf die nächtliche Natur
- Naseweiß
- Fledermaus und Nachtfalter
- Fledermäuse aufspüren
- Rückkehr zum Lagerfeuer, Erzählen einer Geschichte

Beispiel 2:
Naturkundliche Nachtwanderung II

Den Kontext herstellen: Die Dämmerung als Zeit der Schwelle; Rezitation eines Gedichts
- Die nächtliche Geräuschkulisse
- Glühwürmchen
- Eulen rufen
- Rückkehr zum Lagerfeuer, Erzählen einer Geschichte

Den Kontext herstellen: Sternenbeobachtung

- Stiller Spaziergang zu einem Sternenaussichtspunkt
- Auf Decken legen
- Stille Betrachtung des Nachthimmels
- Erzählen einer Sternengeschichte
- Sternennavigation
- Rückkehr zum Lagerfeuer, Erzählen einer weiteren Geschichte

Den Kontext herstellen: Warum ist es dunkel?

- Die nächtliche Geräuschkulisse
- Stiller Spaziergang
- Rezitation eines Gedichts
- Sitzplatz
- Rückkehr zum Lagerfeuer, Erzählen einer Geschichte

- Der Nachtwächter erscheint am Lagerfeuer
- Einladung, ihn auf seiner Runde zu begleiten
- Nächtliche Runde (inklusive Unterweltsafari)
- Rückkehr zum Lagerfeuer, Erzählen einer Geschichte

Den Kontext herstellen: Dunkelheit, nächtliche Natur, sinnliche Wahrnehmung

- Sitzplatz (kurz)
- Laternenpirsch und Variation davon

- Beutegreifer
- Rückkehr zum Lagerfeuer, Erzählen einer Geschichte

Beispiel 7:
Die Küste bei Nacht

- Sinnesmeditation
- Verborgene Schätze (siehe »Küstenerlebnis und der Kosmische Tanz«)
- Kosmischer Tanz
- Sitzplatz
- Erzählen am Lagerfeuer
- Geschichten und Seemannslieder

Beispiel 8:
Bis zum Morgengrauen

Den Kontext herstellen: Eintauchen in die Nacht
- Stiller Spaziergang zu einem Sonnenuntergang-Aussichtspunkt
- Rezitation eines Gedichts oder Lesung
- Sitzplatz (30 Minuten)
- Austausch und Reflexion
- Stiller Spaziergang
- Auf Decken legen
- Stille Betrachtung des Nachthimmels
- Erzählen einer Sternengeschichte
- Stiller Spaziergang
- Sternennavigation
- Mondblüte (vor allem bei Mondauf- oder -untergang)
- Stiller Spaziergang
- Am Lagerfeuer: Geschichten und Gedichte über die Nacht
- Dösen/Träumen (ein bis zwei Stunden)
- Stiller Spaziergang
- Morgendämmerungs-Sitzplatz
- Abschließender Austausch und Reflexion

Nächtliches Paddeln

Achtung: Diese Aktivität sollten Sie nur als erfahrener Kanufahrer beziehungsweise erfahrene Kanufahrerin leiten. Und selbst wenn Sie Erfahrung haben, so ist das nächtliche Navigieren auf einem Fluss nicht mit dem am Tag zu vergleichen und erfordert vorherige Übung. Wenden Sie sich an einen Kanuverein in Ihrer Nähe oder nehmen Sie Unterricht. Wahrscheinlich ist es ohnehin besser, sich von einem Profi begleiten zu lassen; diese sind leicht zu finden und auch nicht allzu teuer.

Was die Begegnung mit der Dunkelheit angeht, so ist eine nächtliche Kanufahrt kaum zu toppen. Hier bekommen Sie ganz andere Einblicke in die Nacht. Ich habe schon mehr als einhundert dieser magischen Ausflüge geleitet und kann sagen: Der Fluss, seine Bewohner, sein Duft, die Sterne und die Stille – all das ergibt zusammen ein wirklich unvergessliches Abenteuer.

Im Folgenden beschreibe ich, wie ich die Unternehmung leite, doch können Sie sie wie viele Aktivitäten, Übungen und Spiele in diesem

Ausrüstung:	Bananen
Kanus	Schokolade
Paddel	Untersetzer für heißen Topf
Schwimmwesten	Grillrost
Toilettenset (siehe Kasten oben)	Trinkwasser
Erste-Hilfe-Kasten	Schüsseln und anderes Material zum Geschirrspülen
Taschenlampen mit rotem Filter oder rote Taschenlampen	Ausrüstung zum Zubereiten von Tee (falls gewünscht)
wasserdichte Behälter für Wertsachen	Teller, Besteck, Tassen (möglichst von allen selbst mitgebracht)
Ausrüstung zum Feuermachen	**Alter:** ab sechs Jahren (alle müssen schwimmen können)
Feuerholz (falls nötig)	
vorbereitete Mahlzeit für Abendessen am Fluss	**Teilnehmerzahl:** 2–16

Buch natürlich an Ihre individuellen Bedürfnisse anpassen. Beispielsweise können Sie auch andere Aktivitäten in den Ausflug integrieren.

Hinsichtlich der Boote verwende und empfehle ich Kanadier, in denen bis zu drei Erwachsene oder eine vierköpfige Familie mit Kindern unter elf Jahren Platz haben. Kanadier sind viel stabiler als Kajaks und können auch mehr Ausrüstung transportieren. Sie eignen sich ideal für eine Gruppe von bis zu 24 Teilnehmenden plus begleitende Guides. (Die British Canoe Union empfiehlt derzeit einen qualifizierten Guide für jeweils vier Boote; nur so ist die Sicherheit der Gruppe gewährleistet.)

Der Ausflug umfasst eine ein- bis zweistündige Fahrt den Fluss hinauf am frühen Abend, ein anschließendes Abendessen am Lagerfeuer am Ufer und schließlich die stille Rückfahrt im Schutz der Dunkelheit. Hier nun etwas detaillierter, wie das nächtliche Paddeln ablaufen kann, inklusive hilfreicher Tipps zur Planung und zum Leiten des Ausflugs:

Versammeln Sie die Gruppe am Flussufer und instruieren Sie sie, wie man mit den Booten umgeht. Informieren Sie sie auch über Hygiene- und Sicherheitsmaßnahmen sowie über den Ablauf des Abends. Damit beginnen Sie am besten 60 bis 90 Minuten vor Anbruch der Abenddämmerung.

Sind Sie dann unterwegs, versammeln Sie die Gruppe in den Booten nach 20 bis 30 Minuten noch einmal um sich, um sicherzustellen, dass alles in Ordnung ist. Erzählen Sie bei dieser Gelegenheit etwas über den Fluss, seine Tiere und welche Begegnungen möglicherweise zu erwarten sind. Planen Sie dafür mindestens zehn Minuten ein; danach geht es weiter flussaufwärts.

Planen Sie im Voraus, an welcher Stelle Sie die Rast fürs Abendessen einlegen wollen, und holen Sie sich gegebenenfalls die entsprechende Genehmigung ein. Am besten halten Sie an einer offenen Stelle an, wo Sie ein Lagerfeuer anzünden dürfen, um die mitgebrachte Mahlzeit aufzuwärmen. Dafür eignet sich beispielsweise ein köstlicher vegetarischer Eintopf hervorragend: Dieser lässt sich sowohl gut vorbereiten als auch gut transportieren. Beim Essen können sich die Teilnehmerinnen und Teilnehmer auf ihren Schwimmwesten ums Lagerfeuer herum setzen.

Als Nachtisch können Sie echte Lagerfeuerklassiker wie gebackene Bananen servieren. Legen Sie die Bananen dafür auf die Seite, schlitzen Sie die Schale mit einem Messer auf und spicken Sie die Früchte mit jeweils zwei bis drei Schokoladenstücken. Anschließend werden sie (ohne Alufolie) auf einem Grillrost auf das Lagerfeuer oder direkt in die Glut gelegt, wo sie dann fröhlich vor sich hin backen. Die Bananen sind fertig, wenn die Schokolade geschmolzen ist. Verzehrt werden kann die göttliche Kombination allein mit einem Löffel.

Wenn alles wieder aufgeräumt, abgespült und verstaut ist, können Sie der Gruppe eine Lagefeuergeschichte erzählen. Anregungen dazu finden Sie in Kapitel 7.

Briefen Sie die Gruppe anschließend zum korrekten Verhalten auf dem Rückweg in der Dunkelheit oder überlassen Sie diese Instruktion dem Profi. Sind alle wieder auf dem Wasser, sollten die Taschenlampen am besten ausgeschaltet bleiben, denn nur so kann man die Nacht auch wirklich genießen. Dazu gehört auch die Stille – sie macht aus einem exquisiten Erlebnis ein himmlisches. Machen Sie jedoch auch klar, dass jeder, der in Schwierigkeiten gerät, unbedingt Gebrauch von Stimme und Taschenlampe machen sollte.

Sind alle wieder am Ausgangspunkt angekommen, werden Boote und Ausrüstung verstaut und Sie können die Gruppe verabschieden.

Anmerkungen und Varianten

Schlechtes Wetter verpasst diesem Ausflug einen gehörigen Dämpfer – er macht dann einfach keinen Spaß. Sie können zwar Planen verteilen, sollte es regnen, doch ich empfehle, den Ausflug zu verschieben. Denn letztlich ist dies auch eine Sicherheitsfrage.

Wählen Sie außerdem eine Nacht, in der zumindest ein wenig Mondlicht vorhanden ist, damit sich auch Neulinge in der Dunkelheit auf dem Wasser wohlfühlen und auf den Gebrauch der Taschenlampe verzichten.

Verbinden Sie den Ausflug mit der Suche nach Fledermäusen: Insbesondere Wasserfledermäuse jagen ihre Beute nah an der Wasseroberfläche. Nehmen Sie, falls vorhanden, Ihren Fledermausdetektor mit oder eine etwas stärkere Taschenlampe, um die Tiere in der Dunkelheit auszumachen.

Je nach Länge des Ausflugs können Sie aus der Rundreise auch eine einfache Fahrt machen, wenn Sie die Möglichkeit haben, Boote und Gruppenmitglieder anderweitig zum Ausgangspunkt zurückzubringen.

Küstenerlebnis und der Kosmische Tanz

Ein wirklich fantastischer Ort, um den Übergang von der Abenddämmerung zur Nacht zu erleben, ist die Küste. Ich habe im Laufe der Jahre schon viele Gruppen an Sandstrände geführt, wenn die »Wachablösung« bevorstand. Einen Sonnenuntergang zu beobachten, während die Haut von einer Meeresbrise liebkost wird und die Watvögel ihren Abendge-

---

Ausrüstung:
eine ungewöhnlich aussehende Tasche, in der sich alle anderen Ausrüstungsgegenstände befinden
Rettungswurfleine
Erste-Hilfe-Kasten
drei Seile in verschiedenen Längen (zehn, acht und sechs Meter)
Skizzenblöcke
Kugelschreiber
Kohlestifte
Buntstifte
Taschenlampen
Ausrüstung zum Feuermachen
Astrolabien
mehrere Frisbees, goldfarben angemalt

Alter: ab acht Jahren

Teilnehmerzahl: 12–25

sang anstimmen, ist eine wunderschöne Erfahrung für jede Gruppe, die sich am Strand versammelt hat und still aufs Meer blickt.

Zudem ist die Küste eine bedeutungsvolle Schwelle, voller Einladungen und Versprechen, und wie alle Übergangszonen einer der Orte in der Natur, die die größte Artenvielfalt aufweisen. Dort geschieht nachts ebenso viel wie am Tag.

Es gibt viele Möglichkeiten, einen solchen Ausflug zu gestalten. Im Folgenden finden Sie einige Vorschläge, mit denen ich schon großen Erfolg hatte.

Packen Sie eine Tasche mit den oben aufgelisteten Ausrüstungsgegenständen und informieren Sie sich im örtlichen Gezeitenkalender. Sehen Sie sich auch den Strand vorher genau an, ob es dort eventuell gefährliche Stellen gibt.

Betreten Sie den Strand gemeinsam mit der Gruppe in Stille.

Suchen Sie in der Abenddämmerung als Erstes nach »verborgenen Schätzen«: Teilen Sie die Frisbees aus, die die Teilnehmer und Teilnehmerinnen werfen sollen. Dort, wo die Frisbees landen, befindet sich jeweils ein kleiner Schatz, den es zu entdecken gilt.

So tauchen etwa die Klippenasseln in der Abenddämmerung auf, um sich am Seetang, den das Meer angespült hat, gütlich zu tun. Ebenfalls dämmerungsaktiv ist der Maskenkrebs, und die Strandflöhe springen umher wie Popcorn in der heißen Pfanne.

Nachdem die Frisbees ein paar Mal geworfen wurden, versammelt sich die Gruppe zur »Ernte«. Die Anwesenden haben einige der Schätze auf die umgedrehten Frisbees gesetzt, wo sie nun inspiziert werden können.

Während das Tageslicht allmählich schwindet und der Mond aufzugehen beginnt, zaubern Sie aus Ihrer Tasche die drei Seile für die nächste Aktivität hervor: den Kosmischen Tanz.

Teilen Sie die Gruppe in drei Untergruppen mit unterschiedlicher Teilnehmerzahl auf. Die Untergruppen spielen jeweils die Rolle der Sonne, der Erde und des Mondes, indem sie die Bewegung der Himmelskörper nachahmen.

Verteilen Sie die Seile an die Gruppen, die größte Gruppe bekommt das längste Seil. Nun soll jedes Seil an den Enden zusammengeknotet werden, sodass drei Seilkreise entstehen, die die Tänzerinnen und Tänzer in den Händen halten. Der größte Kreis ist die Sonne, die sich im Zentrum dreht, der mittelgroße die Erde, die sich um ihre eigene Achse dreht und außerdem die Sonne umkreist, und der kleinste der Mond, der sich ebenfalls um die eigene Achse dreht und zudem die Erde umkreist. Meist gibt es viel Gelächter, während die drei Gruppen versuchen, diese Bewegungen »nachzutanzen«.

Als Nächstes soll der Einfluss des Mondes auf die Gezeiten nachgespielt werden. Jedes Mal, wenn die Mondgruppe an einer bestimmten Person in der Erdgruppe vorbeikommt, zieht diese Person an ihrem Seil, sodass es sich in Richtung Mond »ausbeult«; gleichzeitig zieht die Person gegenüber am Erdseil, sodass es sich auch dort ausbeult – Fliehkraft in Aktion! Das Ganze kann natürlich nur geschehen, weil der Blaue Planet über so viel Wasser verfügt. Das Ausbeulen simuliert die Gezeitenbewegung unserer Ozeane, im Grunde nichts anderes als zwei konstante Wellen, die um den Planeten schwappen.

Nun geht es etwas mehr ins Detail. Befinden sich Mond und Sonne in einer Linie, wird die Beule besonders groß, sowohl dann, wenn der Mond zwischen Sonne und Erde steht, als auch dann, wenn er sich auf der gegenüberliegenden Seite der Erde befindet. Diese Springfluten kommen zustande, weil die Gravitationskräfte von Sonne und Mond zusammenwirken. Stehen Mond und Sonne dagegen im rechten Winkel zueinander, ist die Beule sehr klein, weil die Gravitationskräfte gegeneinander arbeiten. Das nennt man dann Nippflut.

Um das am Strand nachzuspielen, können Sie mit einem Stock ein N für Nippflut und ein S für Springflut in den Sand zeichnen. Das alles macht der Gruppe natürlich großen Spaß, demonstriert ihr aber auch sehr anschaulich, wie und warum sich Sonne und Mond auf unsere Gezeiten auswirken.

Mehr zum kosmischen Einfluss auf die Weltmeere erfahren Sie in dem wunderschönen Buch *Tides: The Science and Spirit of the Ocean*, das der Segler und Surfer Jonathan White verfasst hat.

Nach dem Kosmischen Tanz laden Sie die Gruppe zur Übung »Sitzplatz« am Rand des Wassers ein, während es um Sie herum immer dunkler wird. Verteilen Sie Skizzenblöcke und Stifte, sodass die Teilnehmerinnen und Teilnehmer Gedichte schreiben oder Zeichnungen von der Landschaft der Schatten oder den Mustern am Himmel anfertigen können. Oft gibt es am Strand wenig Lichtverschmutzung – der ideale Ort also, um eine Landschaft bei Nacht zu betrachten.

Wenn Sie Glück haben, werden Sie auch noch Zeuge des Phänomens der Biolumineszenz: Die einzellige Gonyaulax-Alge produziert im Augenblick ihrer Fortpflanzung Licht. Die Erscheinung ist unheimlich und zauberhaft zugleich und ruft unweigerlich Staunen und Ehrfurcht hervor.

Sie können die Aktivität beenden, indem Sie eine Muschel ertönen lassen – das sollten Sie allerdings vorher üben. Haben Sie die Erlaubnis, können Sie auch ein Lagerfeuer anzünden und die Gruppe um das Feuer herum versammeln. Dort können Sie sich über das Erlebte austauschen und so ein wunderbares Gemeinschaftsgefühl – auch mit Ihrer Umgebung – erzeugen.

Zur Abrundung des Abends verteilen Sie die Astrolabien, mit denen in kleinen Gruppen Sternenkonstellationen ausfindig gemacht werden können. Vielleicht aber lehnen sich alle auch lieber zurück und denken über unseren winzigen Blauen Planeten auf seiner Reise durch den riesigen Ozean des Alls nach, begleitet vom Geräusch der Wellen, die sich am Strand brechen. Das sind die wirklich magischen Augenblicke.

Oder Sie setzen den Schlusspunkt mit dem Erzählen einer Geschichte. Als Themen bieten sich das Meer, das Reisen, die Sterne und die Sternbilder an. Natürlich sind auch ein paar gute alte Seemannslieder hier keinesfalls fehl am Platz. Viele davon bestehen aus Gesang und Gegengesang, eignen sich also ideal für eine Gruppe. Weitere Anregungen dazu finden Sie in Kapitel 7.

Morgendämmerungsgesang

Für diese Aktivität wecken Sie die Gruppe etwa eine halbe Stunde vor dem Morgengrauen, damit sie den zarten Gesang der ersten Vögel genießen kann. Dabei ist es natürlich besonders wichtig, dass alle rechtzeitig versammelt sind, denn es ist wirklich ein berührender Augenblick, wenn der erste Vogel sein erstes Lied anstimmt.

Ausrüstung: Sitzmatten
Alter: ab neun Jahren
Teilnehmerzahl: unbegrenzt

Dies geschieht normalerweise, kurz bevor wir die erste Lichtveränderung wahrnehmen können, Sie sollten also mindestens 20 Minuten vorher an Ort und Stelle sein. Vielleicht hat nicht jeder in der Gruppe Lust, vor dem Morgengrauen aufzustehen, doch sprechen Sie die Einladung trotzdem aus. Die erste Stunde nach dem Aufstehen mit dieser Form der »Wachablösung« zu verbringen, ist sowohl allein als auch mit anderen zusammen eine ganz außergewöhnliche Erfahrung, die zu einem Gefühl der Verbundenheit und Seelenverwandtschaft führen kann.

Wer der erste Sänger ist, hängt davon ab, wo Sie sich befinden. Meist ist es das Rotkehlchen, aber auch Zaunkönig, Heckenbraunelle, Amsel und Singdrossel sind Frühaufsteher; sogar die eine oder andere Lerche habe ich schon gehört. Häufig ist es ein Vogel mit großen Augen, da sich dieser in der Dämmerung am besten zurechtfinden kann.

Nach und nach baut sich das Zwitschern zur Begrüßung des neuen Tages zu einem mehrstimmigen Konzert auf, das seinen Höhepunkt rund eine Stunde, nachdem der erste Vogel seine Stimme hat erklingen lassen, erreicht. Zwar ist es interessant zu wissen, welche Stimme zu welchem Vogel gehört, doch darum geht es bei dieser Aktivität eigentlich nicht. Es geht eher darum, präsent zu sein und zu lauschen.

Morgendämmerungszeremonie

Diese Aktivität ähnelt dem »Sitzplatz«, nur dass sie in der Morgendämmerung stattfindet und eine kleine Überraschung für die Gruppe bereithält, wenn diese wieder am Ausgangspunkt oder Lager angekommen ist.

Ausrüstung: Sitzmatten
Alter: ab neun Jahren
Teilnehmerzahl: unbegrenzt

Dort nämlich wartet ein »Altar« voller Früchte auf sie. Er ist so wunderschön mit Blütenblättern und geflochtenen Zweigen geschmückt (von Ihnen und/oder Ihren Helferinnen und Helfern), dass niemand anders als die Feen selbst ihn hätten errichten können.

Sind alle um den »Altar« herum versammelt, darf jeder im ersten, wärmenden Licht des frischen Morgens an seiner Sonnenenergie – und natürlich auch an seinen Früchten – teilhaben. Laden Sie die Gruppe dazu ein, von Ihren Erlebnissen am »Sitzplatz« zu berichten, bevor es dann zum eigentlichen Frühstück geht.

Wenn das keine wundervolle Art ist, den Tag zu beginnen …!

7. ZEIT FÜRS LAGERFEUER

Bei den Dagaare gilt die Dunkelheit als heilig.
Es ist verboten, sie zu erhellen,
weil das Licht den Geist verjagt ...
Die einzige Ausnahme von dieser Regel
ist das Lagerfeuer.

Malidoma Patrice Somé, »Of Water and the Spirit«

Es gibt kaum etwas Schöneres, als um ein Lagerfeuer herumzusitzen, doch ist das für viele Menschen heute ein seltenes Erlebnis. Längst vergangen sind die Zeiten, als das Herdfeuer der allabendliche Mittelpunkt, da die einzige Quelle von Licht und Wärme war. Heute beschert uns die Elektrizität diese Annehmlichkeiten in praktisch jedem Haushalt, und so haben wir die Erfahrung der Gemeinsamkeit verloren, die ein Lagerfeuer unweigerlich mit sich bringt.

Es ist das sprichwörtliche Tüpfelchen auf dem i, beendet man eine Nachtwanderung mit einem gemütlichen Lagerfeuer, und in diesem Kapitel finden Sie zahlreiche Anregungen, wie Sie die Zeit um das Feuer herum gestalten können. Natürlich können hier nicht alle Möglichkeiten dazu aufgezählt und beschrieben werden; das Kochen beispielsweise habe ich weggelassen, dafür konzentriere ich mich eher auf einfachere Aktivitäten, die sicherlich trotzdem jeder Gruppe Spaß machen werden.

Einstimmung

Das Einstimmen ist wichtig, denn es schafft genau die richtige Atmosphäre der Magie und des Mysteriums, die das Lagerfeuer zu einem so
unvergesslichen Erlebnis macht. Wir halten es zwar oft für selbstverständlich, doch ist das Feuer ein ziemlich unglaubliches Phänomen, das
uns nicht immer zur Verfügung stand. Ich beginne meine kleine La-
gerfeuergeschichte häufig mit der Frage: »Wie lange versammeln sich
Menschen schon nachts um ein Feuer?« oder: »Wann, glaubt ihr, hat der
Mensch erstmals Feuer gemacht?«

Darauf folgen meist wilde Spekulationen. Wurde die richtige Antwort genannt, denken alle erst einmal einen Augenblick ehrfürchtig darüber nach, wie lange sich unsere Spezies das Feuer schon nutzbar machen kann. Einen weiteren Impuls, darüber nachzudenken, welche Rolle
das Feuer in der Geschichte der Menschheit gespielt hat, gibt die Frage:
»Welche Möglichkeiten hat die Entdeckung des Feuers der Menschheit
verschafft?« Hier schießen in der Regel viele Hände in die Höhe: »Licht!«,
»Wärme!«, »Kochen!«. Nach weiterem Nachdenken tauchen dann andere
Anwendungen des Feuers im Alltag auf, darunter Elektrizität, Fortbewegung sowie verschiedene Handwerke und Technologien, die ohne Feuer
unmöglich wären, etwa die Töpferei, die Glasbläserei oder die Metallver-
arbeitung. Es macht viel Spaß, die Gruppe dazu zu animieren, zwanzig
verschiedene Anwendungsmöglichkeiten zu finden. Häufig ausgelassen
werden die Landbewirtschaftung, die Jagd, das Gerben, bestimmte Hygi-
enemaßnahmen sowie das Haltbarmachen und die Aromatisierung von
Lebensmitteln. Am Ende staunen alle darüber, wie sehr die Menschheit
auch heute noch von diesem ursprünglichen Element abhängt. Selbst
bei unseren Ritualen und Feiern bedienen wir uns der Flammen und
Feuerwerke. Es gibt fast nichts, das sich nicht auf irgendeine Form des
Feuers, das irgendwann einmal irgendwo hinter den Kulissen gebrannt
hat, zurückführen ließe. Archäologische Funde aus China belegen, dass
der Mensch schon seit mindestens 700.000 Jahren Feuer macht.

Und was die Erde angeht, so ist die Geschichte des Feuers noch viel länger, denn sie hat praktisch seit ihrer Entstehung »Feuer unter dem Hintern« – es hat die Oberfläche des Planeten schon geformt, da war vom Menschen noch lange nicht die Rede.

Als Naturbursche und Geschichtenerzähler fasziniert mich die Beziehung zwischen Feuer und Geschichten schon, seit ich denken kann, und ich werde das Gefühl nicht los, dass beides unmittelbar miteinander zusammenhängt: Mit der Möglichkeit, sich sicher um ein Feuer herum zu versammeln, geschützt vor Tieren, die in der Nahrungskette über ihm standen, gewann der Mensch abendliche Freizeit, die er – eine nur logische Schlussfolgerung – mit gegenseitigem Austausch, also Kommunikation, füllte. Und von dort ist es nur ein sehr kleiner gedanklicher Schritt zu der Annahme, dass es bei diesem Austausch um »die Geschichte des Tages« ging. Vermutlich waren diese frühen Erzählungen ebenso übertrieben und karikaturenhaft wie unsere heutigen Anekdoten. Allmählich entwickelten sich die Narrative dann zur umfassenden Kunst des Geschichtenerzählens weiter. Das ist natürlich nur eine Hypothese – die allerdings noch niemand widerlegen konnte, und so vertrete ich sie auch weiterhin.

Lagerfeuerbrauchtum

Mir scheint, dass es Lagerfeuer und das dazugehörige Brauchtum – gemeinsame Geschichten und gemeinsames Singen – in allen Kulturen überall auf der Welt gibt. In der jüngeren Tradition unserer eigenen Kultur ist das Lagerfeuer auch der Platz, an dem man sich am Spielen mit Worten sowie am Vortragen von Gedichten und Liedern erfreut. Im Folgenden möchte ich Ihnen einige der Dinge vorstellen, die ich am Lagerfeuer am liebsten mache.

Geschichten erzählen

Das gesprochene Wort bekommt bei Nacht, ohne die wetteifernden Ablenkungen und Zerstreuungen des Tageslichts, eine besondere Klarheit. Die Geschichte entführt die Zuhörer aus den Anstrengungen und Mühen des Tages in ein fantastisches Reich voller Wunder. In der Dunkelheit können wir konzentrierter zuhören, und auch unsere Vorstellungskraft ist dann größer: Was wir nicht sehen, erfinden wir. Schon »seit Anbeginn der Zeit«, wie wir Geschichtenerzähler sagen, erzählen wir uns nachts Geschichten ...

Eines der frühesten literarischen Beispiele für unsere kollektive Angst vor der und unsere Faszination für die Dunkelheit ist das grandiose angelsächsische epische Heldengedicht »Beowulf«, in dem es um ein schreckliches Ungeheuer geht, das aus der Dunkelheit kommt und Chaos unter den Menschen stiftet.

Eine spannende Geschichte, die uns auch heute noch nicht loslässt, weil sie universell ist – wer hätte nicht schon, vor allem als Kind, zitternd unter der Bettdecke gelegen, weil »da draußen«, in der Dunkelheit, schreckliche Wesen lauerten, die nur darauf warteten, sich auf uns zu stürzen und uns in Stücke zu reißen? Mir jedenfalls kommt das sehr bekannt vor. In Homers *Ilias* erfahren wir, dass selbst der mächtige Zeus vor Nyx, der Göttin der »alles bezwingenden« Nacht, erbebte.

Trotz dieser Angst aber genießen wir es, Gruselgeschichten zu erzählen oder zu hören oder uns heute in Form der allseits beliebten Horrorfilme anzusehen. Und am abendlichen Lagerfeuer macht sich das als endlose Nachfrage nach der guten alten Geistergeschichte bemerkbar. Es ist gerade so, als *wollten* wir Angst haben. Habe ich dann eine Geistergeschichte erzählt, bitten die jüngeren Zuhörer garantiert sofort um etwas noch Gruseligeres. »Welche ist die gruseligste Geschichte, die du je gehört hast?«, fragen sie. »Erzähl uns die!«

Als professioneller Erzähler treffe ich meine Auswahl an Geschichten natürlich sorgfältig, vor allem wenn ich sie einer Gruppe von Kindern erzähle, falls der Mut, angefacht vom Licht des Feuers und der Gemeinschaft um das Feuer herum, die kleinen Zuhörer nachts allein in ihrem Zelt verlassen sollte. Ich will auf gar keinen Fall »die Schrecken der Nacht« heraufbeschwören. Geschichten, die zwar von Geistern und Dämonen handeln, stets aber mit einem Augenzwinkern versehen sind, reichen völlig aus. Was selbstverständlich nicht heißt, dass ich bei einer Erwachsenengruppe nicht etwas tiefer in meine Gruseltrickkiste greifen würde!

Wie man Geschichten erzählt, ist ein weites Feld, darauf kann ich hier nicht umfassend eingehen. Deshalb gebe ich Ihnen im Folgenden lediglich einige grundlegende Ratschläge für den Anfang – den Rest des Weges finden Sie allein, da bin ich mir ganz sicher. Im Grunde ist das Geschichtenerzählen ein simples Handwerk, das man nicht unnötig schwierig machen sollte. Andererseits gehört auch wieder mehr dazu, als Sie vielleicht denken. Beginnen Sie mit Geschichten für Kinder. Dafür ist das Lagerfeuer aus verschiedenen Gründen die perfekte Kulisse. Das gedämpfte Licht hilft, außerdem bietet das Feuer einen ausgezeichneten Punkt der Aufmerksamkeit, sodass Sie als Erzähler nicht ständig im »Rampenlicht« stehen müssen. Zu den klassischen Anfängerfehlern gehört es, eine zu lange Geschichte erzählen zu wollen. Begnügen Sie sich am Anfang mit fünf Minuten – die sind in jeder Hinsicht lang genug, glauben Sie mir.

Letzten Endes ist der beste Weg, eine Geschichte zu erzählen, sich kopfüber ins Vergnügen zu stürzen. Wenn Sie der Geschichte treu sind, wird sie Ihnen und Ihrem Publikum gute Dienste leisten. Lassen Sie die Geschichte sich selbst erzählen und sehen Sie sich lediglich als eine Art Reporter, der von einem Ereignis berichtet. Das hilft im Übrigen auch dabei, Lampenfieber abzubauen. Sie sollen die Geschichte ja auch nicht spielen – es sei denn, Sie können das besonders gut –, Sie sollen sie *erzählen*. Achten Sie darauf, wie sie bei Ihren Zuhörerinnen und Zuhörern ankommt; auf diese Weise können Sie eventuell kleinere Veränderungen vornehmen, wenn Sie sie das nächste Mal erzählen. Erzählen Sie sie zum zwanzigsten Mal, hat sich bereits ein Muster etabliert und Sie können mit Variationen spielen, damit die Geschichte nichts von ihrer Frische einbüßt.

Tipps zum
Geschichtenerzählen

- Hören Sie sich zunächst einige Geschichten von professionellen Erzählern und Erzählerinnen an, um verschiedene Stile und Techniken kennenzulernen.
- Sollten Sie eine Geschichte, die Ihnen gefällt, in einem Buch finden, denken Sie daran, dass das Geschichtenerzählen eine mündliche Tradition ist und dass sich erzählte Geschichten von aufgeschriebenen unterscheiden. Lernen Sie die Geschichte also nicht so, wie sie aufgeschrieben ist, auswendig, sondern erzählen Sie sie in eigenen Worten.
- Erzählen Sie nur Geschichten, die Sie mögen.
- Üben Sie: Suchen Sie sich einen Zuhörer oder gehen Sie mit der Geschichte spazieren und erzählen Sie sie einem Baum.
- Vergessen Sie den Blickkontakt nicht. Versuchen Sie, mit jedem Einzelnen in der Gruppe mindestens einmal Blickkontakt aufzunehmen, während Sie die Geschichte erzählen.
- »Berichten« Sie von dem, was Sie »sehen«, das heißt, stellen Sie sich das, was passiert, genau vor und sagen Sie Ihren Zuhörerinnen und Zuhörern, was Sie vor Ihrem geistigen Auge sehen.
- Benutzen Sie Rhythmus, Wiederholung und Reim, wo es passt. Auch die Alliteration ist ein nützliches Werkzeug.
- Haben Sie Geduld mit sich: Auch beim Geschichtenerzählen ist noch kein Meister vom Himmel gefallen. Und wie jede Fähigkeit, so muss auch diese geübt werden.

Spiele rund ums Geschichtenerzählen

Sehr viel Spaß am Lagerfeuer macht es auch, die Gruppe beim Improvisieren einer Geschichte zusammenwirken zu lassen. Dafür gibt es mehrere Möglichkeiten.

So können Sie beispielsweise den ersten Satz der Geschichte selbst vorgeben. Dann erzählt die Person neben Ihnen die Geschichte mit einem Satz oder mehreren Sätzen weiter. Das hängt ganz von den Regeln ab: Entweder darf jeder nur einen Satz anfügen oder die Geschichte nach Belieben so lange weiterspinnen, wie er will. Beides hat Vor- und Nachteile. Um die Introvertierten in der Gruppe nicht allzu sehr unter Druck zu setzen, kann es die Möglichkeit des »Überspringens« geben. Die Geschichte sollte zu Ende sein, wenn sie wieder bei der Ausgangsperson angekommen ist.

Als das Fernsehen
zur Vordertür hineinspaziert ist,
sind die Geschichten zur Hintertür hinausspaziert.

Sprichwort von der Isle of Lewis

Eine weitere Möglichkeit des gemeinsamen Erzählens besteht darin, dass jeder nur ein Wort anfügen darf. Dafür braucht die Geschichte, je nach Gruppengröße, wahrscheinlich länger als nur einmal rund ums Lagerfeuer. Bei einer anderen Variante zeigt der gerade Erzählende auf die Person, die die Geschichte fortführen soll. Dabei ist es natürlich nicht möglich, sich schon den nächsten Satz zurechtzulegen, alle sind in ihrem Improvisationstalent gefordert.

Hier noch einige Tipps, die das gemeinsame Geschichtenerzählen effektiv und lustig machen: Bei Kindergruppen im Alter zwischen sechs und zwölf Jahren ist es relativ wahrscheinlich, dass die Jungen die Geschichte in Richtung Gewalt und Tod steuern werden. Dabei endet die Geschichte häufig vorzeitig und auch ziemlich unbefriedigend, außerdem ist das Ganze dann auch recht vorhersagbar. Verhindert wird das durch bestimmte Regeln: So könnten in der Geschichte beispielsweise Waffen und Todesfälle verboten sein, oder es könnte untersagt sein, auf magische Fähigkeiten zurückzugreifen, weil auch sie den Faden der Geschichte abreißen lassen könnten. Experimentieren Sie einfach ein wenig, dann werden Sie sich dazu Ihre eigene Meinung bilden. Doch eines ist sicher: Welche Regeln auch immer Sie aufstellen, Kinder lieben Spiele rund ums Geschichtenerzählen!

Beispiele für Geschichten

Spreche ich hier von Geschichten, meine ich mündlich überlieferte Geschichten, Geschichten, die Reisende wie Kaufleute oder Wanderer überall hin begleiteten und die im Schein des wärmenden Lagerfeuerlichts erzählt wurden. Bei uns heißt es, erzählt ein Erzähler eine Geschichte, gehört sie ihm, hat er sie jedoch erzählt, hat er sie weitergegeben, als Geschenk an die Gemeinschaft, die ihm zugehört hat. Davon einmal abgesehen, erzähle ich jede Geschichte mit großem Respekt vor der Kultur, die sie ins Leben gerufen hat. Ich bin davon überzeugt, dass den verschiedenen Traditionen dadurch die Wertschätzung widerfährt, die ihnen gebührt.

Und so soll es auch hier sein.

Die Nacht, in der der Mond verschwand

Dies ist ein Beispiel für den nomadischen Aspekt von Geschichten, die schließlich Menschen aus ganz verschiedenen und manchmal Tausende von Kilometern entfernten Regionen für sich beanspruchen. Sie zeugt zudem von der reinen Mündlichkeit der Geschichten, die sich verwandeln und verändern, während sie reisen. Die Geschichte hier ist eine Version aus Devon, die ich im Dartmoor angesiedelt habe.

Als der Mond auf das alte Dartmoor hinabsah, konnte er nie dieses »andere Volk« sehen, die Kobolde, die in den Schatten lauerten und immer etwas im Schilde führten. Also beschloss er, hinabzusteigen und sich selbst davon zu überzeugen, ob die Geschichten, die er gehört hatte, wahr waren oder nicht.

Er hüllte sich in seinen riesigen dunklen Umhang, segelte durch die Nacht hinab und landete auf den Gräsern hoch oben auf dem Moor. Er spazierte durch Grashalme und Steine und blickte in die pechschwarze Dunkelheit, bis er sie tatsächlich sah, die seltsamen kleinen Kobolde mit ihren komischen Hüten und den spitzen Stiefelchen. »Aha«, sagte er. »Die Geschichten sind also wahr!« Und als er das sagte, stolperte er. Um das Gleichgewicht wiederzuerlangen griff er im Fallen nach der Zweig eines winzigen Weißdorns, der aus dem Torf wuchs. Als er jedoch versuchte aufzustehen, konnte er nicht, denn der Zweig hatte sich um sein Handgelenk geschlungen, und so hatte sich der Mond verheddert, er war gefangen und saß in der Falle. Während er sich wand und freizukommen versuchte, rückten die Schatten plötzlich näher. Der Mond wollte sie wegschlagen, doch es waren einfach zu viele. Da hörte er einen Mann über das Moor rufen: »Hilfe! Um Himmels willen, so helfe mir doch jemand!« Um besser sehen zu können, warf der Mond den Kopf zurück. Dabei rutschte die Kapuze seines Umhangs nach hinten, und Licht schien vom Gesicht des Mondes. Die Kobolde huschten eilig in die Schatten zurück, und in der Ferne konnte der Mond einen Mann sehen, der bis zur Taille in einem der tiefen Sümpfe des Moors versunken war. Kobolde wollten ihn nach unten ziehen, doch auch sie flohen nun vor dem Licht des Mondes. So gelang es dem Mann, sich aus dem Sumpf zu ziehen, und er verschwand in der Nacht. Der Mond aber versuchte mit allen Kräften weiter, sich zu befreien, was ihm nicht gelang. Bald schon sank er erschöpft auf die Knie, der Kopf fiel ihm auf die Brust und die Kapuze bedeckte wieder sein Gesicht. Als es vollkommen dunkel geworden war, kamen die Kobolde zurück und zogen den Mond in einen der schwarzen Tümpel hinab. Der Mond war verschwunden.

Im Laufe der nächsten Tage und Nächte fragten die Menschen sich, wohin der Mond wohl verschwunden war, denn sie waren geplagt von allen möglichen seltsamen und gemeinen Erscheinungen, die die tiefe Dunkelheit kühn gemacht hatte. Die Kobolde kamen nun mitten ins Dorf und richteten dort Schaden an, und so verließen einige Menschen ihr Haus und versammelten sich in der Schenke. Eines Nachts, man sprach ausschließlich vom verschwundenen Mond, sprang plötzlich ein Fremder in der Ecke auf und rief: »Natürlich! Warum ist mir das vorher nicht eingefallen?« Alle Augen waren auf ihn gerichtet, als er seine Geschichte zu erzählen begann. »Neulich, in einer dieser pechschwarzen Nächte, überquerte ich das Moor, verirrte mich und blieb in einem schrecklichen Sumpf stecken. Die Kobolde umringten mich, und ich dachte schon, mein letztes Stündlein hätte geschlagen. Ich rief um Hilfe, und auf einmal kam aus dem Nichts ein Licht. Es war unglaublich hell, wie das Licht des Vollmonds. So konnte ich mich befreien, fand den Weg wieder und gelangte glücklich nach Hause. Jetzt frage ich mich, ob das Licht wohl der Mond selbst gewesen ist?«

Am nächsten Tag wurde eine kleine Delegation zu Old Meg of the Moor entsandt. Einige hielten sie für weise, andere glaubten, sie sei eine Hexe, wieder andere behaupteten, sie sei schlicht verrückt. Sie lebte hoch oben im Deckenmoor ganz allein in einer kleinen reetgedeckten Hütte. Als die Abgesandten die Hütte betraten, fanden sie Old Meg über das Feuer gebeugt vor. Sie rührte in ihrem Kessel; ein Auge hatte sie auf den Inhalt des Kessels gerichtet, mit dem anderen blickte sie durch den Rauchabzug in der Decke. Die Menschen erzählten ihr vom verschwundenen Mond. Als sie fertig waren, trat eine lange Stille ein, bis Old Meg plötzlich rief: »Genau, das müsst ihr tun! Schneidet heute Abend einige Haselstöcke ab und nehmt sie in die linke Hand. Zündet Laternen an und nehmt diese in die rechte Hand. Legt euch einen runden Stein unter die Zunge und macht euch auf zu den höchsten Hügeln. Sucht dort nach einem Kreuz. Dann nach einem Sarg. Dort wird ein Licht scheinen!«

»Das klingt zwar merkwürdig, aber wir werden trotzdem machen, was du sagst«, entgegneten die Menschen aus dem Dorf und verließen Old Megs Hütte. Am Abend schnitten die mutigen Männer Haselstöcke ab, zündeten Laternen an, legten sich einen Stein unter die Zunge und machten sich in der zunehmenden Dämmerung auf den Weg den Hügel hinauf in die tiefere Dunkelheit. Sie drängten sich aneinander wie die Rebhühner und schwenkten die Laternen, an deren Lichträndern die Schatten knabberten. Immer tiefer drangen sie vor, während das entfernte Läuten der Dorfglocke hinter ihnen immer schwächer wurde. Um Mitternacht schließlich rief einer der Männer und zeigte auf etwas – einen kleinen Weißdorn, der in der Form eines Kreuzes gewachsen war. Dahinter sahen die Männer einen riesigen, langen, schwarzen Stein, der in dieser Nacht – Gott ist mein Zeuge – wie ein Sarg aussah und auf dem sich Kobolde tummelten. Die Männer bekreuzigten sich und sagten beim Anblick des Kreuzes das Vaterunser auf. Dann sagten sie es noch einmal auf, rückwärts, der Kobolde wegen. Dann gingen sie auf den Stein zu und vertrieben die Kobolde mit dem Licht ihrer Laternen. Sie drehten den schweren Stein um, und – oh! – da erstrahlte ein helles Licht. Einen Augenblick lang sahen sie auf das Gesicht des Mondes hinab – es war das Schönste, das sie je gesehen hatten. Doch das Licht war zu hell, und so bedeckten sie ihre Augen, als sie den Stein wegrollten. Als sie die Hände wieder vom Gesicht nahmen, nickten sie einander zu und lächelten im Licht des Vollmonds, der nun wieder am Himmel stand.

Seitdem sagt man, aus Dankbarkeit scheine der Mond über dem Dartmoor am hellsten. Doch nehmt euch in Acht: In den mondlosen Nächten treiben noch immer die Kobolde ihr Unwesen!

Nacht und Tag

Dies ist meine Version einer Geschichte der Nez Percé, ein Volk amerikanischer Ureinwohner. Ich bin dankbar für diese uralte Tradition und all die unzähligen Geschichten, die sich Geschichtenerzähler aus allen Kulturen der Welt rund ums Lagerfeuer erzählen.

In uralten Zeiten, als Mensch und Tier noch eins waren, gab es weder Nacht noch Tag. Und so stritten die Tiermenschen beständig darüber, was nun was war und wie lange was dauern sollte.

Bär und Wolf waren da, Frosch und Kröte ebenfalls, Adler und Zaunkönig, Dachs und Fuchs, Maus und Wühlmaus. Es gab viele Stimmen, die viele Argumente dafür vorbrachten, wie lang die Nacht und wie lang der Tag sein sollte.

Bär glaubte, es solle fünf Tage hell und nur einen dunkel sein, erst am fünften Tag solle der Abend dämmern. Das aber passte Dachs ganz und gar nicht: »Bruder«, sagte er, »es ist besser, im Dunkeln nach Nahrung zu suchen, lass deshalb an zehn Tagen Dunkelheit herrschen und nur an einem Helligkeit.« Dem konnte Eule nur zustimmen, sie ging jedoch noch einen Schritt weiter. »Warum nicht ein Jahr lang Nacht und einen Tag Tag?«, schlug sie vor. Damit waren die Amseln und Drosseln nun absolut nicht einverstanden, und auch die Wiesel sprachen sich für mehr Helligkeit als Dunkelheit aus.

So stritten und stritten sie fort, eine Einigung schien nicht in Sicht. Schließlich sprach Frosch sich für Fairness und Gleichberechtigung aus: »Ich schlage vor, wir teilen sie gleich auf, sodass auf eine Nacht ein Tag folgt.« Das wurde von den Tieren, die die Nacht bevorzugten, mit höhnischem Heulen, Quieken, Bellen und Knurren quittiert. Und wieder gab es viel Hin und Her, bis man beschloss, dass ein Vertreter der tag- und ein Vertreter der nachtliebenden Tiere die Sache auskämpfen sollten. Wer am längsten argumentieren konnte, hatte gewonnen.

Frosch und Eule traten einander gegenüber und fingen an zu streiten. Sie maßregelten und umschmeichelten sich gegenseitig, drängten den anderen, es doch endlich einzusehen und ihm zuzustimmen. Da Frosch der geduldigere war, verlor Eule schließlich die Lust am Debattieren.

So wurde denn Frosch zum Sieger erklärt, und er verkündete: »Ab jetzt folgt auf einen Tag eine Nacht!«

Und so ist es noch heute. Frosch feiert seinen Sieg noch immer, mit lautem Gequake in der Nacht, nur um Eule zu ärgern. Und Eule lässt ihren klagenden Ruf ertönen, da sie noch immer traurig ist, verloren zu haben.

Fledermaus und die Sonne

Da sich Geschichten in nebulöse Mündlichkeit hüllen und da sie mit unzähligen Reisenden und Stämmen über Tausende von Jahren von Lagerfeuer zu Lagerfeuer gezogen sind, ist es nicht immer möglich, die spezifische Quelle einer bestimmten Geschichte ausfindig zu machen. Diese hier habe ich von Alida Gersie, sie stammt ursprünglich aus Afrika.

In einer Zeit lange vor der unseren lebte Fledermaus bei ihrer Mutter. Eines Tages wurde die Mutter krank, und in den folgenden Tagen ging es ihr immer schlechter. Fledermaus bat Hirsch, ihrer kranken Mutter zu helfen, doch Hirsch warf einen Blick auf sie und sagte: »Sie braucht die Medizin der Sonne. Nur die Sonne kann deiner Mutter helfen.«

Am nächsten Tag machte sich Fledermaus auf den Weg, um die Sonne in ihrem Haus zu besuchen. Diese aber hatte sich, es war später Vormittag, ihrerseits schon auf den Weg gemacht. »Bitte hilf mir, meine Mutter ist krank und braucht Medizin«, sagte Fledermaus. Die Sonne aber entgegnete: »Es ist zu spät, ich habe bereits mein Haus verlassen. Komm morgen wieder.«

Fledermaus kehrte nach Hause zurück und schlief die ganze Nacht. Am nächsten Morgen machte sie sich früher auf den Weg, doch wieder war die Sonne schon unterwegs. »Habe ich mein Haus erst verlassen, kann ich nicht mehr umkehren«, erklärte die Sonne ihr. »Dort aber bewahre ich die Medizin auf. Komm morgen früh wieder.«

Und erneut kehrte Fledermaus nach Hause zurück und machte sich am Tag darauf noch früher auf den Weg. Erneut war es zu spät – die Sonne hatte ihr Haus schon verlassen. So versuchte es Fledermaus noch mehrere Male, immer früher, und wurde jedes Mal wieder zurückgeschickt. Ihre Mutter war mittlerweile sehr krank, so krank, dass sie am siebten Tag starb.

Fledermaus war voller Trauer und zornig auf die Sonne. »Hätte sie mir Medizin gegeben, wäre meine Mutter nicht gestorben! Die Sonne ist schuld am Tod meiner Mutter!«

Viele Tiere kamen, um mit Fledermaus zu trauern, und als es an der Zeit war, die Mutter zu begraben, da baten sie darum, sie noch einmal ansehen zu dürfen, denn so war es Brauch.

Als sie sie aber ansahen, sagten sie: »Wir können sie nicht begraben, sie ist keine von uns. Sieh nur: Sie hat unser Gesicht, aber

Flügel wie ein Vogel. Du musst die Vögel bitten, sie zu begraben.«
Dann gingen sie.

Fledermaus wandte sich an die Vögel. Als sie die Zähne seiner
Mutter sahen, sagten sie: »Ja, sie ist wie wir, weil sie Flügel hat,
aber sieh doch, diese Zähne! Kein Vogel hat Zähne – und sie hat
keinen Schnabel. Wir können sie nicht begraben.« Dann ließen
die Vögel Fledermaus allein. Daraufhin kamen die Ameisen und
drangen in den Leichnam ein. Da sagte Fledermaus sich:

»Ich gebe der Sonne die Schuld. Sie hätte meiner Mutter Medizin geben sollen. Die Sonne hat sie getötet. Deshalb ist die Sonne
jetzt mein Feind, und ich werde ihr nie wieder ins Gesicht blicken oder sie begrüßen. Ich werde mich ab jetzt vor der Sonne
verstecken. Ich werde mich in der Dunkelheit verstecken. Ich
werde allein bleiben.«

Aus diesem Grund tauchen Fledermäuse erst auf, wenn die
Sonne untergeht, denn sie wollen ihr lächelndes Gesicht nie wieder sehen.

Lagerfeuerlieder

Lagerfeuerlieder sind das A und O für Kindergruppen. Diese Lieder werden nicht allein vorgetragen, bei ihnen dürfen alle mitsingen. Natürlich
ist nichts gegen Solovorträge einzuwenden, doch geht es bei der Zeit am
Lagerfeuer um Gemeinschaft. Gemeinsam gesungene Lieder sollten relativ einfach sein: Muss man sie erst lange lernen, verliert die Gruppe
rasch die Lust. Wählen Sie also lieber Lieder mit schlichten Melodien
und einfachem Text aus. Einige sind in der Ruf-Antwort-Form gestaltet, diese Lieder eignen sich ideal fürs Lagerfeuer.

Auch das Beibringen von Liedern muss man erst lernen, es sollte prä-
gnant und effektiv sein. Gehen Sie dabei langsam vor, damit auch wirklich jeder mitkommt. Singen Sie eine Zeile vor und lassen Sie die Gruppe

die Zeile anschließend wiederholen. Wiederholen Sie dies, dann singen Sie die nächste Zeile. Lassen Sie die Gruppe auch diese Zeile nachsingen, bevor Sie es mit zwei Zeilen auf einmal versuchen. Achten Sie auf die Fortschritte der Gruppe und passen Sie das Lerntempo entsprechend an. Ein Kanon sollte erst einige Male von allen gemeinsam gesungen werden, bevor Sie die Gruppe in einzelne Stimmen einteilen.

Es ist wenig sinnvoll, Ihnen hier Liedtexte an die Hand zu geben, denn was ist ein Lied ohne seine Melodie? Es gibt aber erstaunlich viele Webseiten, auf denen Sie ein breites Repertoire an Liedern durchstöbern und Ihre Auswahl gemäß Ihrer Erfahrung und/oder dem Alter der Gruppe treffen können. Sicherlich lohnt es sich, bei den Pfadfindern vorbeizuschauen, die neben vielen wunderbaren Liedern auch Camps und naturnahe Aktivitäten aller Art anbieten.

Ein Lied, das ganz hervorragend zu einem Ausflug mit Sternenbeobachtung passt, ist der »Galaxy Song«, den Eric Idle und John Du Prez für Monty Python geschrieben haben. Er enthält unglaublich viele astronomische Informationen und bringt mich immer wieder zum Staunen über das Universum. Inzwischen gibt es übrigens eine aktualisierte Version des Originals von 1983. Sie können dieses Lied allein vortragen oder jeden mitsingen lassen, der es kennt.

Nachtwächterlieder

Früher war jedem Dorf ein Nachtwächter zugeteilt, dessen Aufgabe es war, nachts seine Runden mit einer Laterne zu drehen und die schlafende Bevölkerung vor Gefahren zu schützen. Viele der den Nachtwächtern zugeschriebenen Lieder sind bis heute bekannt; unabhängig davon, ob Melodien überliefert sind oder nur die Texte, eignen sich viele der Verse hervorragend dazu, um in der Dunkelheit, am Lagerfeuer versammelt, vorgetragen zu werden. Eines der bekanntesten Lieder ist sicher das folgende, das in zahlreichen Varianten überliefert ist.

Hört ihr Herrn

Hört ihr Herrn und lasst euch sagen:
Unsre Glock' hat zehn geschlagen!
Bewahrt das Feuer und das Licht,
damit der Stadt kein Schad' geschicht.

Spiel- und Bewegungslieder

Viel Spaß machen vor allem Kindern erfahrungsgemäß Lieder, die mit
Bewegungen oder anderen Aktionen verknüpft sind; ein Klassiker ist
etwa die »Tante aus Marokko«, bei der Strophe für Strophe neue Geräusche hinzugefügt werden; wenn man es noch turbulenter treiben
will, können diese Geräusche zusätzlich mit Gesten untermalt werden:

Hab 'ne Tante aus Marokko

1. Hab 'ne Tante aus Marokko und die kommt, hipp, hopp.
   Hab 'ne Tante aus Marokko und die kommt, hipp, hopp.
   Hab 'ne Tante aus Marokko, hab' ne Tante aus Marokko,
   hab 'ne Tante aus Marokko und die kommt, hipp, hopp.
   Singing ja ja jippie, jippie, yeah, hipp, hopp,
   singing ja ja jippie, jippie, yeah, hipp, hopp,
   singing ja ja jippie, jippie ja ja jippie,
   jippie ja ja jippie, jippie yeah, hipp, hopp.
2. Und sie kommt auf zwei Kamelen, wenn sie kommt, hoppeldihopp.
   Und sie kommt auf zwei Kamelen, wenn sie kommt, hoppeldihopp.
   Und sie kommt auf zwei Kamelen, und sie kommt auf zwei Kamelen,
   und sie kommt auf zwei Kamelen, wenn sie kommt, hoppeldihopp.
   Singing ja ja jippie, jippie, yeah, hipp, hopp, hoppeldihopp,
   singing ja ja jippie, jippie, yeah, hipp, hopp, hoppeldihopp,
   singing ja ja jippie, jippie ja ja jippie,
   jippie ja ja jippie, jippie yeah, hipp, hopp, hoppeldihopp.

3. Und sie schießt mit zwei Pistolen, wenn sie kommt,
   piff, paff ...
4. Und dann schlachten wir ein Schwein, wenn sie kommt,
   oink, oink ...
5. Und dann trinken wir 'ne Flasche, wenn sie kommt,
   gluck, gluck ...
6. Und dann essen wir 'ne Torte, wenn sie kommt,
   schmatz, schmatz ...
7. Und dann schrubben wir die Bude, wenn sie kommt,
   schrupp, schrupp ...
8. Und dann kommt ein Telegramm, dass sie nicht kommt,
   oh weh ...
9. Und dann kommt ein Telegramm, dass sie doch kommt,
   juchee.

Spiele rund ums Lagerfeuer

Nicht nur Lieder, auch Lagerfeuerspiele finden sich zuhauf im Internet, dennoch möchte ich Ihnen im Folgenden einige meiner Lieblingsspiele vorstellen. Das sind zum Teil Mustererkennungsspiele, bei denen die Gruppe einen sich wiederholenden Aspekt erkennen muss. Dieser Aspekt kann verbal sein oder auch gestisch beziehungsweise mimisch. Die Spiele eignen sich generell für Kinder ab acht Jahren, aber auch jüngere können mitspielen und Erwachsene dürfen gern ein wenig helfen – vorausgesetzt natürlich, sie können es. Meist sind Erwachsene nämlich die Letzten, die das Muster erkennen, was oft zu viel Heiterkeit führt.

Es gibt endlos viele Variationen dieser Spiele, Sie dürfen Ihrer Fantasie ruhig freien Lauf lassen. Ein verbales Muster könnte beispielsweise darin bestehen, dass Sie immer erst »äh« sagen, bevor Sie zu sprechen beginnen, ein gestisches oder mimisches könnte sein, dass Sie immer wieder die Beine übereinanderschlagen.

Zu Beginn des Spiels nehmen Sie zwei Gegenstände in die Hand, beispielsweise einen Stock und einen Stein.

Ziel des Spiels ist es, die beiden Gegenstände einmal im Kreis wandern zu lassen, allerdings in entgegengesetzte Richtungen. Das hört sich jetzt gar nicht so schwierig an, führt aber zu viel Verwirrung und ist deshalb sehr lustig.

Zunächst wenden Sie sich einer der beiden Personen neben Ihnen zu. Reichen Sie ihr den Stock (oder was immer Sie in der Hand halten) und sagen Sie: »Das ist ein Stock.«

Die Person neben Ihnen muss antworten: »Was ist das?«

Woraufhin Sie wiederholen: »Ein Stock.«

Das wiederum wiederholt die Person neben Ihnen: »Oh, es ist ein Stock!« Die Person nimmt den Stock und wendet sich an ihren nächsten Nachbarn mit den Worten: »Das ist ein Stock.« Wird dann geantwortet: »Was ist das?«, muss sich die Person noch einmal zu Ihnen umdrehen und fragen: »Was ist das?«. Daraufhin wiederholen Sie: »Es ist ein Stock!«, und die Person gibt den Stock mit den Worten: »Es ist ein Stock!« weiter.

Das geht so weiter, sodass die Frage: »Was ist das?« immer wieder, Spieler für Spieler, zu Ihnen zurückkommt.

Gleichzeitig reichen Sie der Person auf Ihrer anderen Seite den Stein und sagen: »Das ist ein Stein.« »Was ist das?« »Ein Stein.« »Oh, es ist ein Stein!« Und so weiter.

Üben Sie das Vorgehen, bevor das Spiel richtig beginnt. Hierbei ist das Timing sehr wichtig: Sie müssen den zweiten Gegenstand rasch nach dem ersten auf die Reise schicken. Nur so entsteht das Chaos, das das Spiel so lustig macht.

Am schwersten haben es die Spielerinnen und Spieler, die das Pech haben, am weitesten von Ihnen entfernt zu sitzen, denn bei ihnen treffen die Gegenstände in der Regel gleichzeitig ein. Sie werden sich ganz bestimmt verhaspeln. Doch wie bei allen diesen Spielen kommt es auch hier nicht darauf an, etwas »richtig« zu machen – der Spaß ist das Wichtigste!

Es gibt kaum etwas Schöneres, als einen langen, dünnen Stock ins Feuer zu halten und anschließend mit der glühenden Spitze Figuren an den Nachthimmel zu »malen«. Natürlich müssen Sie sich dafür einen sicheren Platz aussuchen, und in Gegenden mit Waldbrandgefahr verbietet sich das Spiel selbstredend. Ich hoffe, Sie verzeihen es mir, dass ich es trotzdem in dieses Buch aufgenommen habe – denn nicht nur Kinder sind davon immer wieder fasziniert.

»In meinen leeren Rollkoffer ...«

Bei diesem Mustererkennungsspiel werden nur diejenigen in den »Club« aufgenommen, die Dinge in ihren leeren Rollkoffer packen, die mit einem doppelten Buchstaben geschrieben werden, also beispielsweise ein Skelett, eine Qualle oder einen Aal. Als Hinweis für die Spielerinnen und Spieler muss zusätzlich aber auch immer etwas genannt werden, das dieses Kriterium nicht erfüllt, also etwa ein Vogel. Das Spiel ist vorbei, wenn alle in den »Club« aufgenommen wurden oder der Spielleiter es beendet.

Sie sagen den ersten Satz, etwa: »In meinen leeren Rollkoffer packe ich einen Löffel, aber keine Gabel.«

Die nächste Person packt dann ebenfalls etwas in ihren Koffer. Eine richtige Fortsetzung wäre: »In meinen leeren Rollkoffer packe ich Schnee, aber kein Eis.«, eine falsche: »In meinen leeren Rollkoffer packe ich ein Schokoladeneis, aber kein Zitroneneis.«

Der magische Stift

Auch das ist ein Mustererkennungsspiel, das vor allem kleineren Kindern sehr viel Spaß macht. In ihm geht es um einen (imaginären) »magischen Stift«, mit dem man alles zeichnen kann – vorausgesetzt natürlich, man weiß, wie's geht. Und das herauszufinden ist der Sinn der Spiels.

Sie fangen an: Sie erklären, was Sie zeichnen wollen, und zeichnen es mit dem magischen Stift dann kunstvoll so in die Luft, dass alle es sehen können. Es kommt also nicht darauf an zu erraten, was Sie da zeichnen, aber geben Sie sich trotzdem große Mühe – denn das verwirrt die Zuschauerinnen und Zuschauer. Anschließend geben Sie den Stift mit großem Pomp an die nächste Person weiter, die nun herauszufinden versucht, wie man den Stift richtig benutzt. Sie wird sich sicherlich bemühen, Sie exakt zu kopieren – aber ach: falsch! So funktioniert der Stift nicht. Sie lassen ihn sich zurückgeben und überreichen ihn dann einer anderen Person. Am meisten Spaß macht es zu beobachten, was sich die Spielerinnen und Spieler alles einfallen lassen, um den Stift zu »aktivieren«. Wahrscheinlich werden Sie auch gebeten, es noch einmal vorzumachen, worauf Sie natürlich bereitwillig eingehen.

Diejenigen, die den »Code« geknackt haben, müssen selbstverständlich an sich halten und das Muster nicht zu offensichtlich machen, damit der Rest der Gruppe die Lösung nicht zu schnell errät.

In diesem Fall besteht das Muster darin, immer »danke« zu sagen, wenn man den Stift zurückbekommt. Das werden einige automatisch tun, es auf eine Bitte hin aber nicht wiederholen können, da sie ja nicht wissen, was sie richtig gemacht haben. Machen sie dann alles so wie vorher, nur ohne das »Zauberwort«, und werden sie doch nicht in den Club aufgenommen, ist die Verwirrung der Gruppe sicherlich komplett.

Rätsel

Auch mit Rätseln lässt sich das Thema Dunkelheit wunderbar spiele-
risch erkunden, und ich persönlich kenne niemanden, der keinen Spaß
an Rätseln hätte. Vielleicht beginnen Sie mit einem ausgesprochen mysteriösen, wahrhaft astronomischen Rätsel, der perfekten Einstimmung
auf eine Nachtwanderung. Errät niemand die Antwort, lassen Sie die
Gruppe bis zum Ende der Wanderung raten – oder schicken Sie sie mit
dieser interessanten kleinen Hausaufgabe nach Hause.

Das erste Rätsel ist, das haben Sie bestimmt schon erraten, die Frage:
Warum ist es dunkel?

Die tiefgründige und völlig unerwartete Antwort auf diese Frage finden Sie im Epilog am Ende dieses Buchs.

Die Lösung eines Rätsels sollte man nie zu früh verraten, sonst macht
es einfach keinen Spaß. Weiß jemand aus der Gruppe sie, sollte er ebenfalls gehalten sein, sie nicht zu verraten. Werden Sie – vor allem von
Kindern – zu sehr gedrängt, mit der Antwort herauszurücken, können
Sie immer noch mit kleineren »Strafen« arbeiten: Kommen die Kinder
nicht selbst darauf, müssen sie beispielsweise den Abwasch nach dem
Essen übernehmen.

Klassische Rätsel

Hier finden Sie fünf meiner Lieblings-Lagerfeuerrätsel. Natürlich können Sie Ihrer Gruppe auch andere Rätsel aufgeben!

Wenn du mich fütterst, lebe ich.
Gibst du mir zu trinken, so sterbe ich.
Was bin ich?

(Ein Feuer)

Am Tage lieg ich hier und dort,
doch nachts bin ich sehr dicht.
In Schachteln, Ritzen krieche ich,
doch siehst du mich dort nicht.
Geschloss'ne Augen sehen mich,
sonst existier' ich nicht.
Was bin ich?

(Die Dunkelheit)

Nun, Kinder, könnt ihr raten
Auf einen Kameraden,
der, wo ihr geht und wo ihr steht,
getreulich immer mit euch geht.
Bald lang und schmal, bald kurz und dick,
bald geht er vorwärts, bald zurück,
doch immerdar mit euch vereint,
solang die Sonn am Himmel scheint.
Wo weder Sonne scheint noch Licht,
ist auch der Kamerade nicht.
Was bin ich?

(Dein Schatten)

Ich wurde vor Millionen von Jahren geboren
und bin doch nie älter als einen Monat.
Was bin ich?

(Der Mond)

Nachts kommen sie, ohne geholt worden zu sein,
und am Tag sind sie fort, ohne gestohlen worden zu sein.
Was ist das?

(Die Sterne)

Diese Aufgabe gehört zwar nicht zur Kategorie der klassischen Rätsel, macht aber trotzdem enorm Spaß. Bei Aufgaben zum lateralen Denken kommt man nur auf die Lösung, wenn man »um die Ecke« denkt – auf den ersten Blick scheinen sie unlogisch oder unlösbar zu sein. Um es der Gruppe etwas einfacher zu machen, könnten Sie sich beispielsweise Fragen zum jeweiligen »Rätsel« stellen lassen, die Sie allerdings nur mit Ja oder Nein beantworten.

Die rätselhaften Frauen

Auf einer Brücke über einem Fluss stehen zwei Mütter und zwei Töchter und blicken hinab, um ihr Spiegelbild im Wasser zu betrachten. Dort sehen sie nur drei Frauen.

Wie kann das sein und warum?

Lösung: Es sind schlicht nur drei Frauen: eine Großmutter, eine Mutter und ihre Tochter.

Gedichte

Wenn das Profil der Gruppe passt, kann die Nachtwanderung mit einem Gedicht »garniert« werden. Einerseits können Sie damit Stimmungen erzeugen, und andererseits eignen sich Gedichte sehr gut als Schlusspunkt des Abends. In der Regel werden Sie damit bei Erwachsenen besser ankommen, doch auch Kinder tolerieren Gedichte – vorausgesetzt, sie sind nicht zu lang. Eine wirkungsvolle Rezitation macht die Wanderung immer magischer und geheimnisvoller, selbst wenn die kleinen Zuhörerinnen und Zuhörer den Inhalt des Gedichts vielleicht noch nicht ganz in sich aufnehmen können.

Nacht

Wie schön hier zu verträumen
Die Nacht im stillen Wald,
Wenn in den dunklen Bäumen
Das alte Märchen hallt.

Die Berg' im Mondesschimmer
Wie in Gedanken stehn,
Und durch verworrne Trümmer
Die Quellen klagend gehn.

Denn müd ging auf den Matten
Die Schönheit nun zur Ruh,
Es deckt mit kühlen Schatten
Die Nacht das Liebchen zu.

Das ist das irre Klagen
In stiller Waldespracht,
Die Nachtigallen schlagen
Von ihr die ganze Nacht.

Die Stern' gehn auf und nieder –
Wann kommst du, Morgenwind,
Und hebst die Schatten wieder
Von dem verträumten Kind?

Schon rührt sich's in den Bäumen,
Die Lerche weckt sie bald –
So will ich treu verträumen
Die Nacht im stillen Wald.

Heinrich Heine

Es war, als hätt der Himmel
Die Erde still geküßt,
Daß sie im Blütenschimmer
Von ihm nun träumen müßt.

Die Luft ging durch die Felder,
Die Ähren wogten sacht,
Es rauschten leis die Wälder,
So sternklar war die Nacht.

Und meine Seele spannte
Weit ihre Flügel aus,
Flog durch die stillen Lande,
Als flöge sie nach Haus.

Joseph von Eichendorff

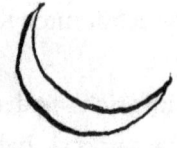

Am graubedeckten Horizont erhebt
Sich rot der Mond, vom Nebeltanz getragen.
Das Feld schläft dampfend ein, die Frösche klagen
Im grünen Schilf, durch das ein Frösteln bebt.

Den Kelch verschließt die Wasserblume wieder,
Starr und gedrängt in weiter Ferne reih'n
Sich Pappeln auf in ungewissem Schein,
Leuchtkäfer irren zu den Büschen nieder.

Der Eulen lautlos finstre Schar erwacht,
Die Luft mit schwerem Fluge zu durchsteuern,
Der Äther füllt sich mit gedämpften Feuern,
Venus taucht bleich hervor: das ist die Nacht.

Paul Verlaine

Es gibt zahlreiche Gedichte zum Thema Nacht und Dunkelheit. Im Folgenden finden Sie eine kleine Auswahl, ergänzen Sie sie nach Herzenslust!

Rainer Maria Rilke: *Nachthimmel und Sternenfall*
Karl Hermann Schauenburg: *Hell leuchten die Sterne*
Theodor Storm: *Nun geht der Mond durch Wolkennacht*
Johann Wolfgang von Goethe: *Um Mitternacht*
Ernst Moritz Arndt: *Ballade (Und die Sonne machte den weiten Ritt)*
Heinrich Seidel: *Einsamkeit*
Joseph von Eichendorff: *Sterne mit den goldnen Füßchen*
Christian Morgenstern: *Morgenwald*
Max Dauthendey: *Nachtfalter*
Richard Dehmel: *Manche Nacht*
Joseph von Eichendorff: *Nachts*

Morgendämmerung

Unsere nächtlichen Mikro-Abenteuer beginnen in der Abenddämmerung und enden, wenn das Lagerfeuer im Morgengrauen allmählich erstirbt.

Tagesanbruch, Sonnenaufgang, erster Hahnenschrei, ein neuer Tag. Ob Sie nun die ganze Nacht über auf waren oder früh aufgestanden sind, um das Ende der Nacht zu erleben – der Übergang zur Morgendämmerung ist ebenso atemberaubend wie der Augenblick, in dem sich der Tag zur Abenddämmerung neigt. Der Moment, in dem sich die erste zarte Veränderung des Lichts zeigt, ist meist der stillste, ruhigste Teil der Nacht. Es scheint, als hielte alles den Atem an, bevor der Tag in seiner ganzen Pracht erblüht. Dies ist auch der wundervolle Moment des ersten Vogelgesangs: Das Reich der Vögel erwacht und begrüßt die hereinbrechende Flut des Lichts mit selbst erdachten Arien.

Einer nach dem anderen erlöschen die Sterne, der pechschwarze Himmel verwandelt sich zuerst in zartes Indigo und dann in einen wahren Regenbogen an Farben. Um das zu erleben, sind ein Blick nach Osten und schönes Wetter förderlich, aber nicht unabdingbar. Setzen Sie sich einfach und warten Sie. Lauschen Sie und beobachten Sie mit Ihrem ganzen Körper, wie sich die Dunkelheit allmählich zurückzieht und die Morgenröte sich offenbart, als tanzten die beiden einen Tanz miteinander.

Der Gesang der Vögel gehört zu den größten Freuden, die es mit sich bringt, wenn man die Morgendämmerung im Freien genießt. Könnte man dem morgendlichen Gesang der Vögel in der Geschwindigkeit folgen, in der der Morgen dämmert, hätte man die Musik des Morgenchors beständig in den Ohren. Unablässig wird unser Planet von dieser Welle des Vogelgesangs liebkost, während ein Habitat nach dem anderen den neuen Tag erblickt. Es gibt zwar auch Flecken auf der Erde, an denen es wenige oder keine Vögel gibt, doch finde ich den Gedanken tröstlich, dass das Lied der Vögel seit Anbeginn der Zeit immerwährend um den

Erdball wandert. Die Evolution als Reiseleiter vom Planeten Erde zum Planeten des Gesangs …

Lasst uns dem Lobgesang also andächtig lauschen, achtsam und dankbar die zurückweichende Flut der Dunkelheit betrachten und die Möglichkeiten eines weiteren neuen Morgens willkommen heißen. Oder, wie Walt Whitman schrieb:

Der Vorbote ein gewaltiger Stern,
beinahe unheimlich in seiner überschäumenden weißen Pracht,
mit zwei oder drei langen, ungleichen Speichen
von diamantner Strahlkraft, die
die kühle Morgenluft unten durchdringen – dies,
und nach einer Stunde
der Sonnenaufgang.

EPILOG: WARUM ES DUNKEL IST

D em derzeit kursierenden wissenschaftlichen »Schöpfungsmythos« zufolge begann alles mit einem gewaltigen Knall – gar nicht mal so unähnlich dem Anfang, wie er in der Bibel beschrieben wird: »Es werde Licht! Und es ward Licht.«

Eine 2.000 Jahre alte Legende aus dem Mittelmeerraum erzählt uns, die Welt sei durch »sieben Mal lachen« ins Leben gerufen worden und das erste Lachen sei das Licht gewesen. Die zeitgenössische Wissenschaft erzählt uns, dieses »erste Lachen« sei in weniger als einer Milliardstelsekunde entstanden – so kurz war der Augenblick, in dem ein unendlich winziger, glühend heißer Same an Energie aufflammte und zur gesamten Materie wurde, die es heute im Universum gibt.

Ganz ehrlich: Ich weiß nicht, welche Erklärung mir plausibler erscheint.

Doch wie sieht es mit dem Ende der Schöpfung aus? Welche Geschichte ist das? Die Genies aus der Welt der Astrophysik spekulieren wild darüber, und manche nehmen an, die Geschichte gipfle wie alle guten Geschichten in einer Rückkehr zum Anfang.

Durch das Aufstellen mathematischer Gleichungen hinsichtlich der Bewegungsstrukturen und -muster unserer Himmelskörper gelangten die Astrophysiker zu einem recht dramatischen Schluss: Unser lebenserhaltender Stern, die Sonne, wird ausbrennen und so zum erloschenen Mittelpunkt einer gefroren und steril kreisenden Erde werden. Vor dieser Apokalypse aber wird sich eine noch dramatischere ereignen, da sich unser wildes und wundersames Universum immer schneller in alle Richtungen hin ausdehnt. Deshalb bewegen sich alle Sterne und Planeten voneinander weg, weshalb wiederum vielleicht irgendwann die Bewohner der Erde – für den unwahrscheinlichen Fall, dass es dann noch welche geben sollte – in ein riesiges, leeres, schwarzes All blicken werden, in dem keinerlei funkelnden Lichtpunkte mehr zu sehen sind.

Und genau dieses Phänomen der Ausdehnung erklärt, warum es die Dunkelheit gibt. Die Erklärung ist als olberssches Paradoxon bekannt geworden.

Dazu ein kurzer Rückblick. Im Jahr 1610 erhielt der deutsche Astronom Johannes Kepler ein Exemplar von Galileo Galileis kleiner Schrift *Sidereus Nuncius* (»Nachricht von den Sternen«), in der Galilei darlegte, das Universum müsse endlos sein und deshalb eine unendliche Zahl an Sternen enthalten. Mit dieser Darlegung war Kepler nicht einverstanden: Gäbe es wirklich unendlich viele Sterne, so seine Argumentation, würden diese unzähligen Himmelskörper die Nacht taghell erleuchten. Mehr als 200 Jahre später, 1826, schloss sich ein weiterer deutscher Astronom, Heinrich Wilhelm Olbers, Keplers Meinung an: Wäre das Universum endlos und gleichmäßig mit Sternen übersät, *gäbe es keine Nacht.*

Dieses Paradoxon konnte erst mithilfe des wissenschaftlichen Instrumentariums des 20. Jahrhunderts aufgelöst werden. Trotz verzweifelter Versuche der Wissenschaftler, die Logik des olbersschen Paradoxons als falsch zu entlarven, kam man schließlich überein, dass Olbers doch recht haben und das Universum nach den unwiderlegbaren Gesetzen der Physik tatsächlich zeitlich und räumlich endlich sein müsse.

Teufel noch mal!

Wenn ich die Physiker also richtig verstehe, ist es den voneinander weg galoppierenden Galaxien zu verdanken, dass unser Nachthimmel nicht von immer mehr Sternenlicht überzogen und so heller und heller wird. Da sich alles von uns weg ausdehnt, bleiben die riesigen Entfernungen zwischen den Sternen erhalten und werden sogar noch größer, was uns die Dunkelheit und den sternenbespickten Nachthimmel beschert.

Das also ist die Antwort auf die Frage, die ich zu Beginn des Buchs gestellt habe. Es ist nachts dunkel, weil sich das Universum ausdehnt. Und aufgrund dieser Ausdehnung können wir uns eine weit entfernte Zukunft vorstellen, in der die Erde recht »allein« im All treiben wird.

Derzeit konkurrieren zwei Theorien hinsichtlich der letztendlichen Klimax unseres sich ausdehnenden Universums miteinander um wissenschaftliche Aufmerksamkeit. Der einen zufolge wird sich das Universum weiter ausdehnen, bis es sich nur noch als unendlich langer, dünner Streifen in die Dunkelheit zieht. Der anderen zufolge wird dieser Ausdehnungsprozess irgendwann an seine Grenze stoßen; dann wird sich das Universum wie ein Gummiband wieder zusammenziehen, und zwar immer schneller und schneller, bis es nur noch aus geballten Schwarzen Löchern besteht und sich auf die Größe eines Atoms verdichtet hat – alle Galaxien den Abfluss hinunter und der Abfluss gleich hinterher.

Hier enden die Spekulationen, und unsere Kristallkugel der Physik verdunkelt sich. Ist dies das Ende? Oder ein neuer Anfang?

Tiefgründige Fragen aus den Tiefen des Alls.

Welche Endzeittheorie Sie auch immer bevorzugen: Letzten Endes wird die Zeit triumphieren, und das letzte Kapitel einer unglaublich abenteuerlichen Geschichte wird ein einzelner letzter Stern sein, der sein strahlendes, sterbendes Licht in ein leeres Universum wirft, gesehen von niemandem.

Und dann, liebe Leserinnen und Leser, wird das Universum dort ankommen, wo alles begann: in wahrhaftiger und absoluter Dunkelheit.

DANK

E in Buch ist viel mehr als die Summe seiner Teile, und obwohl der Schreibprozess nur einige Monate in Anspruch genommen hat, begleiten mich Nachtwanderungen nun schon seit 28 Jahren. Deshalb schuldet dieses Buch zahllosen Einflüssen von Praktikern und Begeisterten Dank – sie alle haben das Buch unwissentlich mitgeprägt. Da sie das selbst also nicht wissen, möchte ich sie hier in Dankbarkeit und Demut nennen: Stewart Edmondson, Jon Cree, Alan Dyer, Ray Mears, John Rhyder, Rebeh Salisbury, Tom Hills, Martin Shaw, Bill Plotkin, Geneen van Haugen, Steve van Matre, Joseph Cornell, Keith Critchlow, Hugh Lupton, Ashley Ramsden und Roi Gal-Or.

Darüber hinaus möchte ich den Mitarbeiterinnen und Mitarbeitern von Chelsea Green für ihre Geduld und ihr Durchhaltevermögen danken, denn natürlich habe ich all die Fehler gemacht, die ein Erstlingsautor nun einmal macht. Mein besonderer Dank gilt dabei Susan Pegg, die mit akribischster Aufmerksamkeit fürs Detail lektoriert hat, sowie Fern Bradley für ihre Nachsicht und ihren Weitblick.

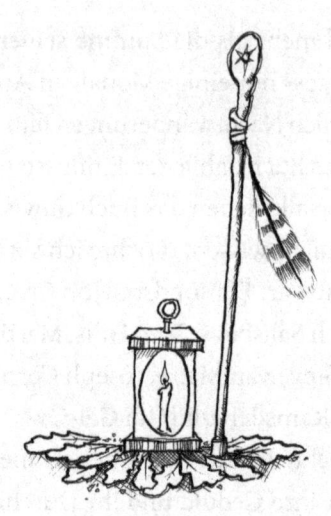

AUSGEWÄHLTE LITERATUR

Bang, Preben und Preben Dahlström: *Tierspuren. Fährten, Fußspuren, Losungen, Gewölle und andere.* München: BLV, 2000.

Boot, Kelvin: *The Nocturnal Naturalist.* Newton Abbot: David & Charles, 1985.

Briggs, Katharine: *A Dictionary of British Folk-tales in the English Language.* London: Routledge, 1991.

Burton, Robert: *Animal Senses.* Newton Abbot: David & Charles, 1970.

Caduto, Michael J., und Joseph Bruchac: *Keepers of the Night.* Golden: Fulcrum, 1994.

Cashford, Jules: *Im Bann des Mondes. Mythen, Sagen und Legenden.* Köln: Egmont VGS, 2003.

Cornell, Joseph: *Cornells Naturerfahrungsspiele für Kinder und Jugendliche. Die besten Klassiker und neuen Spiele.* Mühlheim: Verlag an der Ruhr, 2017.

Cree, Jon, und Marina Robb: *The Essential Guide to Forest School and Nature Pedagogy.* London: Routledge, 2021.

Dewdney, Christopher: *Acquainted with the Night.* London: Bloomsbury Publishing, 2004.

Ekirch, A. Roger: *In der Stunde der Nacht. Eine Geschichte der Dunkelheit.* Köln: Bastei Lübbe, 2006.

Fry, Stephen: Mythos. *Was uns die Götter heute sagen.* Berlin: Aufbau, 2021; London: Penguin, 2017.

Gersie, Alida: *Earth Tales.* London: Green Print, 1992.

Gooley, Tristan: *Der natürliche Kompass. Wie uns Bäume, Sterne und das Meer bei der Orientierung helfen.* München: Piper, 2018.

Griffiths, Jay: *Kith.* London: Hamish Hamilton Ltd., 2013.

Hislop, Susanna: *Als die Götter noch mit Menschen rangen. Geschichten, die uns die Sterne erzählen.* Köln: Quadriga, 2016.

Horowitz, Seth: *The Universal Sense.* New York: Bloomsbury, 2012.

Johnstone, Keith: *Impro for Storytellers.* London: Faber & Faber, 1999.

Knight, Sara: *Forest School for All.* Newbury Park, CA: SAGE Publications Ltd., 2012.

Krupp, E. C.: *Beyond the Blue Horizon.* New York: HarperCollins, 1991.

Mears, Ray: *Bushcraft.* London: Hodder and Stoughton, 2002.

Plass, Maya: *RSPB Handbook of the Seashore.* London: A&C Black, 2013.

Plotkin, Bill: *Soulcraft. Die Mysterien von Natur und Seele.* Uhlstädt-Kirchhasel: Arun, 2011.

Sandberg, Sigri: *Dunkelheit. Eine Liebeserklärung an den Nachthimmel.* München: btb, 2022.

Shaw, Martin: *Scatterlings.* Devon: Cista Mystica Press, 2016.

Van Matre, Steve: *Sunship Earth.* Indiana: American Camping Association, 1979.

Wills, Dixe: *At Night.* Basingstoke: AA Publishing, 2015.

White, Jonathan: *In Tides.* London: Trinity University Press, 2017.

Yates, Chris: *Nachtwandern. Eine Reise in die Natur.* Berlin: Insel Verlag, 2019.

HILFREICHES IM NETZ

Naturkunde / Tier- und Umweltschutz

Bund für Umwelt- und Naturschutz Deutschland: *www.bund.net*
Naturschutzbund Deutschland: *www.nabu.de*
Naturschutzbund: *www.naturschutzbund.at*
Landesbund für Vogelschutz: *www.lbv.de*
Pro Natura: *www.pronatura.ch*
Wildtier Schweiz: *www.wildtier.ch*

Astronomie

Astronomische Gesellschaft: *www.astronomische-gesellschaft.de*
Internationale Dark-Sky Association: *www.darksky.org*
Apps zum Identifizieren von Himmelskörpern und Sternbildern:
SkyView Lite, SkySafari

Geschichten erzählen

Verband der Erzählerinnen und Erzähler e. V.: *erzaehlerverband.org*

Weitere hilfreiche Links und Apps

Vogelstimmen und Tiergeräusche erkennen: NABU Vogelwelt,
Merlin Bird ID (Cornell Lab of Ornithology, mit Bilderkennung),
Tierstimmenarchiv.de (Museum für Naturkunde Berlin)
Schmetterlinge und Nachtfalter bestimmen: *www.schmetterlingsapp.at*

ÜBER DEN AUTOR

© Aubrey Simpson

Nachdem er viele Jahre lang als Pädagoge für den Devon Wildlife Trust tätig gewesen war, gründete Chris Salisbury 1999 WildWise. Beim Devon Wildlife Trust hatte er mit Stewart Edmondson zusammengearbeitet, er fertigte die Illustrationen für dieses Buch an. Mit seinen Erfahrungen aus der Welt des Theaters, seiner Ausbildung als Therapeut und seiner Tätigkeit als Umwelterzieher nutzt Chris Salisbury jedes erdenkliche kreative Mittel, um die Menschen für die Natur zu begeistern und sie zur Wertschätzung der Natur anzuregen.

Chris Salisbury leitet das viel gepriesene Ausbildungsprogramm der Stiftung Call of the Wild für angehende Naturpädagogen sowie die Veranstaltungsreihe »Where the Wild Things Are« in Embercombe, Devon, die Wanderungen in die ursprüngliche Natur anbietet.

Er ist zudem professioneller Erzähler (auch bekannt als »Spindle Wayfarer«) und war Mitgründer sowie künstlerischer Leiter verschiedener Erzählfestivals im Südwesten Englands und in Oxford.

Mehr über dieses Buch erfahren Sie unter *www.wildnightsout.co.uk* sowie *www.wildwise.co.uk*

Penguin Random House Verlagsgruppe FSC® N001967

Copyright © 2022 Kösel-Verlag, München,
in der Penguin Random House Verlagsgruppe GmbH,
Neumarkter Str. 28, 81673 München
Redaktion: Imke Oldenburg
Umschlag: Weiss Werkstatt, München nach einer
Originalvorlage von Chelsea Green Publishing
Coverdesign: Michaela Alcaino
Illustrationen: © 2021 by Stewart Edmondson, www.stewartedmondson.com
Druck und Bindung: GGP Media GmbH, Pößneck
Printed in Germany
ISBN 978-3-466-31183-5
www.koesel.de

Kindererziehung
neu gedacht

Bei indigenen Völkern sucht die Journalistin Michael-
een Doucleff Antworten auf Fragen, die uns moderne
pädagogische Theorien oft nicht bieten, und liefert
so eine alltagstaugliche Lebenshilfe mit zahlreichen
Tipps, wie auch wir unsere Kinder endlich natürlich,
gelassen und stressfrei begleiten können.

Kösel

www.koesel.de